50歳からの50名著

Shimazu Toshiki
島津俊樹

作品社

５０歳からの５０名著

はじめに

　本は楽しく読めばいいと思います。しかし、読書は山登りに似ており、低山ばかり登っていると物足りない。高山に登ろうとする人は、自分の力の限界を試したいと思うのでしょう。汗を流して石ころだらけの道を登った山頂に眺望がひらけるように、本も苦労して読んだあとに新たなパースペクティブがひらけます。

　この本は「日本百名山」にかけています。中高年になって日本百名山をめざす人が多いので、その百分の一くらいの人が、百名著に挑もうとしてもいい……じゃないか、と想像したわけです。ただし深田久弥が選んだ日本百名山のように、百名著を選んだ人はいないようなので、ぼくも好き勝手に選び「五十歳からの百名著」を書いたのですが、長すぎました。そこで「五十歳からの五十名著」にしぼってみたのがこの本です。妥当なラインナップであるつもりですが「これ知らない」といわれそうな本も入っています。

十年ほど前に「松葉杖で歩く世界の山」という本を書きました。身体障害者が山に登るのは大変ですが、それでも予想したよりは大変ではなかったのです。同じように、五十名著を読むのも大変に思えましたが、やってみれば楽しかったのです。

昔は人生五十年といわれ、今も五十歳というのは節目です。男女を問わず、心身ともに転機を迎え、さらにくる転機に備えようとする時期です。自分が時代遅れと感じることもありますが、人生百年時代といわれ、生活はまだまだ続きます。

五十歳を過ぎたら体力低下は避けられません。知的な楽しみがなければ生活がつまらなくなります。この本はそういう転換期に名著を読んでみてはどうか、という提案です。

文章は五十歳からの読書日記がもとになっています。そのため読書ガイド的ではない表現もあります。ぼくはただのサラリーマンでしたから、専門性があるわけではなく、読書ガイドとして信頼性に欠けるかもしれません。しかしド素人の読書体験だからこそ一般読者に近いはず、といいたいのです。一冊当たりの文章が長いのも、名著と対話したせいです。名著について知りたければネット検索すればいいのですが、通り一遍の情報を得るにすぎません。

名著は無人島に持っていって読むより、社会の荒波の中で読んだ方がいいのです。社会にもまれ右往左往しながら読むと、白隠禅師のいう「動中の工夫、静中にまさること百万倍」が思われてきます。自分流であることを恐れずに、自分流を楽しみながら読みたいと思ってきました。読書という行為は本質的に自分による自分のための行為ですから。

ぼくの二十代のころは障害者の就労がむずかしく、失業期間もあり、貧乏暮らしのなかでの旅行が胸にしみました。読書もまた旅でした。安価な娯楽ですが、コスパはいいのです。三十代以降は会社員となり、結婚もして生活は安定しましたが、社会のなかの個人という緊張のある読書は刺激となりました。その後、五十代半ばで会社を辞め、障害者の就労支援の仕事につきました。障害者として生き、考えてきたことを伝える一方で、新たな問題意識での読書経験がありました。

そして六十歳で完全リタイアし、いわば過去の記憶を呼び起こしながら本を読み、再読も多くなりました。再読してよさがわかった古典も、初読時よりおもしろくなかった古典もあり、再読の価値がわかりました。再読した本に、自分の居場所を見つけた思いもありました。こうしてまとめてみるとそれぞれの時期、それぞれの生活が読書という行為に反映しています。

読書が情報とちがうなら、情報からさらに遠い古典は、忙しいときほど読むのにふさわしいでしょう。失業中でカネがないときの貧乏旅行で見た風景が胸にしみるように、多忙で過労死認定基準超の残業時間のなか、夜眠りにつくとき、ボードレールの詩を一篇か二篇読むと、やすらかな眠りに落ちていけました。

文末の日付は元の読書日記のものです。しかし加筆・削除が多いので、日付にはあまりこだわらないでほしいと思います。

目次

1 「オデュッセイア」ホメロス 松平千秋訳（岩波文庫）

「神にも似た狡猾な」勇士のサバイバル

ヒーロー像には二種類ある。一つのタイプは神話的死を迎えるヒーローであり、もう一つは生き抜くヒーローである。前者は「古事記」のヤマトタケル、「神々の黄昏」のジークフリートであり、後者はこの本の主人公オデュッセウス、吉川英治の宮本武蔵である。

武蔵の場合、吉岡一門との決闘場所である一乗寺下がり松に向かうとき祠に祈願しようとしてやめる。「神仏を敬い、神仏を頼まず」頼るは孤剣のみという、まさに近代日本のヒーロー像である。と同時に、生き抜くためには少年を斬るという非情さもある。

生き抜くヒーローの原型はオデュッセウスである。自分で考え自分で決めるが、アキレウスと違い、逃げた方がいいと判断すれば逃げる。オデュッセウスは単純な男ではなく「堅忍不抜の勇士」「機略縦横の知将」さらには「神にも似て狡猾」という重層的なキャラをもち、数々の試練を生き抜く。現代ならサバイバルゲームの主人公にもなる。

群像劇「イリアス」とちがって「オデュッセイア」は、一人の男の物語である。アキレウスやヤマトタケルに感情移入できる現代人は少ないだろうが、細部豊かに描かれるオデュッセウスには感情移入できる。逆にいえば、ジークフリート的なイノセントなヒーローもダルタニャン的快男児ヒーローもうそ臭い。キリスト教的なイノセントな主人公に慣れた現代人の目にはオデュッセウスは新鮮に映る。力への意志があり、知恵と勇気に富み、利にさとく、耐えることを知る男だが、大量殺戮を行う残酷さもある。

キャラが重層的である点は、吉川英治の描く宮本武蔵と似ている（剣豪であり、画家であり、禅者である）。だからオデュッセウスのキャラは、さまざまに変奏されている。トロイ攻城戦の木馬の計略に典型的なように、奸智にたけた一面は、恨みを買うことも多く、ヴェルギリウスによって悪党として描かれている。

また、ソポクレス「ピロクテテス」では、傷から悪臭を放つ弓の名手ピロクテテスをトロイ攻めに参加させるべく説得する人格者として描かれる。とはいえ裏では「いろいろな経験を積んだいま、世の中で先立つものは実力でなく、舌一枚であることがわかってきた」とうそぶく。力と徳と弁論術を使い分けるマキャベリズムの持ち主だ。

遍歴と復讐という、物語の一原型が示されるところも「オデュッセイア」の特徴である。あらすじを知っているため遍歴譚と思っていたが、実際に読んでわかったことは、遍歴譚は全二十四歌中の四歌にすぎない。それに対して復讐譚の部分は十歌を占めている。つまり原作は遍歴譚とはいえない。

しかし、怪力乱神が登場する遍歴譚の部分は、非力な人間が怪物の魔手をすり抜け、あるいは知恵を働かせて打ち負かす。サバイバルが、神々に頼らず、自分で考え自分で決定するキャラと結びついている。アドルノの指摘するように「啓蒙」（カントによれば「啓蒙とは自分で考えること」）であり「呪術からの解放」とみることができる。

力への意志という点に着目すれば、オデュッセウスは、絶海の孤島で資本主義的な植民活動をするロビンソン・クルーソーの先駆者である。「指輪物語」の主人公フロドもオデュッセウスと同じく、ただの市民なのであり、魔術を使えないが、意思して使わないヒーローである。二十世紀になると、力への意志に対する警戒感が違ってくるのだろう。

復讐譚の部分は歌舞伎みたいだ。大願成就のための艱難辛苦が「忠臣蔵」と似ている。遍歴譚の部分は歌舞伎の道行に該当し、音曲入りですらすら流れるが、復讐譚では念入りに細部が作られている。故郷に帰ったオデュッセウスは、身分卑しいが忠義の豚飼の家に身を寄せたり、物乞いに身をやつし、高慢な求婚者たちから足台を投げつけられたり、乳母から見破られたりする。侮辱を辛抱したり、仮装を見破られたりするあたりが、歌舞伎と似ている。とくに物乞い姿のオデュッセウスが自分の屋敷に入り、乳母に足の古傷を気づかれる場面だ。

「さて老女は、手の平に足を取ったとたんに、その感触で傷跡と知り、思わず足を放してしまった。足は盥に落ちて、青銅の器はカラカラと音を立てる。盥は片方へ傾いて水は床に流れた。老女の胸を喜びと悲しみが同時に襲い、その両の眼には涙が溢れて、物いわんとする声も途切れた。オデュッセウスの顎に手を触れていうには、『間違いなくあなたはオデュッセウスさまですね。大切な若様。わたくしとしたことが、殿様のお体にすっかり触れてみるまでは、それと気づきませせなんだ』」（下、P197）

いよいよ求婚者誅殺となる伏線は、オデュッセウスの強弓を引いて弦を張り、十二の斧を射通した者がペネロペイアに結婚できるという約束である。ここも名場面だが、この後に続く殺戮は、キリスト教的には許しがたいだろう。日本人のぼくにしても、求婚者がわが家で飲み食いし図々しい振る舞いをしたとしても、全員殺すことはないのにと思う。

正しくは、これは復讐ではない（やりすぎだ）。近代の法制からみれば、私的制裁である。「おれの女に手を出しやがって」的ギャングストーリーである。主人公が制裁のために工夫をこらし、身をやつし貧苦と屈辱に耐え……という書き方が、のちの復讐譚の原型になったため、つい復讐とみてしまうのである。

武器を隠し、閂を下ろし、策略にかけて皆殺しはひどい。とはいえ、トロイア遠征軍は総大将アガメムノンが帰還後に妻のクリュタイネストラと情夫によって謀殺されているのだから、オデュッセウスがトロイからイタケに帰還して、その足で自分の屋敷にのこのこ顔を出すのは危険この上ない。

夜更けに徒党を組んで屋敷に押し入り、非力な老人とその家臣を大殺戮する「忠臣蔵」も「オデュッセイア」と似ている。艱難辛苦の遍歴を終え、敵を欺くため身をやつし、侮辱されて、最後に大願成就。この種の物語は世界共通の文化的基層なのだろう。

2007年5月28日（月）　57歳

2 「論語徴」 荻生徂徠全集 第三巻、第四巻　荻生徂徠

小川環樹読下し（みすず書房）

荻生徂徠で読む「論語」の醍醐味

論語を読んだ人は古今東西数多くいるだろうが、言わせてもらえれば、論語についての解釈を読んだというべきだ。試みに白文を前にすると、どう読下すのかわからず、途方に暮れる。戦前の岩波文庫版を読んだとき現代語訳がなく、白文と読み下しを見比べざるをえず、この読みでいいのかと疑わしくなった。図書館で複数の本を参照したら解釈がかなり異なり、逆に我流で読んでよかったと思えたほどだった。

たとえば「君子固窮」（衛霊公第十五）は「君子は固《もと》より窮す」と読下すのがふつうだが、程子は「君子は窮を固《まも》る」と解す。程朱の学の道学者的臭みを感じる。テキストが、焚書坑儒の大弾圧をへて正確に伝わっているのか？　孔子の弟子たちの学派の説が入っていないか？　疑いだせばきりがない。

であれば、信用できる人の解釈を読むべきで、だれの解釈を読むべきか？　やはり荻生徂徠ということになる。とはいえ、人には薦めない。初読の人は文庫本で読めばいいと思う。

この書名は「論語」を「徴する」（明らかにする）という意味であり、論語注釈史上画期的な本とされる。ぼくも、江戸期の政治に積極的に関与した徂徠の注釈を読みたかったのである。もちろん徂徠学は、古文辞による解釈が大前提である。古代の言語で書かれた書物は、古代の言語で解釈すべきとする徂徠は論語を孔子と弟子の対話篇であるだけでなく、孔子が古言（格言や先行する知識人の言葉）を解釈した箇所もあるとしている。

まず、古文辞の応用の例。子貢が「（民をして）貧しうして諂ふこと無く、富みて驕ること無からしむ」

というのに対して、孔子は「未だ貧しうして楽（を好ましめ）、富みて礼を好ましめる者にしかざるなり」（学而第一）と応じる。

ここではカッコ内を「礼記」「坊記」によって補っている。解釈も「得意淡然、失意平然」くらいは当たり前、貧しくても楽しむことを好み、富裕となったら礼を好む……民衆教育をそのように持っていけというのである。ただし、孔子は別の箇所で「貧しくして怨むることなからしむるは難く、富て驕ることなからしむるは易し」（憲問第十四）と、より現実的な見解を述べている。

古言なりとする例。「子曰く『人の過ちや、各々其の党に於いてす。過ちを観ればここに仁を知る』と」（里仁第四）で「過ちを観ればここに仁を知る」を古言と解す。朱子の「党は類なり」という解を、徂徠は古文辞ではないとし「郷党」と解する。「朝廷宗廟の間は君子の慎むところ、過ちあること鮮なし」であるのに対し「親戚朋友のあるところ、その過つもまた宜《うべ》ならざるや」（上、P504）と述べる。

公的な場では過誤が少ないが、親戚友人間では調子づいて見栄を張り、落ち着きがなくなって過誤をしでかす。孔子は、町の人格者や田舎秀才が嫌いだ。「郷原は、徳を賊するなり」（陽貨第十七）と手厳しい（ふつうは「郷原は徳の賊なり」と読下すが、「有徳の人を賊害する」と解す）。

徂徠も「郷原は有徳に似て有徳にあらず、一郷の人、みな以て善人と為す。是れ以て有徳の人を乱るに足るときは、則ちまたよく有徳の人を妨害す」（下、P645）。孔子は、その他にも「何もしないで人格者づらしているなら博打でもやった方がまし」と極論する。または「中行を得て之に与みせずんば、必ず也狂狷か、狂者は進取す。狷者は為ざるところあり」（子路第十三）と、中道を行くことができないなら、いっそ物狂いしろと狂気を肯定する。

徂徠も「けだし狂者は志し大いなり、ゆえに『狂簡』と曰ふ。志し大いに進んで取れば、その成ること速やかなり、ゆえに『斐然《ひぜん》として章を成す』と曰ふ」「先王の道は大なり、狂簡にあらずんば負荷すること能はず」（上、P547）と狂気肯定の解釈をして、道学者流と異なる。

「過ちなる者は、聖人すらなほ之あり。ゆえに君子は過ちなきことを貴ばず、しこうして之を改むるを貴しとす」（上、P563）。「過ちを改むるに憚ることなかれ」（学而第一）からさらに進めて徂徠は解釈する。

失敗を恐れてびくびくしてる奴なんかダメだという。聖人だって過誤はある。失敗に学び、過誤を改められるかどうかが重要だ。「論語」に狂者や佯狂の姿がちらつくのは、乱世だったからだが、世に適応して、郷党中の評判を上げる連中よりも狂者への親近感がわかる。

とはいえ孔子自身は物狂いではない。弟子の中で最も愛されたのは顔淵で、次は子路だが、この二人は全然ちがう。孔子は一本気の子路に対して「暴虎馮河して、死すとも而も悔ゆること無からん者には、吾れはともにせず、必ずや事に臨んで懼れ、謀ごとを好んで而して成さん者なり」（上、P612）と諭すが、「事に臨んで懼れる」は思いやりかもしれない。

ときとして他の弟子からも軽んじられる子路との対話からは、孔子の人間的な魅力が伝わってくる。徂徠も子路を高く評価している。孔子は、不肖の子である鯉よりも弟子をかわいがっている。その「人」を知っているからだ。二人の愛弟子は、ともに孔子より先に死ぬが、そのときの孔子の悲しみは子に先立たれた親の悲しみのようだ。

孔子の弟子はすぐれているが、イエス・キリストの弟子はろくでもない、という見方もある。しかし、イエスの弟子の裏切りや不信は、物語化されているので真に受けるのは、どうも……。イエスの弟子たち（とくにパウロ）が、キリスト教を世界宗教に変え、ローマ帝国の国教にしたように、孔子の弟子たちもがんばって儒教の国教化までもっていった。

会社を辞めて障害者の就労支援の仕事に就いたとき、退職挨拶状に「人の己を知らざることを患へず、人を知らざることを患ふ」（学而第一）を引用した。ぼくも含め、企業組織の不満社員は、自分が「評価されない」「知られない」といいたがるが、では「人を知っている」か、といえば疑わしい。この文を「（人を知らざれば）是非邪正或いは弁ずること能はず」と解する朱子を、徂徠は「小なる哉」と見下げている。

「人を知る者は、またまさに之を用いんとするなり。天或いは我に命ずるに国家を以てせんに人を知らざれば則ち何を以てか之を用ひん。ゆえに之を知る者は、まさに以て之を器使せんとするなり。器使の道ありて、天下に棄材なきなり。もし是非邪正を以て之を言はば、則ち悪を悪むの心勝ちて、而して天下の人皆罪あり」（上、P407）となる。

徂徠の解釈は社会的であると同時に江戸の政論家らしい。ゼネラリストとしての士大夫は、大器から凡人（小器）にまで多くの人を知り、適所に配せよ、と主張する。

障害者の就労支援で大切なことは、障害者を知ることだ。基本は、障害の多様性を知り、障害者の能力・適性を判定・評価すること。人を知ったうえで求人職種にマッチングする。障害の適性を知り、能力を知ればマッチングが可能なはずだ。指さえも動かせない寝たきりの障害者でも、視線の方向をとらえる特殊な眼鏡でパソコンを操作し、労賃を得ている例もある。まさに徂徠がいうように「天下に棄材なし」なのである。

刊行当初から「論語徴」は批判を受けた。しかし小川環樹は、この本が清に輸出され、清の学者の少なくとも七人は著作で徂徠の解釈に言及し、好意的だという。日本の学者の著作が中国の学者に取り上げられることは空前であり「清朝の学者たちが徂徠の学説——特に『徴』の解釈の価値を高く見たことは日本の儒者に反対者が多いことと対照的である」「江戸時代の儒者の著述が輸出されたものは少なくないのに、その学説の称せられる者は独り徂徠に止まるといってよい、それは彼の文が読むに堪えると思われたためではなかろうか」。

ビジネス哲学として「論語」を読む人は多い。「論語」が士大夫の社会倫理を説き、今風にいえば管理者Administratorのための指針書であるからだ。「民をば之に由らしむべし、之を知らしむべからず」（泰伯第八）というくだりが典型的である。裏返せば一般人のための生活哲学ではない。徂徠の解は「人の知は、至るあり、至らざるあり。聖人といへども之を強ふること能はず。ゆえに能く民をして教えに由らしむ、而して民をしてその教ふるゆえんを知らしむこと能はず」（上、P662）だ。

しかし「知らしむべからず」は「知らせてはいけない」という禁止命令であるはずであり、「礼楽」や「先王の道」を教える理由を理解させることはできないという徂徠の解釈は苦しい。「民衆には政府を頼りにさせるようにするべきあり、政府の情報を開示したり、透明性を図ってはならない」という通説的解釈の方が正しいと思う。

とはいえ、こうもいえるのではないか。十八世紀前半の日本の識字率は世界最高水準であり、民衆教育も行われていた。民衆蔑視の解釈をとらなかった徂徠は、社会の現実を見ていたのである、と。

なお、本書は平凡社の東洋文庫に収められ、入手しやすくなった。

2010年12月7日（火）　61歳

3 「歴史」ヘロドトス　松平千秋訳（岩波文庫）

ヘロドトス史観。歴史《ヒストリー》はすなわち物語《ストーリー》

歴史と名づけられているが、地誌の部分が多く、退屈な部分もあった。ヘロドトスは方々を歩いて見聞を記しているが「エチオピア人の精液は黒い」などといい加減なことも書いているし、ペルシア戦争ではペルシア軍の規模を誇張している。松平千秋の名調子もところにより澱むのである。なおいえば、トゥキュディデスの「歴史」は、明らかにヘロドトスと別の方向を意図して書かれ、ぼくとしてはトゥキュディデスを上としたい。

とはいえ、ヘロドトスは「歴史の父」である。いってみればヘロドトスは、歴史を書くという事業の創業者であり、退屈な地誌的な部分があるにしても、彼の意図としては時間の経過だけでなく空間も把握して、世界全体を描こうとした、と推測される。同じ創業者的な歴史家の司馬遷が、国家や王の歴史だけでなく、表によって空間的な世界把握を試みたのと似ていると思う。

しかし、歴史《ヒストリー》は物語《ストーリー》でもあるので、叙述《ナラティブ》が重要と思うぼくには十分おもしろかった。下巻のサラミス海戦のくだりでは夢中になった。

アテナイは、鉱山の収益を市民に分配する案を否決し、テミストクレスの提案により二百隻の艦船を建造して海軍国になっていた。パルテノン神殿のあるアテナイ市街を放棄して敵に明け渡し、艦隊決戦に兵力を集中して勝利したのである。いわば捨て身の戦いであり、自軍の強みを最大限に生かして大国ペルシアを破った記述は非常におもしろい。

この本は、歴史といっても一国史ではない。ギリシャ諸民族の歴史でもない。序のなかで「ギリシア人やバルバロイ（異邦人）の果たした驚嘆すべき事蹟の数々——とりわけて両者がいかなる原因から戦いを交えるに至ったかの事情——を書き述べた」と書いている。

つまり、ヨーロッパとアジア（紀元前五世紀の概念。バルカン半島・アドリア海と小アジア・メソポタミアくらいの範囲）における諸国の興亡を記述している。とりわけペルシア戦争を中心としたヨーロッパとアジアの対立の記述が興味深い。

自由なヨーロッパと専制的なアジアの対立という構図は、ヘロドトスに始まるといってもいい。ヘロドトスによれば、この戦争は世界史上未曾有の大帝国ペルシアに対して「自由を守るため」戦ったギリシャ諸国の戦いだった。実態はともかく、作者の主観としてはそうだったのである。

このヘロドトス史観が、今日の中東問題までも欧米人を呪縛しているのだから恐ろしい。逆にいえば、それだけ説得力のある史観だということである。ヘロドトスのデモクラシーへの信頼はゆるぎない。一方、民主制より多い独裁制に対する目は厳しい。都市国家アテナイが、単独で大国ペルシアをマラトンで破った奇跡的大勝利の原因は、独立自尊の市民の自由を守るために、まず気概でなければならなかった。当時のアテナイは、三十年続いたペイシストラトス一派の独裁制を打破し、民主制を復活させたばかりだったからである。

しかし、実際の記述はかなりのリアリズムであり、アテナイ人は狡猾で権謀術数にたけ、権力志向が強く、周辺ポリスに隙があれば侵略してばかりしている連中として描かれる。いいとこ半分、悪いとこ半分だ。

テバイ人は日和見主義で、金に汚く、外敵ペルシア人をそそのかす悪辣な輩、いわば仲間うちの裏切り者として描かれる。彼らは「ヘロドトスの悪意」にさらされ、いいとこなしに描かれている。

スパルタ人は自国において独裁者が登場できないように意を注ぐが、自国の安全保障のためには周辺ポリスに独裁者を擁立することを辞さない。まるで一九六〇年代米国のアジア政策みたいな矛盾が指摘されている。

ヘロドトスはアテナイびいきだが、この本のなかで日本人が好みそうなのは、質実剛健、粗衣粗食に甘んじ、法《ノモス》と名誉を重んじ、死に際の潔いスパルタ人だろう。第二次ペルシア戦争に先立ち、ペルシア王クセルクセスはギリシャ人デマラトスにギリシャ人について諮問する。その答えは、「昔から貧困は生まれながらの伴侶のごときものでありました。しかしながらわれわれの叡智ときびしい方の力によって勇気の徳を身につけたのであります。この勇気があればこそ、ギリシャは貧困にも挫けず、専制にも屈服することなく参ったのでございます」「スパルタ人のみは必ず殿に刃向い闘いを交えるであろうということでございます。（中略）一千の兵力があれば、彼らはその一千で戦いましょうし、また一千より少なくとも多くとも戦うことに変わりはないからでございます」（下、P66）

このことばはのちのテルモピュライの戦いの予言になっている。歴史語りのなかでは伏線になっている。ぼくには、テルモピュライの戦いにおけるスパルタ王レオニダスの武勲がこの本の頂点と感じられたので、物語の構成上からも周到に伏線が張られていなければならない。ヘロドトス自身は、戦争の帰趨を決定したのはサラミス海戦だと冷静に語っているにもかかわらず、である。

おそらく、テルモピュライの敗戦がギリシャ連合軍を奮い立たせた、という書き方だし、サラミスの指揮官テミストクレスに対して裏切者のような書き方をして、手放しの賛辞ではないからだ。

レオニダスは「スパルタの国土が焦土と化すか、スパルタ王が死ぬかどちらかだ」というデルポイの神託を受けており、戦死を覚悟していた。半島の地峡部にクセルクセス王の大軍を引き寄せ、寡勢でよく戦うが、山中の間道を抜けてきた敵軍に背後を襲われる。

多くの部下を逃がし、自らは三百人の兵とともに踏みとどまって全滅する。二千五百年前の武勲が、平和な社会に生きている読者を感動させるというのも奇妙だが、トム・クルーズと渡辺謙が共演したハリウッド映画「ラスト・サムライ」で、このテルモピュライが言及されていた。運命を甘受する雄々しさがハリウッド映画にも取り入れられているわけだが、卑小な勝利より偉大な敗北を称揚するのはモンテーニュ以来続くモラリストの評価である。

ヘロドトスは平和主義者である（その点がトゥキュディデスと異なる）。捕虜となった大帝国リディアの王クロイソスが新興ペルシアの王キュロスに向かっていう「平和より戦争を選ぶほど無分別な人間がどこにおりましょうや。平和の時には子が父の葬いをする。しかし戦いとなれば、父が子を葬らねばならぬのじゃ」（上、P72）。このことばも予言的であり、好戦的な若いペルシア王クセルクセスの苦い敗北への伏線となっている。まさに雄大な構想によって書かれた物語《ヒストリー》である。

2005年8月30日（火）　56歳

4 「諸子百家」世界の名著10「墨子」「孫子」「荀子」「韓非子」

金谷治・沢田多喜男・小野四平訳（中央公論社）

戦乱の時代の思想家たちだから今こそ読む

ウェーバーをはじめ、諸子百家が活躍した戦国時代を、中国思想史上の画期的な黄金時代と見なす論者は多い。この本にはその諸子百家のうち「墨子」「孫子」「荀子」「韓非子」が収録されている。

まず「墨子」。平和主義で知られる墨翟は、戦国時代に儒家と並ぶ知識人の二大集団を作り上げた。非攻とともに兼愛の博愛主義を主張する墨翟は、二十世紀の中国で再評価された。古典の読み返しがされていたのだ。墨翟は、世襲や門閥を排して、知識人の登用をうながす。「賢を尚《たっと》ぶは政の本なり」

（尚賢篇、P81）

墨子は現実主義でもある。

「義とは利なり。義。志は天下をもって芬《ぶん》と為し、而して能《のう》は能《よ》くこれを利す。必ずしも用いられず」（経篇、P156）この訳は「義とは人を利することである。義について。精神的には世界の問題を自分の問題と考え、実際の能力でもじゅうぶんに人々に利益を与えてゆけることである。人々から尊重されるとは限らない」

墨子の教えは、義と利を対立させて説く儒家とは異なる。家族愛を基本にする儒家に対して、差別なき愛（兼愛）を主張した。「仁とは愛を体するなり」の訳として「仁とは愛をわが身につけて一体となることである」となる。

戦いに明け暮れる時代にこの主張を通すのは厳しい実践を通してでなければできなかった。非攻兼愛の墨子集団では、尚同という平等主義が鉄の規律を支えた。墨子集団は鉄の規律をもって専守防衛の任に当たった。したがって、現実主義的で、礼楽を重んじる儒家に対して非楽を主張した。後の思想がまざった感があるものの、多様性がおもしろい。

次に「孫子」。中国古典のなかで、現代人にもっとも強く迫ってくるのは「孫子」といわれるとおり。「風林火山」「天地人」とNHK大河ドラマに孫子のことばが出てくる。「孫子」の人間論、組織論、リーダー論は、現代社会に適用できる。

儒教の徳治主義には、目の前の戦争を正当化する傾向がある。しかし孫子にとっては、戦争は目の前にたしかにあり、正当化など必要ない。合理的な思考が展開されるところに、普遍性があり、日本人にも大きな影響を与えた。

「兵とは国の大事なり」（計篇、P3）

荻生徂徠は「孫子は戦上手であるから、戦争は容易なことのようにも思われようが、この一句を開巻第一においていることを深く味わわなければならない」と書いている。「孫子」は戦上手の自慢の書ではない。計篇の計とは計算であり、彼我の実情を比較検討し、天の時と、地の勢を知らなければならない、とする。

民が、上と意を同じくする政治を行う。政道が大事なのである。国家間の謀略で決着をつけるのが最上、次に外交交渉、それでだめなら開戦。戦争を政治の一手段と見たクラウゼヴィッツに通じ、さらに二十世紀の軍事理論家リデル＝ハートにも影響を与えている。

そのうえで「兵とは詭道なり」（計篇、P7）。相手の意表をつき、相手をだますのが戦争の本質だという。兵力があってもないように見せ、兵を動かしていても動かしていないように見せ、相手が団結していれば分裂させ、相手が怒っていればかく乱する。

「百戦百勝は善の善なるものにあらず、戦わずして人の兵を屈するは善の善なる者なり」（謀攻篇、P16）

「善く戦う者は、勝ち易きに勝つ者なり」（形篇、P25）

うーん渋いね。大向こう受けする勝ち方はだめなのだ。勝ちやすい戦に勝つのは当たり前だと思ってしまう凡人のぼくはつくづくだめである。まず、「国を全うすることを上とし、国を破るはこれに次ぐ」（謀攻篇、P16）という真剣さが戦争指導者に求められるからだ。

孫子のことばは、われわれの日常でも使われている。たとえば「呉越同舟」（九地篇）であり、たとえば「風林火山」（軍略篇「疾きこと風の如く、徐《しず》かなること林の如く、侵掠すること火の如く、動かざること山の如し」）である。

もっとも有名なことばは「彼を知り己を知れば百戦して殆《あや》うからず」（謀攻篇、P20）だろう。さらにこう続く。「彼を知らずして己を知れば、一勝一負す。彼を知らず己を知らざれば、戦う毎に必ず殆うし」。

日中戦争に従軍し、日米戦争下に生きた父は「日本は中国を知らない。そのうえアメリカのことも知らずに戦争した。負けるわけだ」といった。一兵士として従軍した父の実感にも孫子のことばが響くのだ。日本は、敵国の実情を知らずに戦っただけでなく、自国の実力も知らなかった、ともいっていた。父は陸軍の車両班にいたが、一九三〇年代の日本では工業規格がないに等しく、部品が適合せず、戦地での車両修理がままならなかったという。アメリカとの工業生産力の差だけでなく、質的な差もあり「彼を知らず、己を知らず」だった。

その前段はこうだ。「戦うべきと戦うべからざるとを知る者は勝つ。衆寡の用を識る者は勝つ。上下の欲を同じうする者は勝つ。虞を以て不虞を待つ者は勝つ。将、能にして君の御せざる者は勝つ。此の五者は勝を知るの道なり」

勝負どきを見きわめられなければだめということだ。しかし、帝国日本の戦争指導者が「孫子」を知らなかったわけはない。とくに日米開戦にあたっては、艦隊決戦で勝利し有利な講和条件で戦争を終結できると想定していた。

「兵には、拙速を聞くも、未だ巧久を睹《み》ざるなり」（作戦篇、P11）

町田訳では「戦争には『拙くとも早く切りあげる』ということはあるが『巧くて長びく』という例は見たことがない」である。日露戦争の薄氷の勝利を忘れた日本、日本海海戦という艦隊決戦の勝利で講和にもちこんだ成功体験にとらわれ、太平洋戦争の泥沼の長期戦でぼろぼろに打ちのめされた日本、その経験は「孫子」の説を裏づけている。

二十世紀の戦争は総力戦になっており、日本も総力戦に備えたが、第一次大戦は五年、第二次大戦は七年と長期になり、そもそも「石油がほしくて戦争を始めた」ために、油田を確保しても兵站がのびて艦隊を動かす燃料供給が追いつかない。兵站を重視した「孫子の兵法」を無視する結果になった。

戦場での話になれば、勝敗は時の運である。日本人は、勝敗の分かれ目に単に運だけでなく「勢い」を見ることが多いが、その「勢」もまた孫子の発想である。

「善く戦う者は、これを勢に求めて人に求めず。故に能く人を択びて、而して勢に任ず。勢に任ずる者は、其の人を戦わしむるや木石を転ずるが如し」（勢篇、P34）

現代日本人は、勝負ごとにおける「勢い」を、あるときは運勢として、あるときは自然の流れとして使っている。しかし、孫子の「勢」は、自然の流れに乗るというよりは人の作り出す勢いである。だから「勢い」に乗って開戦に踏み切り大失敗を招いた帝国日本の指導者はダメなのである。集団では、個々の能力の総和以上の力が出ることがある。しかし、それもまたふつうの日本人がよくわかっていることかもしれない。かくて現代日本人は、孔子より孫子にずっと影響されているのである。

最多の紙数がさかれているのが「荀子」である。性善説の孟子に対して性悪説を唱えた荀況の著作にも後年の弟子の著述が紛れ込んでいるそうだが、名文家であり、散逸は少なかったようだ。「荀子」

解釈でも徂徠が援用されており、徂徠の大学者ぶりが改めてわかった。荀子は、長寿をまっとうした人であり、生涯を学者として過ごして地味だった。

「栄を好みて辱を悪み、利を好みて害を悪むは、是れ君子と小人との同じき所なり。其のこれを求むる所以の道のごときはすなわち異なる。小人なる者は疾《つと》めて誕を為して而も人のおのれを信ぜんことを欲し、疾めて詐を為して而も人の己に親しまんことを欲し、禽獣の行にして而も人の己れを善しとせんことを欲し、慮の知り難く、行の安んじ難く、持の立て難く、ついには其の悪む所に遭うなり」(栄辱篇、P288)

自らを誤らせる闇に気をつけろということだ。自分はしばしばウソをつくくせに、他人が自分を信じてくれることを願う小人にならないよう……自分はしばしば卑しい行いをしながら、人が自分に親しくなることを願う小人にならないよう……。

荀子は王道だけでなく覇道にも肯定的だ。臣下として君主に仕える心がけを説くなかで忠を説いた「逆命利君」は後世よく引用される。荀子の開明的なところは、政治家の情報開示や説明責任を重視するところだ。「論語」の「依らしむべし、知らしむべからず」の秘密主義とは違う。これは儒家とも法家とも異なる主張であり、今日でも新鮮だ。

「主道は明を利とし幽を利とせず」「主道、明なれば則ち下は安く。主道、幽なれば則ち下は危うし。下、安ければ則ち上を貴び、下、危ければ則ち上を賤しむ。故に上、知りやすければ則ち下は上に親しみ、上、知り難ければ則ち下は上を畏る」(正論篇、P354)

おもしろいのは荀子の音楽論であり、これは墨子の音楽否定論に対する論争的文章なのだが、古代でこれほど明確に音楽の効用を謳った人はまれなのではないかと思う。
「夫れ楽《がく》とは楽《らく》なり。人情の必ず免れざる所なり。もとより人楽しみなき能わず」(楽論篇、P383)
音楽というものは快楽であり、人情として不可欠なものである、もともと人は楽しみがないわけにはいかない……という荀子の説は明快で、さばけている。
最後に韓非子。荀子に学んだとされ、始皇帝に招かれたが、讒言されて毒を仰いで死んだ。自分の死を予見したかのような文章が見られる。君主を説得することの困難を説いた「説難篇」が有名だ。
金谷治は「一生を不遇に過ごした韓非の熱情が行間にうかがわれる」としているが、ぼくにはシビアな処世術に感じられ「これを読んでいればおれも少しは出世したか」なんて、下らんことを思った。
「凡そ説の務めは、説く所の矜る所を飾りて、其の恥ずる所を滅するを知るにあり。彼に私急あるや、必ず公義を以て示してこれを強う」(説難篇、P450)
訳は「説得するところの要点は、相手の誇りに思う箇所をいっそう飾り立て、相手の恥と思う箇所をもみ消すように務めるところにある。個人的な欲求にせきたてられているときには、必ず公的な名分にことよせて実行できるようにと勧めてやる」。
「矜るに知能を以てすることあらば、則ちこれがために異事の類を同じくする者を挙げ、多くこれが地を為し、これをして説を我に資《よ》らしめ、而して佯り知らずとして、以てその智に資せよ」(同右)
訳は「知恵や能力を誇りにしている場合には、君主のために別な事についての同じような例を挙げてじゅうぶんに論説の受け入れられる地盤を作っておき、そのうえでこちらは知らないふりをして、君主自身の知恵を助けた形をとる」。

サラリーマン処世術として「君主」を「上司」に置き換えれば、現代でも通用する。やれやれ、まるで進歩してねえなと思ってしまう。人間不信の韓非子だから、逆に老子に傾斜するところがあるようだ。韓非子と老子って、およそ正反対と思えるのだが、そうならないところがおもしろい。少し長いが、老子を引用して論じた箇所。

「有形の類、大は必ず小より起こり、行久《こうきゅう》の物、族は必ず小より起こる。故に曰く、天下の難事は必ず易きに作《お》こり、天下の大事は必ず細に作こる、と。是を以て物を制せんと欲する者は、その細に於いてするなり。故に曰く、難をその易きに図り、大を其の細に為す」（喩老篇、P479）

訳は「すべて形のあるものは、それがどんなに大きいものでも、必ずちっぽけなものから出たものであり、すべて久しく年月を経たものでは、それがどんなに多いものでも、必ずわずかなものから出たものである。だから老子も『世の中のどんなにむずかしい事でも、必ずたやすい事から生じるものであり、世の中のどんな大きな事でも、必ず些細なことから生ずるのである』というのである。こういうわけで物事を制圧しようと思うなら、その些細な段階において行われなければならないのである。だから老子も『むずかしい事はたやすいうちに処理すべきであり、たいせつな事は、些細なうちに始末すべきである』というのである」。

問題解決の先送りは、現代日本の病かもしれない。「難をその易きに図り、大を其の細に為す」で対処したいものである。それにしても韓非子の文章は生き生きとしている。

２０１２年12月24日（月）　63歳

5 「オイデュプス王」 ソポクレス 藤沢令夫訳 (岩波文庫)

ほんとは怖い「自分探し」

若いころ高津春繁の訳で読んだ「コロノスのオイデュプス」で、アンティゴネが嘆く「不幸への憧れなどというものがございましたなあ!」というセリフにぐっときた。いかにも文学青年好みのせりふ「不幸への憧れ」が、古代に書かれていたことに驚いた。「オイデュプス王」にも心を打たれたが、あらすじ以外忘れてしまった。だから再読。

藤沢令夫はプラトン哲学の翻訳で知られた人であり、ぼくも「国家」をこの人の訳で読んでいる。専門外だが、つまり訳したかったのだろう。「劇なくして哲学は生じえず、逆に哲学的次元に高められた視点とロゴス的修練なくして、どうして真に文学が理解されよう」という。悲劇を、相思相愛の男女が結ばれなかったり、英雄が死ぬものだと思っている人には、父を殺し母と交わり、自分を滅ぼすオイデュプスの物語を読むと、居心地が悪くなるかもしれない。

この劇は、デルファイの碑銘「知は力なり」「汝自身を知れ」を「哲学的次元に高められた視点とロゴス的修練」でもみこんだ後に生じる劇である。預言者ティレシウスは、テーバイの凶作の原因が、先王ライオスを殺した犯人が見つかっていないからとしたが、現王オイデュプスに呼び出されても、犯人がオイデュプスであるとは告げない。ただ「ああ、知っているということは、なんとおそろしいことであろうか」(P35)というばかりである。

もちろん預言者は、すぐ但し書きとして「知っても何の益もないときには」と続けるのだが、「やめとけ、やめとけ」の低音の合唱(観客も含め)のようなものが、劇全体のトーンになる。だから「知は力なり」への否定があるように感じられる。オイデュプスの探求に歯止めをかけるのは、預言者ばかりでなく、妻イオカステも制止する。にもかかわらず、読者の印象は「知は力なり」であり、知は破壊力にもなるということだ。知的探求の先に不幸があろうとも、前進するオイデュプスに圧倒される。その力がこの劇の魅力だろう。

若いとき「オイデュプス王」を読んで「自分を知る」ことが破滅を招いたとしても、知らなければならないと進む人間の姿に胸をうたれた。再読しても同じことを思った。バブル崩壊後の「自分探し」とは、ちょっと金のあるおねえちゃんが外国のリゾートでナンパしよう(またはされよう)とするときの装飾である。

それでもいい。アイデンティティ探求は個人にせよ国にせよ、危機にあるからこそ始まる。男女の賃金格差がひろがり、一般職ＯＬが激減して結婚かキャリアかを迫られるような社会的抑圧が、アイデンティティの確認を求めるよう仕向けたのだ。たとえ強いられた動機であっても自分を知ることはつらい。

元祖「自分探し」であるこの劇は、だから「ほんとは怖い自分探し」なのである。行く手にあるのが身の破滅だとしても、真相究明に進まずにはいられない人間の業、といっちゃ軽いけれど、不幸をおそれないからこそその緊張感であり、古典なのである。真相究明なんかやめとけ、と忠告する人はいるが、激情の人オイデュプスは耳をかさない。

この主人公は激しやすく不安定である。なぜこんなに怒りっぽいの?といいたくなる。精神保健福祉士ならば「アンガーマネジメントをやりなさい」と注意する。「あなたは、怒っていい、と感じてるようですが、そこがダメなんですよ」と指摘したりして……。

反面オイデュプスには、未来が見えているという気がしないでもない。苦しみを受ける、という意味でのパッションである。「マタイ受難曲」のあのパッションでも、キリストは苦しみを受けようと覚悟している。オイデュプスの激情にはパッションがある。

藤沢は解説でアリストテレス「詩学」を引用して、この劇における発見（アナグノーリシス）と逆転（ペリペティア）の構造を説明している。逆転構造は、最初は威厳に満ちた王だったオイデュプスが、自ら両眼をつぶしテーバイから追放される全体の筋からしてそうだし、父親殺しの疑いが育ての親のコリントス王ポリュボスの死によって晴れた直後に、実父でなかったことが明らかにされ、真実があかされてしまう局部的な逆転にも表れている（アリストテレスの指摘）。

しかし、初読のときも再読のときも、発見の力学がぼくに強い印象を残したのである。育ての親の死によって生じた安心感のあとの逆転、と同時に自分が父親を殺したという発見がある、ということだが、それよりも「自分の正体を知った」発見のおそろしさが衝撃なのだ。「汝自身を知れ」という碑銘の暗い側面である。

藤沢は、この劇の外側にあるスフィンクスの謎について書いている。オイディプスがテーバイの王座につくことができたのはスフィンクスの謎を解いたからである。

その謎とは「ひとつの声をもち、二つ足にしてまた四つ足にしてまた三つ足なるものが地上にいる。地を這い、空を飛び海を泳ぐ者のうち、これほど姿かたちを変えるものはいない。それがもっとも多くの足に支えられて歩くときに、その肢体の力はもっとも弱く、その速さはもっとも遅い」である。藤沢は、「汝自身を知れ」の碑銘のユーモラスな変形としている。物語の内側にも外側にも「発見」が仕組まれている。

オイディプスの母であり妻であるイオカステが縊死し、オイディプスは両眼を刺して盲目になる。「およそ数ある不幸のなかでも、みずから選んで出来《しゅったい》させた不幸ほど、人の心をいたましめるものはありますまい」(P94)といわれてしまう。

最後にコロスが「されば死すべき人の身は、はるかにかの最期の日の見きわめを待て。なんらの苦しみにもあわずして、この世のきわに至るまでは、何人をも幸福とは呼ぶなかれ」と歌う。人間を不幸にするのは簡単だ、であれば、安易に人を幸福と呼ぶなかれというメッセージを送る。強い劇的効果がある。

しかし、劇的なおどしから一歩引いて考えれば、むしろエピクロスの「『長い人生の終わりを見よ』というは、過去の善きことどもに対する忘恩」という指摘が妥当だろう。

２０１９年４月22日(月) 69歳

6 「歴史」 トゥキュディデス

藤縄謙三・城江良和訳（京都大学学術出版会）

政治と戦争を冷徹に分析する国際関係論

トゥキュディデスは「実証的歴史学の祖」だそうで、これは「歴史の父」ヘロドトスに対比した表現だ。ペルシア戦争を描いたヘロドトスの「歴史」は、アジアの専制国家による侵略からギリシャの自由を守る闘いとして描かれ、マラトンの勝利や、スパルタ王レオニダスのテルモピュライの武勲や、全市民を船で撤退させたあと起死回生の大勝利を収めたサラミス海戦など、鮮やかな叙述が目白押しである。なにより大帝国に対するギリシャ連合軍の勝利に終わった爽快感がある。

一方こちらはBC四三一年からBC四〇四年までの長きにわたりギリシャ全土を荒廃させたペロポンネソス戦争を描いている。英雄は出てこないし、結末は悲惨、しかも叙述は未完となれば、果たしておもしろいか？と疑った。ニーチェの高評価を知らなければ、この疑問につぶされて読まなかっただろうが、非常におもしろかった。

高校世界史のレベルでは、せっかくペルシア戦争に勝ったのに、なんでまた内輪もめみたいな戦争を二十七年も続けて消耗してしまうのか？　実にわからん、みたいな結論になる。高校世界史的通説では、ペロポンネソス戦争のあとでアテナイは衰退し、勝利者であったスパルタも疲弊して、漁夫の利を得たマケドニアの興隆を許し、ひいてはアレクサンドロスの大帝国の支配を許す……という筋書である。

しかし、今の通説ではギリシャ世界は戦後復活するというものだ。トゥキュディデスもギリシャ世界がペロポンネソス戦争で衰退したと結論づけているわけではなく、この本には書かれていない戦後に一時テーバイが覇権を握り、そのあとアテナイが再び覇権を握る。

物語＝歴史というヘロドトスにはあったカタルシスが、こっちにはない。しかし、トゥキュディデスの新しさはヘロドトスとの年齢差がわずか三十歳とは思えないほどだ。シビアで分析的なおもしろさがある。

人間の集合体をダイナミックに分析する手法は、国の意思決定（しばしば覆り、流動的であるとしても）に関する最初の研究ともいえる。今日でも国際関係論の古典として必読文献なのだそうだ。あらゆるタイプの政治家が登場し、弁論術を駆使して議論する。特に、外交判断では、各ポリスの民会における演説を賛否両論で対比させる手法を採っているのが興味深い。

両論併記といえば、日本では結論逃れになるが、ここでは常に結論が出て、その結論に対する吟味がある。公開議論に左右されず、陰謀や根回しで「国益」が決定されることもあれば、民衆受けする主張が公開議論により世論を覆すこともある。

というわけで多くの演説が記載されている。トゥキュディデスはアテナイの名門の出であり、将軍職に任ぜられ、作戦失敗の責任を追及されて追放（政敵による不当な追放らしい）され、敵国スパルタに移住したため、アテナイとラケダイモン（スパルタの周辺地域も含む概念）双方の政策決定プロセスを知りえた。著者ならではの情報収集の成果である。

記載された演説の中では、ペリクレスの戦死者追悼演説がすばらしい。アテナイ民主制のカリスマ指導者だったペリクレスは開戦派であり、どちらかというと和平派である著者とは立場が異なるが、著者は開戦後二年で死んだペリクレスについて、もし彼が生きていればアテナイは勝利したし、死後も彼の方針（領土の拡張を求めず、制海権を維持する）を守ればアテナイは勝利したと明言している。

「吾々が享受している政体は、隣国の法律を模倣するようなものでなく、むしろ吾々自身が他の人々の模範になっているのである。そして少数者でなく、多数者によって収められているゆえに民主制と呼ばれている。法律上では私的係争の面で全員に平等の権利を与えられているものの、評価に際しては各人が何事かに名声を博するに応じて優先的に公的栄誉［役職］が与えられるのであって、能力よりも階級によって評価されるのではない。貧困ゆえに世に埋もれて、ポリスのために有益なことを為す能力がありながら、それを妨げられるということもない」（「1」P183　第2巻）

強い自信があふれている。アテナイ民主制は、武勇によって獲得された自由をなによりも誇り、強者（具体的にはアテナイ）による弱者（エーゲ海や小アジアのポリス）への支配を当然視する。平等よりも自由を重視するのである。

ペリクレスは「幸福は自由に依り、自由は勇気に依る」（「1」P189　第2巻）という決めセリフで「戦争の危険に対して臆病であってはならない」と人々を鼓舞する。大日本帝国臣民およびその末流である昭和日本人の生活感情（自由に生きたら不幸になる。だから勇気より謙譲と従順が大事）とはすごく違う。

スパルタ王アルキダモスの演説と、勇気に関するくだりを対比させてみよう。
「実際吾々は良き秩序のおかげで戦闘的になり、同時に良識的にもなっている。吾々が一方で戦闘的であるのは、廉恥心は主として慎重に基づいており、勇気は主として恥辱感に基づいているからである。（中略）吾々は常々、思慮に富んだ敵を相手にするのだと覚悟して行動で準備している。またわれわれが抱くべき希望は、敵の失敗を期待するのでなく、むしろ吾々自身の先見の明による安全策に由来するのでなければならない。更に人間同士の間には、それほど大きな差があるはずはなく、むしろ最も厳しく教育されたものこそ最強だと考えるべきである」（「1」P82　第1巻）

ノモスの人スパルタ人らしい主張だが、輝かしさには欠ける。しかし、民主制寄りの寡頭制を理想としている著者の思想はどちらかといえばこちらに近い。デマゴーグに踊らされ、すぐ指導者を変え、陶片追放するアテナイ市民への反感は根深く、ノモスへの信頼の強いラケダイモンを対比して描くのである。アテナイでは上層市民は和平派であり下層市民が戦争継続派である。こうした傾向は、民主制の一般的傾向ともいえる。アテナイ敗北の最大原因は、兵站線が長くのびてしまったシケリア遠征（シチリア島）にある。

敵も味方も衰退するとわかっている戦争をなぜやめられなかったか、という問題意識と同時に、なぜこれほどの消耗（アテナイの人口を激減させた疫病の流行）に耐えつつ戦争が継続できたか、という問題意識もある。

多くのポリスの内部に親アテナイ派と親スパルタ派の分断が生じて、中立がむずかしくなった。正義よりパワー・ポリティクスが重視され、民衆を扇動し、多数派を形成することが重視されるようになった。

開戦五年目には、アテナイでポピュリスト主戦派クレオンが影響力を持つようになり、小アジア沿岸のレスボス島のポリスでアテナイからの離反を図ったミュティレネ人千人を処刑した。ペロポンネソス半島西岸北部のレウカス島でも、親アテナイのケルキュラ人が同胞市民を虐殺した。いたる所で紛争が生じ、民衆派の指導者はアテナイ軍を、寡頭派はラケダイモン軍を招き寄せようとした。この状況を著者は次のように述べる。

「かくして多くのポリスに内乱が発生したのであって、後発の内乱は先発のものから学び取った上で、襲撃の巧妙さや報復手段の異常さの点で、新機軸を極端なまでに推し進めていった」「政敵から出された立派な意見は、自分たちが優勢な場合には、相手の行動を警戒しながら受け容れたのであって、雅量によるものではなかった。自分が先に被害を蒙らないことよりも、誰かが報復を果たすことの方が高く評価された」（「1」P329　330　第3巻）

こうしてギリシャ世界全体に堕落が蔓延したと指摘する。その代表的な例は「メロス島の対話」である（戦争中アテナイの最大の蛮行とされた）。エーゲ海の小島メロスはラケダイモンと関係が深く、武装中立を続けてきたが、アテナイの大軍に包囲され、降伏を勧告される。

「正義は力の等しい者の間でこそ裁きができるのであって、強者は自らの力を行使し、弱者はそれに譲る、それが人の世の習いというものだ」というアテナイの使者に対して、

「利益とは、諸君が双方共通の便益を損なわないこと、すなわち、窮地に立たされた者には、道理と正義の存在を認めてやること、そしてたとえ正確さに欠けていても、わずかでも納得できる論理を述

べた者には、利得が与えられることである。それは吾々以上に、諸君にとって大きな利益となるであろう。なぜなら、諸君がそれをしないまま転落の日を迎えたなら、そのときは容赦ない報復を受けて、世の人々への戒めとなるだろうからだ」

しかし、アテナイ人はこう反論する。

「(前略)吾々が今ここに来たのは、吾々の帝国支配の利益を得るためであり、こうして諸君と話をするのは、諸君の国の安全をはかるためだということを、はっきりさせておきたい。吾々の望みは労せずして諸君を支配下に収めることであり、諸君を双方に利のあるかたちで救うことなのだ」

アテナイは帝国なのである。制海権を握り、多数の植民市や同盟市のうえに、海上権力をもって君臨している。だからラケダイモンが援軍に来ないのを見通している。

「諸君にとって支配するのが利益となるのと同じように、吾々にとって奴隷になるのが利益になる、そんなことがどうして起こりえようか」

「諸君は最悪の運命に陥る前に、服従できることになるし、吾々は諸君を滅亡させずに、富を増やせるというわけだ」

「それでは、吾々はいかなる軍事行動もとらないから、吾々を敵ではなく友として、どちらの側の同盟にも属さない国として認めることはできないだろうか」という発言に対して、

「諸君から受ける憎しみなど、吾々にとってたいした災いではない。それよりも友誼が弱さの証拠として、憎悪が力の証拠として被支配者の目に映る、それこそが重大なのだ」(「2」P77　第5巻)

メロス市民が降伏を拒み抗戦すると、男は全員殺し女子どもは奴隷に売った。この事件はアテナイ

市民にも衝撃を与え、負ければ自分たちも同じ運命をたどると怖れた。援軍が来るという希望に賭けたメロス市民をあざ笑ったアテナイだったが、シケリア遠征では、現実を直視せず、同じく希望に賭けたための大失敗だったとするトゥキュディデスの記述は皮肉だ。

しかし、なおギリシャの誇りは健在だったともいえる。軍事国家スパルタの威信を大きく低下させたピュロスの敗戦のあと、捕虜釈放のためにアテナイに派遣されたラケダイモンの使節が語った言葉。

「吾々はギリシャ人の中で最高の評価を得ていながら、諸君の所へ嘆願に来ているが、以前には自分たちこそが、そのような認可を与える権限があると考えていたのである。しかも吾々がかかる災難に遭ったのは、国力の不足によるものでもなく、また国力が増大して高慢になったためでもなく、平常の諸条件に基づきながら判断を誤ったのであり、同様のことは誰にでも起こりえるはずである。それゆえに諸君は（中略）幸運もまた常に諸君に味方するだろうなどと考えるべきではない」

堂々たる敗者の弁。こういう立派な態度はなかなかとれない。

「思慮ある人間であれば、繁栄は不安定なものだと考えて安全を計るものであり、また不運に遭っても、人並み以上に賢明に対処することができよう。そして戦争というものは、自分が手を出したいと欲する部分だけに限定できるものではなく、運命が導くままに従事せざるをえないのだと考えるであろう。それゆえ、かかる人々は戦争に勝利しても自信過剰の増長は慎むがゆえに、蹉跌することは稀であり、幸運の続くうちに結末をつけるに相違ない。アテナイ人諸君、諸君は今、吾々に対して、このように為すのが良策なのだ。もしも吾々の説得に従わず、その場合には大いに起こりうることだが、諸君が蹉跌することになれば、今の成功も幸運によって勝ち得たのだと後世の人に見られるだろう。それを恐れよ。諸君は武力と叡智との確固たる名声を後世に遺すことも可能なのだから」（「1」P382　第4巻）

勝てばおごり、敗ければ卑屈になる大日本帝国の臣民根性となんとちがうことか？　大戦争の帰趨を予言しているかのようでもある。これと同じような考えを表明し、和平派の中心人物でもあったニキアスについては、悲観主義を批判するなど、冷徹な評価を下す。有徳の士であっても政治的軍事的判断を誤れば、非業の死を遂げる。

アテナイとデロス同盟との関係では、デロス同盟内で面従腹背しているエーゲ海の小ポリスの困難な立場について目配りがきいている。大国の間で必死に生き残りを模索する姿を笑うことはできない。アテナイの外交戦術によるペロポンネソス同盟の切り崩し工作も述べられ、敵国への間接的アプローチと見られる部分もある。政治的な駆け引きの重要性を物語るが、どちらかといえば著者は軍事的な決戦主義に傾斜しているようだ。そのせいかどうか、ペロポンネソス同盟の有力ポリスのコリントスに対しては妙に厳しい。

「コリントス人は大きな負けでなければ勝ちだと見なし、アテナイ人は圧倒的な勝利でないものは敗北だと考えた」（「2」P253　第7巻）

まるでコリントス人が日本人であるかのようで、苦笑してしまった。

大戦争を休戦させたニキアスの和約を、功名心から破り、結果的にアテナイを敗北に追い込んだアルキビアデスに対しては当然きびしい。外交的才能によってアルゴスをアテナイの味方に引き入れ、民衆受けを狙ってシケリア遠征を主張し、反対派の策謀によって追放されるとスパルタに亡命し、アテナイの軍事的弱点を告げて軍事顧問に成り上がるアルキビアデスの無節操についても、冷徹に叙述している。

日本的感覚からすると、こんな変節漢（「カメレオン男」と呼ばれた）が重用されるのはありえないが、読者としてはおもしろい。アルキビアデスは、スパルタの軍事顧問として、ペルシアの小アジア総督で悪辣なティッサペルネスに接近し、アテナイ、スパルタ、ペルシアのバランスを取りつつ外交的駆け引きによってスパルタを牽制し、ついにはアテナイに復帰する。トゥキュディデスは、人心収攬だけでなく、軍事指導にもすぐれたアルキビアデスに、祖国アテナイを救った面もあることも述べて公平を保っている。

この人物は、全巻中で最も興味深い。残念ながらこの本は未完のまま終わっており、アテナイの降伏までは書かれず、戦争末期に活躍したアルキビアデスの動きも半分しか書かれていない。しかし、起死回生の勝利をアテナイにもたらしたアルキビアデスが再び追放されなければアテナイは敗北しなかったという説もあるくらいだ。

アルキビアデスは、プルタルコスの英雄伝にも取り上げられている。ペリクレスにかわいがられた名門の生まれであり、ソクラテスの恋人であり、ポテイダイアの戦闘で負傷したところをソクラテスに救われているそうだ。プラトンの『饗宴』では酔っぱらって乱入してきて、ソクラテス礼賛をする。美貌と肉体と才能に恵まれ、徳においても悪徳においても彼に勝るものはいないといわれた。そのアルキビアデスが、ティッサペルネスに語る言葉。

「ギリシア人をギリシア人自身の手で消耗させることだ。これなら出費はほんのわずかで、しかも我が身を危険にさらすこともない。そして王が支配を共有すべき相手としては、アテナイの方がふさわしい。なぜならアテナイの方が陸上支配への執心が薄く、しかも戦争遂行にあたっての名分と行動も王にとってたいへん好都合なものである。というのもアテナイ人が王と協力すれば、海に囲まれた地域をアテナイに服従させる代わりに王の領土内に住むギリシア人を王に服従させるのに手を貸してくれるだろう」（「2」P369　第8巻）

ことばの裏に、アルキビアデスの長期戦略が見て取れる。古代において制海権という概念を追求したのがアテナイであり、ペリクレスであるとすれば、アルキビアデスが海上貿易と従属国からの租税収入によってアテナイはまだまだ繁栄すると洞察したのは正しい。

陸軍主体の軍事国家として出発したローマが、地中海を自分の湖として繁栄し、イスラムによって地中海の制海権を失うことによって、カロリング朝以降のヨーロッパが内陸封鎖経済に転落してしまった歴史の展開を思えば、アジアの大国ともちつもたれつの関係を築こうとしたアルキビアデスに先見の明があるように思う。

２０１１年7月22日（金）　62歳

7 「アナバシス――敵中横断6000キロ」クセノポン 松平千秋訳(岩波文庫)

「タラッタ! タラッタ!」――奇跡の大退却

再読。九〇年代に読み、非常におもしろかったので友人に薦めまくり、読んだ友人たちからは好評を得た。

敵国深く進攻した軍団が孤立してしまい、苦難にみちた退却行をして帰還する物語だ。四面楚歌の絶体絶命のピンチから脱出して帰還を果たすという経験は物語性に富んでいる。「オデュッセイア」の虚構を地で行くのである。平易な文章は、クセノポン在生時から近代にいたるまで高く評価されてきており、ギリシャ語学習者の初級・中級の読み物として広く読まれてきた。ヘルマン・ヘッセもギリシャ語の授業で読んで、気に入っていたそうだ。

なぜ一万人ものギリシャ軍が孤立することになったか? 彼らは傭兵としてペルシア王家の争い(大王アルタクセルクセスと弟のキュロスの王位争い)に参加し、メソポタミアの中心部まで進んだところで、キュロスが敗死、休戦交渉のなかでギリシャ軍の主な指揮官たちが悪辣な敵将ティッサペルネスに謀殺されてしまった。リーダー不在で周りはみんな敵だらけ、途方に暮れ、動揺した軍のなかで、若いクセノポンが立って演説する。

「（神への誓いを守った）わが方は敵よりはるかに強い自信をもって勝負に臨むことができる」「寒暑や労苦に耐える点では敵に勝る肉体を持っているし、神々のおかげで精神もまた彼らを凌ぐものを恵まれている」「私としては、もし諸君が今私のやったように、やってみる気があるのなら、諸君の驥尾に付してゆこうと思うし、また私に指揮をとれということであれば、若年を理由に断るつもりはない」（P116）

続けていう。敗れれば殺されるか奴隷に落とされるかであり、戦い抜いて故郷に帰るしかないと現状を判断し、戦いにおいて勝利をもたらすものは、兵の数でも力でもない、相手に勝る旺盛な士気をもって敵に向かおうと説く。

「戦いにおいて何としても生き永らえようと望むような者は、たいていは見苦しく悲惨な最期を遂げるものであること、それに反して死は万人に共通で、逃れ難いものと悟り、ひたすら見事な最期を遂げんことを志す者は、何故かむしろ長寿に恵まれ、在世中も他の者より幸せな生活を送るのを私は見てきているのだ」（P120）と兵を鼓舞する。

集会で指揮官に立候補して選ばれるということはきわめて民主的だ。よき兵士はよき指揮官になれる。だれより命令によく従うからだれよりいい指示が出せる……という精神風土は日本のそれとは異なる気がする。ギリシャ人は、自由を求め、権力への意志が強いから、あくまで議論を戦わせて決定するが、帝国の日本軍は下士官によって支えられた現場主義が強く、ひとたび崩壊すると組織がエゴむき出しで悲惨なことになる。

一般論としても、危機におちいったときほど協働が大事だ。突然現われたヒグマに襲われそうになったら自分だけ逃げようとせず、仲間と離れず団結することが大事であり、利己的な分離行動はかえって危険だ。野生動物相手だってそうなのだから、敵地で優勢な敵に囲まれていたらなおさらだ。古代ギリシャ・ローマでは、一に戦場における勇気、二に弁論が尊ばれた。だからアリストテレスも「弁論術」を書き、ソフィストは弁論を競い、すぐれた演説は記録された。

クセノポンは副官的な立場に選ばれ、主将のスパルタ人ケイリソポスを助けながら、ギリシャ本土への帰還を果たす。もちろん逃げ出す兵士は多かったが、とどまって結束することができたのは、戦闘員を極力増やし、車などを処分して、最小限の輜重部隊と非戦闘員で再構成したからだ。しかし、騎兵がなく、敵軍から常に先回りされるという困難が伴った。それでもこの地にとどまるつもりであるかのような外見は作り、相手をけん制しつつ粛然と退却し、敵地を北上してゆく。

しかし、輜重を削減した結果、行く先々で略奪せざるを得なくなる。一万人の大部隊が進軍した村に食料を求め、断られたら略奪するというのは、地元民にとって大迷惑だが、ギリシャ軍にとっては生きるか死ぬかの瀬戸際であり、クセノポンは偽善的にならず略奪行為を描いている。食料調達に深入りして殺される兵士も多かった。雪のアルメニア通過や険谷でのクルド人の襲撃など苦難の連続を、軍団はよく乗り切る。

この十分の一の規模だが、水戸天狗党が中山道を西に向けて進軍したのが、日本における類似のケースだ。中山道沿線には小藩が多く、まともに戦った藩は少なく、長いものには巻かれろ感覚が地元民にあるのもこの本と似ている。しかし、六千キロはケタ違いだ。

再読といってもかなり内容を覚えていた。トルコ内陸部を通過し、海を見たときのギリシャ軍兵士の歓声「タラッタ！　タラッタ！（海だ、海だ）」、クセノポンが窮地に陥り、仲間につるし上げられそうになるときの雄弁、軍団のなかに娼婦がまじっており、敵軍に攻撃されると軍列のなかの安全な位置で守られていたこと……、臨場感あふれる描写だ。

クセノポンはソクラテスの弟子であり、プラトンの学友である。クセノポンはこの遠征にどうしても参加したかったので、デルポイの神託を聞きにいったが、師が勧めたように「旅立つのがいいか、よくないか」とは聞かず「どうすればもっとも都合よく旅立つことができ、上首尾で帰国できるか」聞いた。そんな勝手さをソクラテスに責められたが、そう聞いた以上は神託の通りにしなければならないと師はいったのである（P112）。

しかし、クセノポンがやっと帰還したとき、ペロポンネソス戦争に敗れた祖国アテナイには独裁的な政権が生まれており、その弾圧下でソクラテスは刑死していた。そのうえクセノポンは、親スパルタとの判決を受け追放されてしまう。

初読のときに比べて当時のギリシャ世界の状況は理解しており、クセノポンが親スパルタとされないよう注意していることも読み取れた。スパルタ王アゲシラオスの客分だった時期に執筆されたらしいが、それでもなおアテナイへの思いは強かったのだろう。

戦記の古典として「アナバシス」は「ガリア戦記」と並び称せられているが、ぼくは「ガリア戦記」よりこちらを評価する。クセノポンが自分を「私」でなくクセノポンとして描き、三人称に徹した書き方をしているのをカエサルが踏襲したと思えたし、的確な状況判断で危機を克服し、雄弁によって兵士を鼓舞するところも似ている。カエサルは、雄弁な指導者にしてドライな文章家であるクセノポンを範としていたのではないか。

2019年6月17日（月） 69歳

8 「国家——正義について」プラトン　藤沢令夫訳（岩波文庫）

正義論・政体論から形而上の世界へ

プラトンは、哲学が老人にこそふさわしいと考えていたようだ。

「体力が衰えて、政治や兵役の義務から解放されたならば、そのときこそはじめて、聖域に草を食む羊たちのように自由の身となり、片手間の慰みごとをのぞいては他の一切を投げ打って哲学に専心しなければならない。そうしてこそ人は幸せに生きることになり、死んでのちはあの世において、自分の生きてきた生の上に、それにふさわしい運命をつけ加えることになるだろう」（下、P55）

ぼくは老いても「他の一切を投げ打って哲学に専心」する気にはなれない。しかし、プラトンがいいたいことはよくわかり、わかるからこそ、この本を読む気になったのだ。

導入が巧みだ。ケパロスという温厚な老富豪が登場する。ケパロスは自足しており、他の老人たちが「女と交わったり、酒を飲んだり騒いだりできなくなった」と嘆き「老年が不幸の原因となっているようだ」と訴えるのに対し「どうもほんとうの原因でないものを原因と考えているようだ」（上、P21）と語る。

老年になり、「さまざまな欲望が緊張をやめて、ひとたびその力をゆるめたときに起こるのは、まさしくソポクレスの言ったとおり、非常に多くの気違いじみた暴君たちの手から、すっかり解放されるということにほかならない」。不幸の原因は「ただひとつしかない。それはソクラテス、老年ではなくて、人間の性格なのだ」と言う。

ソクラテスがこの言葉に感心して対話が始まる。性欲・物欲・名誉欲の強い団塊老人にはぴったりではないか。このソクラテスはもちろん実在のソクラテスではなく、プラトンが自説を語らせる媒体としてのソクラテスだが、第一巻の皮肉な調子は実のソクラテスに近いように思う。それにしてもプラトンは、なぜすべての著作を対話篇にして、自分でなくソクラテスに語らせたのだろうか？　そんな人、ほかにいない。

ソクラテスは「多くの人々は、あなたが老年を楽に堪えておられるのは、別に性格のおかげなどではなくて、たくさんの財産を持っているからこそなのだと、考えるでしょう」と挑発する。こういう皮肉は現代日本の老人でも言いそうだ。対するケパロスは故事を引く。

「セリポスから来た男が、テミストクレスにけちをつけようとして『あなたが名声を博しているのは、別にあなた自身の力によるわけではない。あなたの国のおかげなのだ』と言ったとき、テミストクレスはこう答えた。『たしかに私がセリポス人だったら、名を揚げることはできなかったろう、君がアテナイ人だったとしても、できなかっただろうようにね』。金持ちではなく、老年をつらがっている人たちにも、ちょうどこれと同じことが言える。つまり、人物が立派でも、貧乏していたら、老年はあまり楽ではないし、また人物が立派でなければ、金持ちになったからとて安心自足することはけっしてないだろう」（上、P23）

ソクラテスはまたも皮肉に問いかける。ケパロスの財産のうち「相続なさった分と、自分でおつくりになった分とではどちらが多いのでしょうか」。彼の答えは父から相続した分と自分で築いた分と同じくらいだというものだ。なるほど、だから冷静でいられる。さらに財産を持っていてよかったと思うことでいちばん大きなことは？と問うと、正しく敬虔に生涯をおくれたことだと答えた。ここから、正義についての対話が始まる。

ソフィストのトラシュマコスが登場し、「正義とは強いものの利益」「不正こそは自分自身の利益」「不正な人間の生活は正しい人間の生活に勝る」と主張する。しかし、これはソクラテスによって簡単に論破されてしまう。すると今度はアディマントスとグラウコンの兄弟（プラトンの長兄と次兄）がソクラテスに対して質問する。

幸福とは、正しい人間でなく、正しいと思われる人間（不正の極致とは、実際に正しい人間でないのに正しいと思われる人間）にもたらされるのではないか。しかし、「〈正義〉は〈不正〉にまさるということを言葉のうえで示すだけでなく、それぞれは、神々と人間に気づかれる、気づかれないにかかわらず、それ自体として善であり、悪であるのか示してください」（上、P128）と。

今日の日本人にぴったり当てはまる。日本人は、まず金、しかるのちに「正しい人間」「善良な人間」

という評判、いいかえれば信用を得ることが幸福の条件だと考えている。絶対的価値でなく市場価値を求めることとは、しかし、正義を主張し善を為すこととは別である。その信用を得るためには、知の働きが重要なのだ。こうした現世利益的な出発点からプラトンの考察が進行するのは、刑死したソクラテスの生き方を意識しているからだろう。

プラトンの表現は、偽善の定義として非常にすぐれたものだと思う。夏目漱石により人口に膾炙した「アンコンシャス・ヒポクリット（無意識の偽善者）」などはここに包摂されてしまう。なぜなら、正義を主張せず、善を為さずことなく、ただ「正しい人」「善人」という市場評価を得るのが、もっとも安全でうまいやり方だからだ。

善を為せず、正義を主張できず、偽善者にもなれない人、つまり臆病で、正義感も弱く、世間知も欠ける人はストレスがたまる。つまり無意識の偽善者になるのがうまみのある生き方だろう。こういうことは、若いうちはわかりにくいが、老人になるとわかる。少しばかり財産を得たら、あとは偽善者になるのが「幸福」への早道である。アイスキュロスの「善き人と思われることでなく、善き人であることを望む」（上、P112）ような人は稀という認識が前提だ。

対話は、幸福論から正義論に進むが、ソクラテスは、まず一個人の正義より国全体の正義を考えようと提案する。ここから「国家」という題が導かれたようだ

ここで「国家」という儒教的翻訳語が合っていない気がする。国土や国民が世襲君主の家産であるという意味が入ってきてしまう。原題は「ポリテイアー」であり、「政体論」と直訳すべきだろう。国家という語に含まれる修身斉家治国という段階論は、含まれないし、そもそも「家」なんて概念は

お呼びでない。なにしろ、プラトンは、統治者間では妻女と子どもを共有すべきだ、ととんでもない主張を展開するのだから。

そのほかにも哲学者が統治者として最適だとか、詩人は嘘つきだから理想国から追放せよ（そのくせ最後に出てくる、臨死体験めかした創作「エルの物語」はなんだ！）とか、魂は不滅であるとか、突っ込みどころは多く、どうにも共感できない。しかし、西洋哲学はおしなべて、プラトンのこの本との対話によって成り立っているといっても過言でない。

「ところで性愛の快楽よりも大きくてはげしい快楽を、君は何か挙げることができるかね？」（上、P221）と、さすが哲学者は歯に衣きせず、ずばりと聞く。そして「正しい恋とは、端正で美しいものを対象としつつ、節制を保ち、音楽・文芸の教養に適ったあり方でそれを恋するのが本来なのだね？」「恋する者はその恋人を説得したような場合、気高く美しいものをめざしながら、恋する少年に自分の息子にするような仕方で口づけをし、ともに過ごし、触れなければならない」（上、P222）

これがプラトニックラブだ。性欲否定ではなく、自らの性欲を洞察したうえで美をめざすことが不可欠なのだ。プラトンという人は、フロイトも我田引水した透徹した認識を示している。「各人の内にはある種の恐ろしい、猛々しい、不法な欲望がひそんでいて、このことは、われわれのうちできわめて立派な品性の持ち主と思われている人々とても例外でないということ、そして夢の中では、この恐ろしい欲望が明らかに現れる」（下、P242）

プラトニックラブは、生殖という「実利」から切り離された少年愛の世界だ。「身体は、それがすぐれた身体であっても、自身のその卓越性によって魂をすぐれた魂にするというものではなく、むしろ反対に、すぐれた魂がみずからのその卓越性によって、身体をできる限りすぐれたものにするものなのだ」という見解が、当然そこから引き出される。生まれながらの身体障害者なんか殺してしまえ、の優生思想も含んでいる。

「いったい大衆というものは、多くの美しい事物ならぬ〈美〉そのものの存在を、あるいは一般にそれぞれのものについて、多くの事物ならぬそれぞれのもの自体の存在を、容認したり、信じたりすることがありうるだろうか」（下、P43）

知識人優越思想も露骨である。無知な大衆は、おれたちのいうこと聞いてりゃいい、というわけだ。こちとら下じものどん亀は、日なたの泥に尾を引いてのんびりやっていたいのだが「（最もすぐれた素質を持つ者たち）に対してそのまま上方に留まることを許さない」（下、P107）「支配の地位につくことは万やむを得ない強制と考えて、そこへ赴くことでしょう」（下、P110）と、人民大衆の中に下降してくださるのだが、正直ありがた迷惑だ。

こういうくだりを読むとニーチェのプラトン嫌いの理由がよくわかる。知識人くさい怒りとルサンチマンを感じる。ソクラテスを殺し、自分を流浪させた現実政治に対する怒り。大衆に影響力を行使したいにもかかわらず、できない知識人の怨恨。だからプラトンは正義や道徳の支配を強力に主張する。

「ひとが哲学的な対話・問答によって、いかなる感覚にも頼ることなく、ただ言論（理）を用いて、まさにそれぞれであるところのものへ前進しようとする」（下、P142）

しかし、このプラトンの純粋性と超越性は、後年の哲学に大きな影響を与えたことは間違いない。

フッサールのノエシスとノエマはプラトン使用の概念だし、メルロ＝ポンティの「見えるものと見えないもの」は、プラトン哲学のすぐれた脚注である。幾何学のカテゴリーや定義が「見えないもの」であること、超越的なものであることから、イデア論に進むのがプラトン哲学だが、もう一度出発点に帰ろうとするのが現象学だ。

表題となっている国家論・政体論は分量としては意外に少ない。世襲君主制などについてはまったく言及されず、寡頭制、民主制、僭主制が比較検討される。寡頭制がどのように否定されるかというくだりはなかなか興味深い。

「やせて日焼けした貧乏人が、戦闘に際して、日陰で育ち贅肉をたくさんつけた金持のそばに配置されたとき、貧乏人は金持が為すすべもなく困り果てているのを目にするだろう。このような場合、彼は、そんな連中が金持でいるのは自分たち貧乏人が臆病だからだ、というように考えると思わないかね」（下、P202）

戦場の民主主義こそが寡頭制を倒す。しかし、ここでは「平等」というキーワードが省かれている。ギリシャ民主主義は「兵士の平等」を根にしていると思う。十九世紀ヨーロッパの国民国家間の戦争で市民が感じたのも同様の平等感だろうし、日清日露の戦役で、日本人も同様に感じたことだろう。戦争から革命へ、というのはレーニン主義者だけのプロパガンダではない。だれもが戦士として、市民として平等なのだ。

民主制批判は、近代民主主義に対する批判としても、なお有効だ。「寡頭制国家がそれゆえに成立したところの要因、それは〈富〉であった」「〈自由〉こそ民主制国家がもっている最も善きもの」（下、

P217）「先生は生徒を恐れて御機嫌をとり、生徒は先生を軽蔑し、（中略）年長者たちは若者たちに自分を合わせて、面白くない人間だとか権威主義者だとか思われないために、若者たちを真似て機知や冗談でいっぱいの人間となる」（下、P219）

しかし、この議論は「自由」と「金」をめぐる、意外に表面的な批判だ。近代民主主義は、形式合理性追求による法の支配、三権分立による権力の相互牽制、言論の自由が基盤になっている。形式合理性はローマ法制でも形成されたが、三権分立は古代では達成できていない。

プラトンは、評価の高いスパルタの法制に対して批判的だ。ヘロドトスはスパルタ人をノモス（法）の人と評価していた。アテナイにはペイシストラトスのような僭主が出現したが、スパルタに出現しなかったのは、この法制があったからこそなのだが。

プラトンはノモスの人ではなく、ロゴスの人だ。「（悲運に見舞われた場合、）彼に抵抗を命じるのは理《ロゴス》と法《ノモス》であり、悲しみへと引きずってゆくのは、当の感情《パトス》そのものではないかね？」（下、P328）程度にしかノモスを認めていない。

プラトンの透徹した認識は「すべての者が金を儲けることに努めるとしたら、たいていの場合、生まれつき最もきちんとした性格の人々が最も金持になるだろう」（下、P224）というあたりにも現れている。現代日本に格差社会が出現しているとすれば、下流に不道徳でだらしのない人間が多いってことになる。江戸時代や明治時代とそこが違う。その時代は現代と異なり「すべての者が金を儲けることに努め」はしなかったからだ。

若いころシシリアのシュラクサイの僭主ディオニシウス一世のそばに仕えたプラトンは、僭主については、民主制から僭主の独裁が始まる過程についてリアルに記述する。だから「（僭主の）魂は多くの隷属状態と不自由に満ちているはずであり、そして魂の最もすぐれた部分が奴隷として仕え、ごくわずかの最もたちの悪い部分が、主人として専制的に支配している」（下、P257）と書ける。プラトンは、僭主を最低位に位置づけ、哲学者にして統治者を最高位に位置づける。これについては、どうぞご勝手にだ。

この本の中でプラトンは非常に精緻に論理を展開しているが、それでもソクラテスはグラウコンの問いにすべて答えたとは思われない。現世的問いから出発して形而上学的高みに達したまま、うまく着地できなかったというべきだ。

有名な「洞窟の比喩」のイデア論は、人間を洞窟内の囚人と見たて「影だけを、真実と認める」（下、P96）存在として描く。だからというか、にもかかわらずというか、その後二千年以上にわたり哲学者や文学者たちが答えようと努力を続けた。われわれは影にすぎないのか？　もしそうであるなら足下に見える自分の影とはなにか？　おれの分身か？　ゲーテも村上春樹も答えようとした。

感心したのは「エルの物語」に出てくる言葉だ。「汝ら自身が、みずからダイモーン（神霊）を選ぶべきである」（下、P364）。「汝の運命を愛せ」のニーチェとあくまで違う。

２００６年12月13日（水）　57歳

9 「ブッダの真理のことば 感興のことば」

中村元訳（岩波文庫）

悩める人々の中にあって、楽しく生きよう

二つの経典が収められている。「真理のことば」はパーリ語で「ダンマパダ」であり、漢訳では「法句経」である。現存する最古の仏典「スッタニパータ」は仏滅後まもなくの成立で、ソクラテスと同時代である。この「ダンマパダ」は、仏滅後百年の紀元前四世紀に成立したという。アリストテレスの時代である。

大乗仏教が支配的だった中国や日本では尊ばれないが、上座部仏教（テーラヴァーダ）の間では尊ばれ、もっとも多く西洋の言語に翻訳された仏典である。欧米人が仏教について述べるときは「ダンマパダ」や「マハー・パリニッヴァーナ・スートラ」（「ブッダ最後の旅」として邦訳され、漢訳名は大般涅槃経）に依拠している。「感興のことば」はパーリ語で「ウダーナヴァルガ」でかなりあとの経典らしい。

つまり「ダンマパダ」は原始仏教の精華である。平明であり、耳によくなじむので、昔から法句経を信徒に薦める僧侶もいたらしい。宗派性ぬきに「ダンマパダ」を読むと、日本人の原風景や生活の知恵を感じる。いくつかの特徴があるが、その一つは死の自覚であり、何度もくりかえし述べられる。

「『われらは、ここにあって死ぬはずのものである』と覚悟をしよう。——このことわりを他の人々は知っていない。しかし、このことわりを知る人々があれば、争いはしずまる」(1-6　P11)

自分は死ぬはずの者という覚悟が必要、という教えは日本人の死生観や美学に欠かせない。その覚悟は平和主義に結びつく。必死の覚悟をして和平交渉に当たるというストーリーは日本人の好むところである。どうせ死ぬいのち、せめてよく死にたい、または、よく生きたという自覚をもって生をまっとうしたい、と思うのが日本人だ。自分は死ぬはずの者という覚悟から、財産や愛情への執着をいさめる。

「『わたしには子がある、わたしには財がある』と思って愚かな者は悩む。しかしすでに自己が自分のものではない。ましてどうして子が自分のものであろうか。どうして財が自分のものであろうか」(5-63　P19)

きびしい見解であり、ずばり指摘されるとつらいのが凡人だ。自分の身体や命は、自分の所有物ではないというブッダの考えは、自殺や尊厳死を認めないにちがいない。死期が迫ったらスイスで安楽死するといっていた、英国在住の知人がいたが、がんになって余命半年と宣告されると、そんな気はなくなって自宅の庭を眺めながら最期を迎えた。ぼくは自分に死の自己決定権があるという気がするが、思い上がりかもしれず、やはり自然な死を迎えるのがいい。

もう一つは自制である。修行する者に自制を求めている。上座部仏教では自分の解脱が中心テーマだから、人々を救済しようとする大乗派によって小乗だと批判されるのだが、自分が解脱することが、もともとのブッダの教えなのだ。

あらっぽいいい方になるが、ブッダの教えとは、自己コントロールの勧めである。多くの仏典やヒンドゥー教の聖典「バガヴァッド・ギーター」には、自分にうち克ち、制御しなければならないとする戒律がひんぱんに出てくる。

「自己にうち克つことは、他の人々に勝つことよりすぐれている」(8-104 P25)

「実に自己は自分の主である。自己は自分の帰趨である。故に自分をととのえよ。――商人がよい馬を調練するように」(25-380 P63)

だれにとっても自己は制しがたい。しかし、「自己こそ自分の主である」といわざるをえない。それは当為であり、課題であるだけでなく、ぼくが直面する実際的な場面、障害者の支援という仕事上の要請でもあるからだ。よく精神障害者から「好きでこの世に生まれてきたわけじゃない」といわれた。ぼくは、空海だって同じであり「夫れ生は吾が好むにあらず」といってるよ、と説明した。

会社組織にいて感じたのは、年を取るほどに「自己こそ自分の主である」とは逆方向に流されることだ。責任を取ろうとしない、判断しようとしない、権限を使いたがらない。適応疲れみたいな人を見る。もちろん彼らの気持ちはわかる。そうなるのは、ニーチェがいうように「自分を信じる者は他人から信じられない」からだし、トルストイがいうように「自分を信じるより他人を信じた方が周囲の賛同を得られる」からだ。

社会的動物である人間は「自己こそ自分の主である」と明確に断言できない。ほとんどの人にとって「自分を信じることはつらい」ので、より楽な方法を選ぶのだが、それが心の病を引き起こす一大原因になっている。別に精神障害者だけがそうではなく、身体障害者もそうだ。「障害者の自己決定」

が、ことさら叫ばれるのは、逆の現実があるからだ。健常者の世界でもまったく同じことで、順応こそが楽で、自分への抵抗が少ない。そうすることが幸福への道だと誤解されている。

この経典のもう一つの特徴は明るさであり、喜びの肯定である。これは大乗仏教にもあり、キリスト教とは異なる要素だ。初期の修行者たちは、悩める衆生をお節介にも救済しようとしていない。自分の解脱を優先するのである。

「悩める人々の間にあって、悩み無く、大いに楽しく生きよう。悩める人々の間にあって、悩み無く暮らそう」（15-198　P38）

「われらは一物も所有していない。大いに楽しく生きて行こう。光り輝く神々のように、喜びを食む者となろう」（15-200　P38）

「つとめはげむのを楽しめ。おのれの心を護れ。自己を難所から救い出せ」（23-327　P56）

こうしたことばに、オリンピック出場選手の「楽しみます」発言を聞くような無理を感じてしまうのは、ぼくが俗人だからだろう。無所有を楽しむところまではとても行けそうにない。しかし「つとめはげむのを楽しめ」の意味するところはわかる。オリンピックに出るまでの苦労、プレッシャーにうちかつ苦労……どれも大変だが、そこに「余人の与り知らない楽しみ」もあるだろうと想像できる。

聖典としての重みがないと批判された中村訳も、いまは親しまれている。「スッタニパータ」の「寒さと暑さと飢えと渇えと風と太陽の熱と虻と蛇と、これらすべてのものにうちかって、犀の角のごとくただ一人歩め」の詩句は、バックパッカーに愛唱されている。

詩句という点では「ウダーナヴァルガ」も同じだ。比喩の伴う短い詩と読めるし、格言とも読める。

上座部仏教の説一切有部により編纂されたということで、無常観や空の思想については「ダンマパダ」より多く述べられ、仏教哲学が述べられている。

「(友となって)同情してくれる愚者よりも、敵である賢者の方がすぐれている」(25-22 P239)

まるでニーチェのようだ。人は、劣った友人よりすぐれた敵を求めるべきなのだろう。こうした自力の思想は上座部には多い。しかし、大乗における空観のような思想もある。あるいは謎めいたウパニシャッドのような表現ともいえる。次の詩句。

「前にはあったが、そのときには無かった。前には無かったが、そのときはあった。前にも無かったし、のちにも無いであろう。また今も存在しない」(26-13 P246)

修行者ではないぼくも、ときに修行しているような気分になることがある。

「この世は(変化して)異なったものとなる。この世の人々は迷いの生存に執着し、迷いの生存を楽しみ、常に迷いの生存を喜び、迷いの生存からすっかり解脱することがない」(32-34 P238)

こうした仏教の俗世観は、法華経から親鸞にいたるまで継承されている。現代人のぼくも迷いの生存に執着し、迷いの生存を喜んで解脱することがない。しかし、同時に諸行無常を、明らかな知恵をもって観じたいと思っている。ぼくのような人間は多い。だから仏教は、世界宗教としていまも人を惹きつけているのだろう。

２００５年5月22日(金) 55歳

10 「ニコマコス倫理学」 アリストテレス

渡辺邦夫・立花幸司訳 （光文社古典新訳文庫）

人生の目的は幸福。幸福は美と一致させるべき

倫理学を「人生どう生きるべきか」とのみとらえれば説教臭にうんざりするが、この本には、キリスト教的偽善も原罪意識もないので現代日本によく通じる。

現実をどう表現するかが、倫理学の大きな試練だろう。アリストテレスは、アレクサンドロスの家庭教師を務めながら世界国家成立を目のあたりにした。現実社会が欲望と力によって動かされるのを目のあたりにしており、この本でも欲望や快楽への言及が非常に多い。

アリストテレスの考えを一言でいえば「人生の目的は幸福」である。ぼくは同世代や上の世代のふるまいを見て醜いと感じることがある。昭和一桁世代から団塊世代にいたる、われがち・われさき、「自分さえよければ」のふるまいは、美しくない。だからアリストテレスが幸福と美を一致させているのに共感する。しかし、このことばはどうか？

「最高の目的としての幸福は政治学と倫理学によって研究される」

幸福は最高善であるために、その研究には政治学がかかわる。いかにも古代ギリシャのポリス的人間の主張だ。

「われわれが幸福を選ぶのは、つねに幸福それ自体のためであって、けっしてほかの何かのためではない。これに対して、名誉や快楽や知性やあらゆる徳《アレテー》を、われわれはそれ自体のためにも選ぶが（というのもそこから何も生まれなくても、これらそれぞれのものを選ぶだろうから）、これらを通じて幸福になるだろうと考えて、幸福のためにも選ぶからである。しかし、だれも、幸福をこれらのもののために選ばないのであり、およそ何かほかのもののために幸福を選ぶこともない」（上、P55）

定義マニアのアリストテレスは「人間にとっての善とは、徳《アレテー》に基づく魂の活動」と定義し、「もしアレテーが二つ以上だとしたら、もっとも善く、かつもっとも完全なアレテーに基づく魂の活動、が人間にとっての善となる」（上、P60）と書く。同じく「エチカ」を書いたスピノザが、善を人間が欲するものにすぎないと冷徹に述べたのとはかなり違う。

アリストテレスを読むキーワードはアレテーである。この本ではほとんど「徳」という訳語が与えられているが、ときに「卓越性」だったりする。

「徳《アレテー》は徳を愛する人にとっては快い」「徳に基づいた活動は、徳を愛する人々にとって快く、それ自体としても快いものなのである。したがって、彼らの人生は、ちょうど偶然手にした何か魅力的なもののように、快いものを付け加える必要はまったくない。彼らの人生そのもののうちにすでに快さがあるのである」（上、P68）。したがって幸福は「もっとも善く、もっとも美しく、もっとも快い」ものである。

そこでデロス島の碑文が引用される。

「もっとも美しいものはもっとも正しいもの。もっとも望ましいものは健康であること。だが、もっとも快いのは人が憧れているものを手にすること」

もっとも快いのは人が憧れているものを手にすることという見解は、スピノザに継承されている。ただ、スピノザは、人がほしがるものを手に入れたいという人情を、あたかも昆虫の生態を観察する研究者のように見ている。

男は、人がうらやむ美女を求める。だから多くの男が欲望する美女の価値は上がる。マルクスがアリストテレスから多くを受けていることが、交換理論（正義の議論における応報について）を読んでよくわかった。「資本論」に引用されているアリストテレスの交換論。

「商品となるべきものには価格がついていなければならない。なぜならそうするときに交換が常に起こるようになっており、また、もしそうなっていれば、共同もずっと続いてゆくからである。したがって貨幣は、尺度のようなものとして物品を通約可能とし、均等化する。なぜなら交換がなかったら共同はなかったろうし、また等しさがなければ交換はなかったはずであるが、もし通約可能性がなかったら、等しさもなかったはず」

「貨幣はひとつの何かでなければならないのだが、これは人々が、そうでなければならないと前提しているという問題である」（上、P370）

しかし、人が欲する、交換価値の高い物（古代では美女も品物だった）を得るのが幸福とは言い切れない。万人が認める美女でなくとも、好みの女を手に入れれば幸福なのではないか？　自足性とは他者評価や他者による承認を必要としないはずだ。アリストテレスは非常に精細かつ論理的に検討しているとはいえ、根本的な疑問をはさめば、人は必ずしも幸福を求めるとは限らないのではないか？

そう、幸福追求なんか若者にはださいし、若いころのぼくにしても、勇気を持って不幸に飛びこみたかった、いわゆる若気の至りである。一方で、人から認められたいという承認欲求を警戒し「自己満足でどこが悪い?」と居直ってもいた。社会との摩擦で鍛えられた自己満足という形で、幸福を追求してきたと思う。

で、徳《アレテー》だが、アリストテレスは快楽と苦痛に密接なかかわりを持つと考える。

「人生にすでに染み渡っているこの快楽の情を払拭することは困難である。その一方で、われわれは、各人の個人差を抱えながらも、自分の快楽と苦痛を尺度としてもろもろの行為を測っている。このことゆえに、われわれの全問題のすべては快楽と苦痛にかかわるものだということが必然的に成り立つ」(上、P116)

そう書きつつ、実際には快楽を警戒する。

「快楽をもっとも警戒すべきである。なぜならわれわれは、快楽を無私な気持ちでは判定しないからである。(中略)快楽を追い払うとき、誤ることは少なくないはず」(上、P154)

いわゆる「温和な人」に対してアリストテレスはきびしい。この点は孔子と似ている。

「怒るべき事柄に怒らない人も、怒るべき仕方で、怒るべきタイミングで、怒るべき相手に対して怒らない人も、愚か者だと思われている」(上、P295)

日本のサラリーマン社会を叱責しているかのようだ。「指示してくれなきゃ、何もしません」って、自分で選べない症状だが、アリストテレスもこの手の人間を意識しており、選ぶことの重要性を強調する。いま「選択と集中」というリバタリアニズムの標語が受けるのは、同調してりゃまちがいないという企業風土の欠点が自覚されてきたからだ。

「人柄の徳《アレテー》とは選択にかかわる性向であり、選択とは思案的欲求である」「選択とは『欲求に裏づけられた知性』あるいは『知的な思考に裏づけられた欲求』なのである。そして、人間こそ、行為のそのような始まりなのである」（下、P32）

この本はアリストテレスの学園における講義録なので教育的でもある。

「全員もしくは大多数の人間が美しいことを願ってはいるのだが、現実には利益を選択する」（下、P260）

こうした指摘も、キリスト教的偽善から遠いし、日本的集団主義の社会倫理とも違う。しかし「愛《フィリア》は愛するることのうちにある」という主張はキリスト教と似ている。実際には「多くの人は名誉を求める愛《フィリア》ゆえに、自らだれかを愛するよりは他人から愛されることの方を願い」それゆえ「多くの人びとはへつらう人を愛する」（下、P228）

古代ギリシャだなあと思うのは、高みに向かう精神だ。

「人は全力を挙げて不良性を避けなければならないし、高潔な人間であろうと努めなければならない。なぜなら、そのようにするとき、自分自身に対しては、自分を大切にして愛するような者になれるのだし、また他人に対しても、その友人になれるからである」（下、P298）

自己愛を否定しがちなキリスト教的道徳観や日本の集団主義的同調圧力とは大きく違う。自分を大切にして自分を愛することを重視する。そこにあせない魅力がある。

ただ、結論的部分の「幸福とは、ある種の観想的活動である」という表現は、道学者的と思われる。

テオリアの強調はしらけさせる。とはいえ次のような言明には共感せざるをえない。
「外的な善ぬきには幸福であることは不可能であるにしても、幸福であろうとする人が多くの外的善を必要とするとは、考えるべきではない。なぜなら、そもそも自足も行為も、事柄の超過に依存するようなものではなく、人は大地と海を支配しなくても、美しいことをなすことができるからである」（下、P417）
訳文で、従来「中庸」と訳されていたのを「中間性」とするのは、正確であっても、ちょっとわかりにくい。儒教的「中庸」と誤解されるよりましという趣旨だろう。その訳しかえによって、アリストレスの幸福論や快楽論が、現代人にもすんなり入ってくる。

２０１６年７月11日（月）　67歳

11 「法華経」坂本幸男・岩本裕訳（岩波文庫）

きみたちはみな仏だ、と二人称で語りかける思想

梅原猛は、キリスト教徒は新約聖書一冊を読めばいいが、仏教徒にはおびただしい経典があり、全

部読むことはおぼつかない、「これ一つ」をあげるとすれば法華経であり、日本人の精神と心情に深く影響した、と書いていた。

正しくは妙法蓮華経、サンスクリットでは「正しい教えの白蓮」である。宮澤賢治は法華経の熱心な信者であり、賢治を理解しようと、ぼくも法華経を読もうとして挫折。今回はなんとか読み終えた。いくつかの特徴がある。

まず、乗り物は一つということだ。「この諸《もろもろ》の世尊等も皆一乗の法を説いて無量の衆生を化して、仏道に入らしめたまえり」(「方便品」上、P112)。原典訳「これらの如来はすべて唯ひとつの乗物を示した。そして、唯ひとつの乗物を理解させる。考えられないほどの幾千・幾千万の生命あるものを、唯ひとつの乗物に乗る資格あるものとする」(「巧妙な手段」P113)。これが大乗である。最初から教義論的である。

現世をどう見るか。「衆生は、その中に没在して、歓喜し、遊戯して、覚えず、知らず、驚かず、怖れず、また厭うことを生さず、解脱を求めず、この三界の火宅において、東西に馳走して大苦に遭うと雖も、もって患となさざるなり」(「譬喩品」上、P172)

「彼等は苦悩の集積の中に転々としながらも、遊び戯れ、娯しみに耽っているのだ。彼等は驚き愕てず、恐怖を抱かず、何も覚らず、何も気づかず、恐れおののくこともなく、逃げ出そうと試みもしない、そして燃えさかる家にも似た三界に於いて、快楽を求めて右往左往する。そして、かの大きな苦悩の集積に圧倒されながらも、苦悩に注意すべきであるという考えを生ずることはないのである」(「たとえ」上、P173)

有名な火宅の比喩である。「燃えさかる家にいるにもかかわらず、快楽を求めて右往左往する」。まさにそれが現世に生きるということだ。「あなたは救われたくないんですか?」と宗教の勧誘を受ければ、ほとんどの日本人が「救われたいという気になれません」と答える。現世が苦、ととらえているにもかかわらず、なぜ救われたくないのか?

親鸞の「歎異抄」でも「成仏したいと思いつつ、一向その気が湧いてこない」と弟子が問う。「自分もそうだ」と答える親鸞の心中には、この火宅の比喩があったように思える。

法華経のなかで何度もくり返されるのは「心を奮い立たせて菩薩の道を歩め」という表現だ。ブッダは、人の心を奮い立たせてさとりを求めさせる。修行者を鼓舞して、衆生済度の道を歩ませる。この思想は、明らかに宮澤賢治に影響を与えている。

もう一つくり返し強調されるのは、経典至上主義だ。法華経という経典を至上とするのである。「南無阿弥陀仏」は、阿弥陀仏に帰依しますという念仏だが「南無妙法蓮華経」は法華経に帰依しますという題目である。

「不善の心をもって、一劫の中において、現に仏の前において、常に仏を毀罵《そしりののし》るとも、その罪は尚軽し。若し人、一の悪言をもって、在家にもあれ、出家にもあれ、法華経を読誦する者を毀呰《そし》らば、その罪ははなはだ重し。薬王よ。それ法華経を読誦する者あらば、当に知るべし、この人は仏の荘厳をもって、しかも自らを荘厳するなり。すなわち如来の肩に荷担せらるることを為《え》ん」（「法師品」中、P146）

くり返しの中で最重要は「汝等皆是仏」（汝等は皆、これ仏なり）である。だれでも仏になれる、だれもが仏性を有しているという本覚思想である。「人はみな仏である」という一般論でなく「君たちはみな仏である」と二人称で述べられる。「われらを軽蔑する邪悪な心の持主たちもブッダになるであろうと、われらはすべてを堪え忍ぼう」（「安楽な生活」中、P239）

仏敵が魔道に落ちるわけではない。すべての人間の中に仏性があるという思想は、大乗仏教特有なのかもしれないが、法華経では特にその主張がきわだっている。日本の伝統文化の中にも「汝等皆是仏」の思想は深く根づいている。女人成仏を説いた「法華経」は、紫式部をはじめ、女性の信仰を集めた。

この思想を物語化したのが「常《じょう》不《ふ》軽《きょう》菩薩品」だ。原典では「常に軽蔑された男」だ。正しい教えが消滅し、正しい教えの模倣の教えも消滅し始め、高慢な僧によって攻撃されているときサダー・パリブータという求法者がいた。

「彼は邪見を信ずる他の僧や尼僧に近づき『わたしには諸君たちを軽蔑する考えは毛頭ない。最勝のさとりを求めて修行せよ』。いつも、このように言葉をかけて、彼等の罵詈や軽蔑に耐えていた。（中略）そのときの彼は実にシャーキャ＝ムニ（釈迦牟尼）すなわち余であった。そのとき邪教を信じていた僧・尼僧あるいは男の信者を、またその場合女の信者に至るまで、すべてさとりに達しうる」（「常に軽蔑された男」下、P147）

漢訳の常不軽菩薩は「常に（人を）軽蔑しない」という意味であり、クマラジーヴァの意訳だ。原典訳した岩本は「本来受動的な意味の語を能動的に解釈した点に鳩摩羅什の教学的立場がある」としている。「到るところで軽蔑された」彼は「だれに対しても怒らず、悪意を持たなかった」。まさに賢治の詩「雨ニモ負ケズ」の人物像だ。「欲ハナク、決シテイカラズ」「ミンナニデクノボウトイワレ」

という賢治の理想像には常不軽菩薩が投影している。

日蓮も「常不軽菩薩品」を重んじており、異見を持ち軽んじてくる相手にも仏縁を感じ「折伏逆化《しゃくぶくぎゃくげ》」を旨とし、サダー・パリブータを範としていたという。大乗仏教思想の精華ではなかろうか。

法華経は、さとりを求める者が、疑いなく信じることを求める。この強い「信の力」が特徴的であり、浄土系思想の「絶対他力」と対照的に思われる。とりわけ「観世音菩薩普門品」原典訳の「あらゆる方角に顔を向けたほとけ」では、信を強く勧めている。

美空ひばりの歌に出てくる、「ねんぴかんのんりき、とうじんだんだんね」は「念彼観音力　刀尋段段壊」の音読である。訓読すれば「彼の観音力を念ぜば、刀は尋《にわか》に段段に壊《お》れなん」。映画「日蓮上人と蒙古大襲来」（一九五八年、渡辺邦男監督）では、日蓮が斬首されようとするとき一天にわかにかきくもり、雷によって刑吏の刀が三つに折れるシーンがあった。「念彼観音力　刀尋段段壊」の映像化である。

ぼくは、大乗経典より原始仏教に惹かれる。法華経はあまりにも荘厳であり、光り輝き、香りに満ち、巨大空間と永遠の時間で飾られている。この金ぴか趣味が肌に合わない。

もう一つ、気に食わないことは、あまりにも超自然的な力を称揚していることだ。如来の大神通力を描きすぎている。もしも如来の神通力がなかったら、菩薩たちはブッダを信じないのか？と反問したくなる。ウェーバーは、大乗仏教への進化が、かえって「呪術の圏」への逆行を示していると述べたが、法華経を読むとその批判は当たっていると思われる。

ユングは「自伝」で、信徒が全体性に向かわず、教祖の模倣に陥る危険を指摘する。

「仏教はキリスト教と同じような変形を来たした。（中略）つまり仏陀が人間にとって模倣すべきモデルとなったのであるが、仏陀が実際に説いたのはそれとは逆に『因果《ニダーナ》』の鎖を克服することによってすべての人間は開悟せるものに、仏陀になりうるということであった」

「仏陀が模倣されるモデルとなってしまうことは、それ自身仏陀の思想の弱体化であって、それはちょうど『キリストにならいて』がキリスト教思想の発展に宿命的な停滞を来たす先駆となったのと同様である」

法華経は、経典の物神化が特徴なので、批判は必ずしもあたらないと思うが、全体性に向かわなくなった面はたしかにある。呪術的な神通力が表現されすぎているからだ。

2007年9月29日（土）　58歳

12 「史記」司馬遷　小竹文夫・小竹武夫訳（ちくま学芸文庫）

善も悪も激しく燃える歴史。自分を裏切ってしまう人物が哀しい

若いころ武田泰淳「司馬遷――史記の世界」を読んだ。「司馬遷は生き恥さらした男である」という書き出しからして、ぐいと引きつける。李陵事件で上申して武帝の逆鱗に触れ宮刑（去勢される）を

受けた司馬遷の屈辱が、転向者であり一兵卒として中国侵略の片棒を担いだ負い目のある武田自身と重ねて書かれている。武田は書く。

「『史記』を書くのは恥ずかしさを消すためであるが、書くにつれ恥ずかしさは増していたと思われる。多くの名著は苦しみによって生まれるが、その苦しみの形が司馬遷のようにはっきりしているのは類がない」

すぐ読もうと思ったのだが、いつのまにか半世紀たってしまった。ほぼ全訳のちくま文庫を買ったとき、書・表という退屈な部分があるのは予想していた。「史記」は記伝体で書かれており、帝王の伝記である本紀、諸侯の伝記である世家、その他の人の伝記である列伝と、段階分けされているのに、割り込むように書・表が入ってくる。

春秋・戦国時代には多くの国が並び立った。戦争しあい、諸国家が興亡したうえ亡命や政略結婚もあったから、国別年表がなければ総合的に理解できない。書・表は、いってみれば千年の国別ヨーロッパ史をつくる作業である。ヨーロッパよりさらに複雑な春秋・戦国時代では必要不可欠なのである。書・表を乗り越えればあとはいけると思った。しかし、おびただしい人名と地名が次から次へ出てきて、記憶が追いつかない。司馬遷は、記録のために書いたのであって、娯楽小説を書いたのではないのでやむをえない。

一回しか登場しない人物にしても、その名を発掘するのに司馬遷がどれだけ苦労したか想像はつくのだが、ぼくの記憶力では、十分には楽しめなかった。ラ・ロシュフコーは「人は記憶力の悪さは認めるが、判断力の悪さは認めない」と書いている。きっとぼくの判断力も劣化しているのだろう。

裏を返せば、司馬遷の記憶力がすごい。この時代、史料は竹簡であり、焚書坑儒の時代に壁に塗り込められていたりしたから、発掘し読解するのだって大変だ。紙の発明以前だからメモ用紙もなく、もちろんパソコンもないのに、よくもこれだけ人名と地名を整理して書いたものだ。誤りは当然ある。しかし、誤記を含め一巻に一つか二つであり、これだけの長い年月、広大な世界、固有名詞の奔流の中できわめて少ない。

経済史あり祭祀史ありの書にあって、治水史は中国ならではだろう。ウィットフォーゲルの水力国家は「史記」の研究の成果でもあるのだろうが、外来河川に堤防を築き、灌漑するには大きな権力が必要なのである。尭舜から禹にいたると治水する王が出現する。もちろん神話だが、司馬遷は神話を歴史の中に位置づけて、以降の治水事業を記述している。

とはいえ「史記」は人物伝の集積である。記伝体だから主要な人物はくり返し登場するので、記憶もよみがえる。各本紀・世家・列伝の終わりには「大史公いう」として司馬遷の寸評が載っている。しかし、儒教的勧善懲悪の観点からのたてまえコメントであり、そのまま受け入れられないと感じるときもあった。

寸評にまどわされず、叙述の裏を味わうべきである。そんな深読みをしたくなるのは、記述されている善も悪も激しいからだ。義に殉じて餓死した伯夷から、淫蕩残酷な紂王まで登場人物の善悪の振幅が大きく、その表現も激しく燃え上がるようだ。

もっともインパクトの強い登場人物は、高祖劉邦の正妻である呂后である。高祖に寵愛された戚夫人を憎み、高祖の死後実権を握ると戚夫人の手足を切り、唖にする薬を飲ませ、目鼻をつぶし厠におき「ひとぶた」と呼んであざけった。息子の景帝にそれを見せると、やさしい景帝は大いに泣き悲しんで「自分は天下を治めることはできません」と酒色におぼれ一年後に死んだ（第1巻「呂后本紀」P282）。

こんなすごい母親じゃ息子は精神に異常をきたすだろう。中国三大悪女というのがあるそうで、呂后、武則天、西大后だという。武則天は近年再評価されて悪女イメージが払しょくされ、西大后は清朝末期の混乱からついた悪名なので、呂后が断然抜きんでている。日本にも悪女はいるが、呂后はけた外れである。悪を描いた史書という意味でも「史記」は随一だろう。しかし、一つの価値観で史実を飾らず、事実を重んじ多様性を尊重している。

司馬遷には戦国時代の遺風を受け継いでいるところがあり、表向き孔子を立てつつ、老子寄りという気もする。「孔子世家」では、窮乏した孔子を「喪家の狗」（野良犬みたい）として共感こめて描く。こちこちの儒教史観では、窮する孔子を描くのはまずいし、呂后や項羽を本紀に入れるのもおかしい。しかし、だからこそ現代人にもおもしろい。高校の漢文教科書に載っていた「鴻門の会」「四面楚歌」でおなじみの英雄項羽は魅力的である。

高祖本紀に登場するいわゆる「漢の三傑」張良、蕭何、韓信については、留侯世家（張良）、蕭相国世家（蕭何）に、淮陰侯列伝（韓信）に詳述されている。しかし、人物の関係が分断記述されていてわかりにくいし、記録なので記述が簡略である。だから小説家は想像力を発揮し、行間に肉づけして「項羽と劉邦」を書きたくなるのだろう。楚漢戦争の時期は、司馬遷の生きた時代の約百五十年ほど前だから、今のわれわれが幕末の志士たちの言動を読むのに近い感じだ。叙述は小説のようにおもしろい。

およそ忍耐強くない父が「韓信の股くぐり」で「ならぬ堪忍」を説諭した。「燕雀いずくんぞ鴻鵠《こうこく》の志を知らんや」という大志があれば、チンピラに「股をくぐれ」と侮辱されても従える、と。そんなわけで、漢の三傑のなかでは、多くの日本人と同じく韓信に惹かれた。

あるとき斬首の刑を得て同罪の者が次々と切られ、韓信の番になったとき夏侯嬰が目に入ったので「天下の大業を成すのを望まれず、むざむざ壮士を切ろうとなされるのか」と声をかけた。その言を奇とし面構えを壮として許されたが、重用はされない。そこで韓信は逃亡したが、追いかけて引き留めたのが、丞相の蕭何であり、将軍として劉邦に推挙した。

劉邦の面前で韓信は、「勇にはやり仁に強い点であなたと項王とどちらがまさっていますか」と劉邦に問う。劉邦は「項王に及ばない」と正直に答える。すると韓信は、項羽の勇はいわば「匹夫の勇」であり、仁があっても「婦人の仁」であると述べ、「天下の人心を失っているから、（項羽の）強さは弱まりやすい」と説く。秦の過酷な支配を受けた人民は、秦と同じく威力をもって支配しようとする項羽を喜ばない、劉邦なら檄文一つで三秦の地を支配できようと説く。劉邦は、韓信の戦略を採用して各地で項羽を討ち破る。

別のとき劉邦に向かって「せいぜい十万人の将たりうる人」と言い放つ。「じゃおまえは？」と反問されると「多ければ多いほどいい」と答える。しかしすぐに「しかし大王は将の将足り得る人です」とフォローしているが、この態度のでかさが死を招いた。

劉邦が項羽軍に包囲され苦戦しているとき、山東半島など海岸部を占領した韓信が、政情を安定させるため自立して斉の王になった。劉邦は「おれが包囲されているときに王になるとはなんだ！」と怒ったが、張良に「漢の形勢はいま不利、韓信が王になるのを禁じたら事変がおきましょう」と諫められて認めた。

形勢を見ていた項羽も韓信に使者を送り「あなたがここまで生きてこられたのも自分が健在だからで、劉邦の下ではいずれ虜になる」と誘った。韓信は、項羽の下では低い位しか与えられなかったが、劉邦は将軍として取り立ててくれ、死んでも節義は変えられないと断る。

すると今度は蒯通《かいとう》が来て、いま天下の軽重を左右するのは韓信であり、項羽と劉邦を両立させ天下を三分するよう説いた。「野獣すでに尽きて、猟犬煮らるる」のことわざを引き「いまあなたが主上をおそれさせる威力と、主上に賞せられない功業を抱いて、楚に帰属しても、楚人には信用されず、漢人には恐れはばかれます」「機会は得がたくて失いやすい、今が機会」と説いたが、韓信は、自分には功労があるから殺されないと謝絶した。

しかし、漢帝国が成立し、劉邦は皇帝になると猜疑心が強くなった。韓信は位を下げられて淮陰侯となった。謀反の疑いをかけられ、先手を打とうとしたが、蕭何に呼び出され呂后の前で切られた。よもや蕭何が自分を欺くとは思わなかったからだ。

大史公いわく「もし韓信が道を学んで謙遜に、自分の功を誇ることなく、才能に慢心することがなかったら周公、召公、太公望らにも比べられた」（第6巻「淮陰侯列伝」P236）。にもかかわらず、韓信が裏切らざるを得なかったことに同情する。かつて韓信の前で敗軍の将が語った通り「智者も千慮に必ず一失あり、愚者も必ず千慮に一得あり」である。自分にその番が回ってきたのである。

しかし、これはいわば自分で自分を裏切ることであり、始皇帝の丞相として権勢をふるった李斯（法をあきらかにして律令を定め、文字を統一し、異民族を征討し、焚書坑儒を主導した）が、始皇帝の死後、宦官趙高にそそのかされて太子を殺し、ついには趙高によって殺された経緯と似ている。「利は智を昏くする」（第5巻「平原君虞卿列伝」P263）という面もあるかもしれないが、韓信は微妙なパワーバランスを読み誤ったのである。

司馬遷は「詩経」から引用し「初めあらざるなし。よく終わりあるすくなし（初めのないものはないが、終わりを全うする者は少ない）」（第5巻「春申公列伝」P280）と記している。李斯や韓信のように抜きんでた才能がありながら終わりを全うできなかった人物が「史記」には数多く登場する。春秋戦国も秦漢時代もパワーバランスがゆれ動いたからだろう。

そのほかにどうしても関心を寄せたくなる人物は、「越王句践世家」と「貨殖列伝」の二度にわたり登場する范蠡《はんれい》である。句践が呉王夫差に復讐するために計略を授けたブレーンである。

しかし、富国強兵に努めた句践が「会稽の恥」をすすいだあと、范蠡は主君について「たがいに艱難をともにすることはできるが、たがいに楽しみをともにできない人」と評し、越を去る（第3巻「越王句践世家」P291）。

なかなかいえることばではない。世の中に「趣味は苦労」の人はいて、苦労する方が気楽という面はある。ただ「艱難をともにできるが、楽しみをともにできない」人を、ずばり指摘しにくい。要するに范蠡は権力をにぎった句践が信じられなかったのだ。「飛鳥尽きて良弓かくれ、狡兎死して走狗煮らるる」という、蒯通と同じ考えである。数十年続いた呉越戦争では勝者も疲弊して国力が低下したから見切りをつけたという計算もあるだろう。

范蠡は斉に行って名を変え、さらに陶に行って朱公となった（陶朱公）。蓄財をはかって商品を蓄積し「時機を見はからって売買し、人を相手にしなかった。十九カ年間に三度も千金の利を得、そのうち二度までこれを散じて、貧しい友人や疎遠な親類に分けた。これはいわゆる『富裕になれば、好んで功徳をおこなう』ものである」（第8巻「貨殖列伝」P246）。

軍人から商人に変身したのである。武家の商法にならず大成功した。「史記」には珍しく、終わりを全うした人物である。武田泰淳は、列伝の初めが「周の粟は食わず」と死んだ「伯夷列伝」であり、最後が「貨殖列伝」となる配列に注目している。精神主義に始まり現実主義に終わる、白と黒の対比が「史記」であると。

ぼくは全巻の最後に置かれた「貨殖列伝」に、単なる富豪たちの伝記とは異質の温かみを感じた。人を殺し、残酷な刑罰を与え、裏切りと変心と策略にみちた苛烈な歴史を読んできて、やっと人間的な上昇志向に行き当たったからだ。グリード資本主義ではなく「衣食足りて栄辱を知る」（管子）ための厚生経済なのである。司馬遷は「淵深くして魚が生じ、山は深くして獣が往来し、人は富んでこそ仁義が身につく」（同右、P244）とする。人が終わりを全うできるのは、経世済民の経済あるゆえである。

2020年2月18日（火）　70歳

13 「内乱記」 ユリウス・カエサル

高橋宏幸訳（岩波書店）

「ガリア戦記」より断然面白い！

二千年以上前に書かれた文章が、こんなにおもしろくていいのかというくらいのものだった。箱根に一泊旅行した行き帰りの車中でほとんど読んでしまった。

カエサルの代表作「ガリア戦記」は完成作だが、こちらは未完成作。「カエサルの書簡は両執政官に届けられた」といきなり始まってしまう冒頭部分も変だし、ほかにも欠落箇所は多い。にもかかわらず、断然「内乱記」がおもしろかった。「ガリア戦記」は植民地獲得のための侵略戦争の記録、いうならば弱い者いじめであるからだ。

しかもカエサルは権力基盤強化のためガリアの属州化をはかったのだから私利私欲の戦争だ（結果としてローマの利益にもなったとはいえ）。ガリアの先住民とローマ軍とでは、資金力と軍事技術にけた違いの差がある。カエサルはガリアの族長たちを懐柔して離反させ分断支配し、攻城戦では大規模な土木工事と物量によって文明の力を見せつける。カエサルの勇気と狡知に感心するものの、そしてガリア人の勇気もちゃんと描写するものの（たとえばウェルキンゲトリクス）、いい気分で読めない。

だからこちらを上としたい。おおかたの日本人は、蝦夷や朝鮮侵略の物語より、関ヶ原の戦いの物語を好む。関ヶ原を日本人同士が殺し合った内乱と読む人は少なく、天下統一のための戦と読む人が大半だ。狭い日本でなにが天下だ、と思ったとしても。

もちろん、カエサルがポンペイウスと戦った戦争は、関ヶ原の合戦とは規模も歴史的意義も段違いだ。『内乱記』(Commentarii de bello civili 直訳すれば「市民戦争の覚書」)は、三頭政治の一角をなしたクラッススがシリアで戦死したあとのカエサルとポンペイウスとの戦いの記録である。

地中海全域にわたる史上最大の内乱(civil war)であり、アメリカ南北戦争やスペイン内乱よりはるかに大規模である。カエサルは海軍の機動力を使ってイベリア半島、南フランス、バルカン半島と大きく軍を動かす。北イタリアに端を発して最後はエジプトまで至る。

元老院による閥族派と民衆派が対立し、閥族派のスキピオとポンペイウスが組んで民衆派のカエサルを排除しようとした。カエサルは閥族派中の共和派であるキケロを日和見主義者としているが、史実ではキケロは内乱を避けようと動いていたようだ。専制をめざすカエサルを批判する共和派の代表者である小カトー(プルタルコスとモンテーニュは褒めている)の抵抗も強かった。政治家たちは、キケロもカトーもブルトゥスもポンペイウス側について、カエサルは不利だった。

軍事的にもカエサルがパルサーロスの決戦の前まで劣勢だ。大戦争だから、戦術ではなく戦略が重要となる。ローマ市民同士の争いなので「この戦争に大義はあるのか」という疑問と批判は当時からあったらしい。政治家は国益をうんぬんするものであり、当時も「ローマ市民の立場」が常に政治家の念頭にあった。

だからガリア戦はいい戦争、内乱は悪しき戦争という評価が生じる。関ヶ原の合戦に「日本人同士の内乱」という批判が同時代にも後世にもないのとは大違いだ。一大権力闘争だが、侵略や征服ではないだけ、息もつかせぬおもしろさを味わえる。

冒頭、カエサルはガリアから帰還してラヴェンナにおり、自分とポンペイウス双方の軍隊解散を主張する書簡を送っていた。元老院もまた武装解除決議をしていた。そこでカエサルはポンペイウス派が元老院を恫喝しクーデタをおこしたように書く。常に民衆の目を意識して行動するところがカエサルの狡猾さであり、自分が不利なときは講和を主張し、しかし戦闘準備も怠らない。ポピュリストであるだけでなく、軍事的天才なのである。

この本に記された紀元前四九年から四七年を通してカエサルは和戦両用の構えを貫いている。ときにそれは見せかけであり、時間稼ぎであり、だから敵も探りを入れてくるわけだが、多数の部下の「戦いましょう」という進言を退けて講和をはかる場面もある。和戦両用とは戦略の基本だろう。しかし、和戦両用を採る指揮官は優柔不断に陥りやすい。カエサルは果断だが、そのカエサルでさえも優柔不断になる場面があるところがリアルである。

プルタルコスは「すぐれた将軍にとって何より大事なのは、味方の兵力が優勢のときに敵に開戦を強いること、そして劣勢のときに開戦を強いられないことである」と記し、両者の戦いにおいてカエサルがそれをやったと評している。しかし勝機ありと見れば劣勢でも動く。

ガリアで戦いに明け暮れ、歴戦のつわものぞろいの軍の士気は高く、自信が兵を強くし、敵を恐れさせるという好循環を生んでいる。軍功を誇る以上に、雄弁、人心掌握術の描写が多い。とはいえ、果断な行動力と危機にあたって示す勇気の叙述がこの本の、またはカエサルその人の魅力ではある。

ギリシャに渡ったカエサルは制海権を握るポンペイウスに補給を断たれる。デュラッキオンでは少ない兵力で、自軍より兵力も糧秣も多いポンペイウスを包囲し、互角に戦うが、やがて大敗を喫した。もっとも裏切りにあったためといいたげではあるが。

決戦となったパルサーロスの戦いにのぞむポンペイウスは自信たっぷりであり、幕僚たちも勝ったつもりで神祀官カエサルの後任をめぐり議論していたほどである。歩兵でポンペイウス軍は四万五〇〇〇を有し、カエサル軍二万二〇〇〇の倍であり、騎兵は七〇〇〇を有し、カエサル軍の一〇〇〇騎をはるかに上回り、圧倒的な機動力を利して戦局を有利に運ぶと予想されていた。実際、カエサル軍の歩兵が突撃して局面が劣勢になるとポンペイウス軍の騎兵が出動した。しかし、対騎兵用に大隊から選抜編成していた戦列第四列の歩兵が突撃すると騎兵は駆逐された。

歩兵対騎兵のこの戦いはクラウゼヴィッツにも引用されており「歩兵が最強」神話を生むことになったようだ。しかし、古代の騎兵には鐙がないために体が不安定で騎射が不正確であり、短い槍しか使えないから、密集隊形で進む重装歩兵に対抗できないのである。

客観的な描写は、覚書だからこその臨場感にあふれている。迅速な攻撃と兵力集中による突破力を最大限引き出すカエサルの軍事的天才ぶりがよくわかる。しかし、ことばによって兵を鼓舞し、士気を高めたところが強調されている。勇気と雄弁が野心家カエサルの武器だったのである。

2018年3月16日（金）　68歳

14 「新約聖書」 新共同訳　佐藤優解説（文春新書）

幸福になり切れないと思う人に読んでほしい

この本は二部構成であり、Ⅰは四福音書（マタイ、マルコ、ルカ、ヨハネ）によるイエス・キリストの言行録、Ⅱは「使徒言行録」「ローマの信徒への手紙」「ヨハネ黙示録」からなり、ほぼパウロ関係文書である。ただし、パウロはイエス死後の信徒である。佐藤によれば、イエスは教祖、パウロがキリスト教の開祖なのである。いわば親鸞が教祖、蓮如が開祖みたいな関係、という説明は腑に落ちた。

仏教をひとことでいえば「諸行無常」、キリスト教については「愛」である。「汝の敵を愛せよ」「隣人愛」などイエスのことばに「愛」があるのはたしかだが、パウロ関係文書にこそ、愛が強調されていると感じた。パウロ思想の特徴が「愛」だ。

イエスは「地上に平和でなく剣をもたらすためにやってきた」と明言する。イエスの教えを、パウロこそが世界宗教にした。この大変換のツボは、パウロがユダヤ人以外の異教徒を主目標とした戦略を立てたことである。それが、愛、希望、確信を核とした戦略である。希望とは死後の再生への希望であり、確信とは永遠の生が得られるという確信である。

こうもいえる。イエスは反体制的だが、パウロは体制順応的である。奴隷は主人に従え、妻は夫に従え、女は教会の中で発言するな、と保守的だ。反ユダヤ主義の源という気もした。一方、娼婦でも受け入れたイエスには、革命児っぽいところがある。

幼少期のぼくは不自由な足がよくなることを願っていたが、同時に神に試されていて、与えられた試練を乗り越えれば足はよくなるはずとも思っていた。神と対峙する世界は荒涼としており、自分は孤独で無力、神は絶対、という非対称の関係だ。しかし、人と神の対立構図は、必ずしもぼくの個人的な経験ではなく、だれもが抱く普遍的なイメージである。

個の意識は変化する。だから絶対不動な神を想定し対立させる。これは「神が人格神」であるキリスト教特有の対立であり、神との対立に人はずっと耐えていかねばならない。耐えるなかで人は絶対者を信じ帰依する。帰依しない信仰は認めない。

人と神の対峙・対立というキリスト教の構図に不可欠なのは「私は不幸だ」あるいは「私は幸福になりきれない」という意識である。不幸の自覚は、どの宗教でも信仰へのきっかけになり、宗教は癒しを与えてくれる。とくにキリスト教は不幸の自覚を強調するし、それだけでなく、神による試練を強調する。これはやはりパウロの戦略である。

「いろいろな試練に出会うときは、この上ない喜びと思いなさい。信仰が試されることで忍耐が生じると、あなた方は知っています。あくまでも忍耐しなさい。そうすれば、完全で申し分なく、何一つ欠けたところのない人になります」

「試練を耐え忍ぶ人は幸いです。その人は適格者と認められ、神を愛する人々に約束された命の冠をいただくからです」（Ⅱ、P315「ヤコブの手紙」）

これらのことばは、実のところ幼いぼくにはおなじみだった。それは身体障害を、神様に試みられている証拠ととらえていたからだ。ラゲ訳聖書では「汝等種々の試みに陥りたる時は、之を最も喜ぶべき事と思へ」。太い針の注射を脊髄に打たれても、全身麻酔手術で三日間うなされたとしても、喜ぶべきと感じた。なぜなら自分は選ばれているからだ。

トライアルレッスンのトライアルはほんのお試しだが「難病や障害を試練と受け止めなさい」の「試練」は重い。病人に向かってうっかり「試練」を使えば「あんた何様?」と受け取られる。しかし、当事者には、試練を通して神との対峙が現れてくる。

パウロは「自分自身については、弱さ以外に誇るつもりはありません」「力は弱さのなかでこそ十分に発揮されるのだ」(Ⅱ、P206「コリントの信徒への手紙2」)と書く。弾圧を耐え抜いた逆説的な強さだが、権力志向を疑わせるところでもある。「弱さ」の意味を、イエスがいう「弱さ」からずらしているし、謙虚な姿勢がくさいのである。高慢も謙虚も同じように自分を欺くが、謙虚は自分だけでなく他人も欺くから、より悪質だろう。

イエスは悪魔から何度も試されている。石をパンに変えてみろと言われ「『人はパンだけで生きるものではない。神の口から出る一つ一つの言葉で生きる』と書いてある」とイエスは答える。人はことばで生きるのだ。「高い所から飛び降りてみろ」と言われると「あなたの神である主を試してはいけない」(Ⅰ、P182「ルカによる福音書」)と答える。聖書には「神は人間を試すが、人間が神を試すのはだめ」という非対称関係が見える。

しかし、その関係もまたお試しかもしれない。人の方で対峙関係を消せばいいからだ。一方的に試される立場にあり続けよ、と自分に命じるような疎外された自己意識なんかちゃらにしていい。だから、病気や障害から信仰に入る人を見ていると痛いのだ。精神が不自由と思うからであり、ぼく自身には「神の国」がくるという確信が生じなかったからだ。自由でいたいと願えば、いつか「試練に立つ自分」意識が消えて自己愛が生じる。

「神の国は、見える形では来ない。『ここにある』『あそこにある』と言えるものでもない。実に、神の国はあなたがたの間にあるのだ」（Ⅰ、P231「ルカによる福音書」）

神の国を求めるなかに、すでに神の国はあるのか？ そうだとしても神の国は個人の心にはなく、神を信じる人と人の間にある。つまり神の国は文字通り「人間」に存在している。罪ある女に石を投げようとしない人たち、罪を自覚した人たちの間にある。

だから、障害を契機に神に近づいたぼくは、帰依よりも自己強化する方がいいのでは……と思いはじめ、強くなったという自覚が生じると、信仰から離れてしまった。

あるとき年下の知人が出家した。剃髪した彼に会うと「島津さんは自分を肯定してますよ」とほほ笑んだ。そうか自己肯定か、自己肯定感とは、せんじ詰めれば自分に飽きないことであり「人生もう一回やるんだけど、いいか？」という問いに「いいね！」と応じられることだろう。だからぼくはキリスト教から、少なくともパウロ主義からは遠い。

復讐は自己肯定の反対だ。聖書では復讐が強く戒められる。「復讐はわたしのすること、わたしが報復する」（Ⅱ、P141「ローマの信徒への手紙」）。いわゆる「復讐するは我にあり」ということはわかる。ぼくはやられたらすぐやり返すが、復讐はしない。法然上人は武士の生まれで、親が殺されたとき仇討ちするのが当然だったにもかかわらずしなかった。もし世間の同調圧力に従って仇討ちをしたら法然も親鸞もいなかったし、鎌倉仏教が成立しなかった。

マタイによる福音書の「人を裁くな。あなた方も裁かれないようにするためである」から進んで「あなたたちは肉に従って裁くが、わたしはだれをも裁かない。しかし、もしわたしが裁くとすれば、わたしの裁きは真実である」（I、P290「ヨハネによる福音書」）となる。

周到に計画し復讐するなんて、芝居じゃおもしろいが、やりたくない。復讐を成就した人に「人生をくり返したいですか?」と質問したら、「また復讐したい」と答える人は少数だろう。復讐で自分を肯定できはしないからだ。やられたらすぐやりかえすことは、褒められた行為ではないが、復讐よりマシと思う。武士道でも「葉隠」は用意周到な赤穂事件の仇討ちを批判し、仇討ちは長崎喧嘩（計算も準備もしない）のようにやれ、と主張している。

パウロにして「わたしはすでにそれを得たというわけではなく、すでに完全なものとなっているわけでもありません」（Ⅱ、P240「フィリピの信徒への手紙」）と、信仰者の人間的未完成を承認する（試練に耐えれば信仰は完成する）。「怒りOK復讐NG」でいいのだ。

キリスト教というのはことばの宗教である。「初めに言《ことば》があった。言は神と共にあった。言は神であった」（I、P265「ヨハネによる福音書」）

言の葉っぱか、事の端っこか知らないが、日本ではことばは軽い。福音《エヴァンゲリオン》は戦勝などの「よき報せ」の意味だそうで、書きことばではない。ラゲ訳の注では「御言《みことば》とは神の御独子《おんひとりご》を云ふ」とあるが、まだまだ難解。

聖書全体を通して「ことばの重み」が伝わってくるが、とくに強烈に出てくるのが黙示録だ。黙示（ギリシャ語のアポカリュプシス）は新約聖書のなかで「ヨハネの黙示録」の冒頭だけに用いられるとしている。「すぐにもおこるはずのことを」神から天使経由でヨハネに伝えたものである。ラゲ訳の注には「大部分は遠き未来に当たらずして、教会の初代に起こるべき事実、特にキリスト教がユデア教又は異教に対して順次勝ち行くべき次第を示せり」という説が紹介されている。キリスト教が異教のローマ帝国に勝っていった過程が示されている。

描写は色彩豊かである。佐藤は「黙示という形をとっているために人々の想像力を刺激しうる」と書く。多くの人がヨハネ黙示録に刺激されている。特にマルクスである。佐藤は、黙示録に出てくる二つの怪物は国家であると書いている。

第二の獣は先の獣の像を造らせ「獣の像に息を吹き込むことを許されて、獣の像がものをいうことさえできるようにし、獣の像を拝もうとしない者があれば皆殺しにさせた」（Ⅱ、P386 同右）。従属か死かの選択を迫られる厳しい試練だ。勝てっこない相手に隷属するしかない人間は額に刻印される。刻印がなければ「物を買うことも売ることもできない」。「この刻印とはあの獣の名、あるいはその数字」、この刻印をマルクスは貨幣と見る。

革命は黙示録の天使の役割に似て、貨幣を廃棄（止揚）するはず、とマルクスはいいたいようだ。マルクスの読者は、天使（革命）に来てほしいのか？　自分は革命に救いを求めているのか？　迷ったろう。「死んだらおしまい」「生きてるうちが花」と平和を求めたローマ市民も現代の日本人も「おれって、ほんとに救済されたいの？」と困惑するように。

法華経では、火のついた家にいながら救われたいと思わない衆生を冷静に見ている。しかし、キリスト教は、悪への従属か神と結ばれた死か、の二者択一を迫る。天使が災いをもたらす。怪獣が現れて信仰者を殺す。殺されたくなければ額に刻印を押されねばならない。日本人はみな刻印を押されるだろう。怪獣としての国家が人々を弾圧する怖い話だ。

しかしやがて天使が現れて「永遠の福音」を告げる。獣とその像を拝み、刻印のある者は火と硫黄で苦しめられ、昼も夜も安らぐことはない。神の掟を守りイエスに対する信仰を守り続ける聖なる者たちの忍耐が強調される。歴史を劇化する一方で内面化している。新約聖書の最後で、ダメ押し的に神と個人が対峙する荒涼とした世界が出てくる。

試練に耐えて「主に結ばれて死ぬものは幸いである」「彼らは労苦を解かれて、安らぎを得る」（II、P388　同右）とされるのだが、日本人なら「死んで花実が咲くものか」というだろう。こういう怖い話で信仰を固めさせるキリスト教はすごいと思う。

アイドル好きの日本人は、偶像崇拝を大罪とするパウロを理解しにくい。殺人、姦淫、詐欺と並ぶほどの大罪とはどうしても思えない。アテネのパルテノン神殿の神像の顔が壊されたのはキリスト教徒の偶像破壊《イコノクラスム》によるものだが、一神教の排他性とイコノクラスムはイスラム教に引き継がれ、イスラム原理主義者はいまも偶像破壊を継続中だ。もちろんキリスト教徒も中世におけるカタリ派大虐殺で同根ぶりを示している。

現実のキリスト教会には多数の偶像がある。とりわけギリシャ正教の教会はイコンにあふれている。偶像破壊とはキリスト教がローマ帝国に勝つための方便だった、と感じてしまう。福音書のイエスは、パウロほど偶像破壊を叫びはしなかった。
人生がピクニックのように、楽しく感じられるときはある。草上で休めば、実は草の下にはおびただしい生物の死が蓄積されているのだが、人は死に背を向けて歩き出す。「たぶん自分は幸福なんじゃないですか」という人は、別に救われたくもないだろう。幸福になりきれないと感じる人だけが信仰に近づく。幸福だと思っている人、幸福になり切れない人、両者の間には分断があるようではあるけれど、自分は救われたいのか？信じたいのか？という自問は、聖書を読むと湧いてくるのである。

２０１９年9月19日（木）70歳

15 「自省録」マルクス・アウレーリウス 神谷美恵子訳（岩波文庫）

「善事をなして悪くいわれるのは王者らしいことだ」

再読。文庫本に万年筆で「1968.VI.6」と読了日が記してあった。この時期、ぼくは受験浪人となり予備校に通いはじめた。浪人が決まって、上野の西洋美術館にボナール展を見に行き、帰りにこの本を買った記憶がある。

ボナールを見て目を楽しませ、ストア派の哲人皇帝の「自分へ」（原題）を読んで、自己管理しようとしたわけだ。ぼくは、昔も今もストイックといわれないが、この本に影響され、深夜ストーブを消して勉強していたら室温が８℃に下がっていたこともある。そんなとき、戦地で自分に向けて書いていたローマ皇帝が、ぼくに向けて書いているようにも思えた。

「金持ちの暮らしとかけ離れた簡素な生活をすること」「何かするときいやいやながらするな、利己的な気持ちからするな、無思慮にするな、心にさからってするな、君の考えを美辞麗句で飾り立てるな、余計な言葉やおこないをつつしめ」

訳者の神谷美恵子は、アウレーリウスは必ずしも皇帝になりたくなかった、むしろ書斎人でいたかったと見ている。しかし、皇帝の職務を義務としてまじめに遂行したと想像している。自身で記したことばにもそれをうかがわせる。受験勉強に意味を見出せなかったぼくも、義務として取り組んだ。皇帝にならったのである。

再読して強く感じたことは、彼が人間の生のはかなさを、強調していることだ。「すべてはかりそめにすぎない。おぼえる者もおぼえられる者も」「まもなく君は死んでしまう」「エピクテートスが言ったように『君は一つの死体をかついでいる小さな魂にすぎない』」。にもかかわらず、課せられた義務を遂行する。その能動性にぼくは惹かれた。

エピクテートスは奴隷であり、アウレーリウスは皇帝である。奴隷が書いた哲学に皇帝が私淑しているのである。ここにローマ社会が、人間を個として見ていた証拠があると思える。文明社会なのである。

内なる自然に従えと強調する。この場合の自然とは理性（原文に即していえば指導理性ト・ヘーゲモニコン）のことだ。「君は理性を持っているのか？『持っている』それならなぜそれを使わないのか。もしそれがその分を果たしているならば、その上何をのぞむのか」（第四章一三、P47）。アタラクシア（不動心）にどうしたら至れるか？が問題なのである。

「意見をつくる能力を畏敬せよ。自然にたいして、また理性的存在としての構成要素に対してふさわしくない意見が（我々の）指導理性の中に生ぜぬようにする役目は、ひとえにこの能力の上にかかっているのだ」（P36）

これは、ほとんどカントのいう啓蒙だろう。

「もっともよい復讐の方法は自分まで同じような行為をしないことだ」（P82）

社会生活で腕力がふるわれることはなく、多くははずかしめよう、傷つけようとする言動である。ぼくはこのことばを自戒とし、一歩引いて状況を眺めるようにしている。

「名誉を愛する者は自分の幸福は他人の行為の中にあると思い、享楽を愛する者は自分の感情の中にあると思うが、もののわかった人間は自分の行動の中にあると思うのである」（P98）

「自分の内を見よ。内にこそ善の泉があり、この泉は君がたえず掘り下げさえすれば、たえず湧き出るだろう」（P116）

三島由紀夫は、この本に「死後の名声」への言及が多いことに着目し、それは著者が皇帝だったからだと書いていた。三島らしからぬ、犬がごみ箱から汚物を引っ張り出すような見解と感じた。しかし、その二年後に三島が自決したとき、三島もやはり「死後の名声」と葛藤したのだと思いあたった。

「死後の名声について胸をときめかす人間は次のことを考えないのだ。すなわち彼を覚えている人間各々もまた彼自身も間もなく死んでしまい、次いでその後継者も死んでいき、燃え上がって消える松明のごとく彼に関する記憶が次から次へと手渡され、ついにはその記憶全体が消滅してしまうことを」（P49）

しかし、葛藤だけでなくユーモラスな想像もある。

「死んでいくとき、自分にふりかかっている不幸を歓迎する者の一人や二人に囲まれていないような幸運な人間はない。たとえばその人が誠実な賢い人間であったとする。きっと最後の瞬間に人知れずこういう者がいるであろう。『この道学者先生がいなくなって我々もやっと息がつけるというものだ。べつにわれわれのうち誰にたいしてやかましかったというわけではないが、ただ、この御仁がひそかに我々を非難しているのを私はいつも感じていたのだ』」（P178）

当時のぼくが万年筆で〇をつけた句が二つある。

（アンティスネースから）「善事をなして悪くいわれるのは王者らしいことだ」（第七章三六、P110）

この〇印を目にしたときは思わず笑った。そのころ家業は倒産、大学受験に失敗、女の子には振られ……のわりには、自信満々！　どしゃ降りに打たれながら「それはおれが精神的王者だからだ」と居直っている若造がいる。今でも「善事をなして悪くいわれる」ことがあるが、不徳の至りと謙遜するふりをしないのは、十代からの習慣なのだろう。もう一つ、

「君に残された時は短い。山奥にいるように生きよ。いたるところで宇宙都市の一員のごとく生きるならば、ここにいようとかしこにいようとなんのちがいもないのだ。真に自然にかなった生活をして

いる人間というものを人々に見せてやれ。観察させてやれ。もし彼らに君が我慢できないなら、彼らをして君を殺させるがよい。彼らのように生きるよりはそのほうがましだから」（第十章一五、P170）

浪人のぼくは「山奥にいるように生きよ」「ここにいようとかしこにいようとなんのちがいもない」ということばに励まされた。「人間いたるところ青山あり」なのだと。

この本は一九四八年九月に刊行されている。ギリシャ語からの訳出であり、神谷美恵子は「母親としての多忙な生活の余暇をさいての仕事」と書いている。ひらがなが多く、読みやすくしようと努めた、いい訳文だと思う。なにより著者への共感がこもっている。

この本を読んで十年もしないうちに、ぼくは神谷訳でミシェル・フーコーの「精神疾患と心理学」を読んだ。ギリシャ語もフランス語も堪能！　そのころ新聞掲載のエッセイで、この人がグレン・グールドを好きで、よく聴いているとあった。当時はグールドの演奏スタイルに毀誉褒貶があったので、ぼくは自分の好みを追認された思いがした。

それにしても、マルクス・アウレーリウス、フーコー、グールドと並べてみると、この人の興味の幅は非常に広い。どんな人なんだろう？　ハンセン病患者の救済にも尽くした医者であり、実践者でもあった。

しかし、神谷はアウレーリウスのキリスト教理解は皮相的としている。ぼくはそうは思わず、キリスト教徒のルサンチマンを批判しているのは、ニーチェの先駆者と感じた。

２０１９年2月27日（水）　69歳

16 「バガヴァッド・ギーター」

上村勝彦訳（岩波文庫）

自己を制していなければ自己は自己の敵である

バガヴァッド・ギーターは叙事詩「マハーバーラタ」第六巻に編入されている「神の歌」であり、インド古典のなかでもっとも有名な聖典である。ソローが何度も言及しているために前から読みたかった本であり、ドイツロマン派やシモーヌ・ヴェイユも愛読していた。

パーンタヴァ軍と同族のトゥルヨーダナ軍の間に同族の争いが起ころうとしたとき、勇士アルジャナは戦いの意義について疑念を抱き戦意を失った。このときクリシュナ（バガヴァッド）はヨーガの秘説を説いて彼を鼓舞した、この本に述べられているのはその内容だ。

「何が行為《カルマン》か、何が無為《アカルマン》かについては、神仙たちですら迷う。そこで行為についてあなたに説こう。それを知れば、あなたが不幸から解脱できるような。

行為について知るべきだ。非行《ヴィカルマン》について知るべきだ。無為について知るべきだ。行為の道は深遠である。行為の中に無為を見、無為の中に行為を見る人、彼は人間のうちの知者であり、専心して行為をなす者である」（第4章、P52）

その一方で、仏教と似た世界知への信仰がある。

「それを知れば、あなたは再び迷妄に陥ることはなかろう。アルジュナよ。それによりあなたは万物を残らず、自己《アートマン》のうちに、また私のうちに見るであろう。仮にあなたが、すべての悪人のうちで最も悪人であるとしても、あなたは知識の舟により、すべての罪を渡るであろう。あたかも燃火が薪を灰にするように、知識の火はすべての行為（業）を灰にするのである」（第4章、P55）

表現が力強い。この力強い生命力はバガヴァッド・ギーターの特色だ。だからソローやヴェイユのような実践的な思想家が惹かれたのだろう。

「行為の放擲と行為のヨーガは、共に至福をもたらす。しかし、その両者のうちで、行為のヨーガは行為の放擲より優れている。憎むことなく、期待することない人は、常に放擲した者と知るべきである。実に、相対を離れた人は、容易に束縛から解放される。愚者はサーンキヤ（理論）とヨーガ（実践）とを別個に説くが、賢者はそうは説かない。一方にでも正しく依拠すれば、両方の成果を得る」（第5章、P52）

訳者上村は「バガヴァッド・ギーターの世界」という著作で、ギーターの思想の特徴は平等の境地とする。「すべてを平等に見るべきであると教えてから、クリシュナは、行為を行うときに行為の結果のことを考えてはいけないと説きます。『あなたの職務は行為そのものにある。決してその結果にはない。行為の結果を動機としてはいけない。また無為に執着してはならぬ』これはギーターのうちでも非常に有名な文章です」（同書、P49）と述べている。

さらに論を展開して。「この世に生まれたからには、自分に定められた仕事をひたすら遂行せよ。

行為には罪悪がつきまとうが、行為をしても悪い結果を残さないためには、執着を捨て、行為の結果を顧慮しないことが肝要である」（同書、P293）とまとめる。

ミルチャ・エリアーデは「ヨーガ」の中で「『ギーター』の偉大な独創性は『行為のヨーガ』の強調にあり、このヨーガは『自分の行為』の結果を捨てることによって実現される」と書いている。結果が出そうにないからやらない、行為しない……というのは一見冷静だが、実は結果に執着しているのである。臆病であり「すべてを平等に見る」智慧もない。ギーターの「行為の結果を動機としてはいけない。また無為に執着してはならぬ」という命題は、勇気がなくては実践できず、智慧がなくても実践できないのである。

対句的な表現は仏教や漢文にも多いが、この聖典ではとりわけ見事だ。

「行為の結果にこだわらず、なすべき行為をする人は、放擲者《サンニャーシン》でありヨーギンである。単に祭火を設けず、行為をしない者はそうではない。放擲《サンニャーサ》と言われるもの、それをヨーガと知れ。アルジュナよ。というのは意図（願望）を放擲しないヨーギンは誰もいないから」

「自ら自己を高めるべきである。自己を沈めてはならない。実に自己こそ自己の友である。自己こそ自己の敵である。自ら自己を克服した人にとって、自己は自己の友である。しかし、自己を制していない人にとって、自己はまさに敵のように敵対する」（第6章、P62）

精神障害者に話すとき、この部分をしばしば引用し、いい反応を得た。

さらに、自己の中に世界を見、世界の中に自己を見るという汎神論的知が述べられる。

「常に自己《アートマン》に関する知識に専念すること。真の目的を考察すること。以上が知識であると言われる。

それと反対のことが無知である」（第13章11、P109）
宇宙の最高原理ブラフマンと我アートマンの一致は、仏教でも梵我一如といわれる。これだけなら、ありがちな汎神論的神秘だが、最高神の高次の本性が、個別のアートマンとなっている。これについて上村はこう解説する。
「最高神にほかならないアートマンは本来清浄なのだ、ということを真に自覚したとき、最高神と完全に一体となり、最高の悟りが実現するということを暗示しているのではないか考えます。（中略）これは大乗仏教の本覚思想にほかなりません。本来悟っているという教えであります」（「バガヴァッド・ギーターの世界」P231）
ところで聖音オウムは、欧文ではA・U・Mと表記され、ひらがな表記すると「あうん」だ。初めにして終わり、神社においてある狛犬は、あうんの呼吸で向き合っている。日本文化もインド文化の影響をずいぶん受けていることを改めて感じた。

２００３年３月25日（火）　53歳

17 「陶淵明」 中國詩人選集4 陶淵明 (岩波書店)

世は短くして意は常に多し

浪人時代に、友人が数学のできないぼくに添削問題を郵送してくれた。問題と解答と添削が行き来したなかに漢詩が引用されていた。ああいいなあと思ったものだ。この本を読んでいたら彼が引用した詩が出てきた。有名な詩だ。

菊を采《と》る東籬の下
悠然として南山を見る
山氣 日夕《にっせき》に佳《よ》く
飛鳥 相與《あいとも》に還る
此の中《うち》に真意有り
弁ぜんと欲して已《すで》に言を忘る

(飲酒二十首其五)

受験勉強に疲れた少年も、いささか人生に疲れた老年も、こういう詩を目にすると思わずロずさんで、雄大な空間が現前してくるのを感じる。今もまた、ああいいなあ、と思う。どこがいいかって？　書こうと思ったが、言葉を忘れてしまったとまねをしておこう。

　ちなみに前二行は夏目漱石が随筆で引用し、これも有名だ。趣旨は、西欧の文学は隣の奥さんがどうしたこうしたと執着するようなものだが、東洋の文学はこうだ、と例証に出す。「悠然として南山を見る」詩境は西欧にはない、と。

　まことにごもっともなれど、現代では東洋人にも東洋の文学にもこういう気持ちはない。ただ、いにしえにはあったということがわかるのみである。しかし、現代人の心にも確実に響いてくる。ああ、街の居酒屋ばかりでなく、大きい山の見える夕暮れに、遠ざかる鳥の声を聞きながら酒を飲んでみたい。何か大切なことを忘れている。しかし忘れていいじゃないか……と穏やかに包みこまれるような気分。

　陶淵明は、紀元四世紀、北魏で盛んに仏像が作られていた時代、長江沿岸では戦乱の多い竹林の七賢の時代、日本では古墳時代の人だ。このころの日本では酒は米飯を人が嚙んで発酵させたもので、須恵器に酒を注いで飲まれた。これだと陶淵明の詩境には届きにくい。

　平易な詩だと思う。杜甫は自分を理解してくれる人は陶淵明と書いている一方で「息子のそれぞれについて出来がいいの悪いのと詩に歌ったりしているが、そんなことどうでもいいじゃないか」と低回ぶりを批判している。たしかに高い詩境じゃない。しかし、詩の良しあしは、平易と高踏とにかかわらない。

　陶淵明は、気取っていないだけでなく、額に汗して働くことを軽蔑していない。あくせく働くことはないにしても、食うために肉体労働もして、一日の終わりに酒を飲む。貧乏な旦那さんという感じだろうか。

みずから耕すは嘆くところにあらず　（庚戌歳九月中、西田ニ於イテ早稲ヲ穫ル）

こうはっきりいう詩人は、近代以前では日本にも中国にも多くはなかったのではないだろうか。労働を賛美せず、軽蔑もせず、必要最小限に働く……いい感じじゃないか。
こんな涼しげな詩句もある。

藹藹《あいあい》たり　堂前の林
中夏　清陰を貯う
凱風《かいひょう》　時に因って来たり
回飆　我が胸を開く　（郭主簿ニ和ス）

近ごろ「山海経」を読んだ。陶淵明は「山海経」が好きで「山海経」を読んでという連作を詠んでいる。中国では儒教による礼楽に支配されるようになってから、神話的な世界が消えていったが、青銅器や「山海経」に、古代の人々の怪奇にして壮大な世界観をかいま見ることができる。たとえば「山海経」ではこんな具合だ。

「大荒の中に山あり、名は孼揺頵羝《げつよういんてい》。山の上に扶木（扶桑）がある。高さ三百里、その葉は芥菜《からしな》のよう。谷あり、温源の谷（湯谷）といい、その湯の谷の上に扶木があり、一個の太陽がやってくると、一個の太陽が出ていく。（太陽は）みな烏を載せている。神あり、人面で犬の耳、獣身、二匹の青蛇をみみかざりにする」（大荒東経）

日本の「古事記」でもカラスが太陽と結びついている（八咫の鴉）が、もっと壮大だ。ぼくには「山海経」の世界はなにがなんだかわからない。しかし、わからないながら、怪力乱神の世界は、行い澄ました儒教に比べて魅力的である。陶淵明も「俯仰して宇宙を終《つく》す　楽しからずしてまた如何」と歌っている。「桃花源記」の幻想も神話的古代を追慕する心があって生じたのだろうし、「帰去来の辞」も単なる田園追慕ではない気がする。

その一方で、陶淵明は刺客荊軻《けいか》に惹かれたりする。秦から首を求められていた樊於期が自分の首をもっていけば始皇帝は信用し会うはずだと自殺し、その首をもって会いにいったが失敗した。陶淵明もまた荊軻と同じく「壮士ひとたび去って帰らず」の意気を秘めた人というべきなのだろう。「君子は己を知るものに死す」（「荊軻を詠ず」）という詩人は、やはり士族なのである。

もちろん詩句としてうまいことをいってくれる。

千載は知るところにあらず
聊《いささ》かもって今朝《こんちょう》を永うせん　　（己酉の歳、九月九日）

世は短くして意は常に多し
これ人は久しく生きんことを楽《ねご》う
（九日閒居）

いい意味での刹那主義みたいなところがある。韜晦として使ってみたくなる。漢文でいいところは人を煙に巻ける表現があるところだ。とりわけ陶淵明の詩句は人を煙に巻くのにぴったりだ。

２００４年12月25日（土）　55歳

18 「古今和歌集」

小町屋照彦訳注　（旺文社文庫）

ひらがな表記から生まれたことば遊びの芸術

好きだが、よくはない。いいけど好きじゃない、というねじれはときどき生じる。この本については好きだけど、いいといえるのかなと感じていた。だからいいと思ってもらえるように書きたい。

正岡子規は「百人一首は悪歌の巣窟」とこきおろし「古今集はくだらぬ集」とけなした。斎藤茂吉の「万葉秀歌」を読むとさらにそう思えてくる。しかし、百人一首と講談本は町家の教養であり、いわば血肉化している。江戸町民は百人一首が好きなのである。

百人一首の歌の四分の一は古今集からであり、勅撰集では最多。だから百人一首は古今的である。「新古今和歌集」を読んだぼくは、勅撰和歌集はおしまいにしようという気になっていたが、この本は亡き母の形見なので読むことにした。

母は六十三歳で夫に死に別れたあと、千葉市主催の老人大学に通い「つくづく気楽で楽しいわ」といっていた。もてもてで「私が費用をもちますからハワイに行きましょう」と誘われたりしたので「老人大学のマドンナ。いっそ再婚したら」と子どもたちに冷やかされた。

旺文社文庫は学生向きである。集中千百十一首が収められ、そのうち百人一首の歌は二十四首だから、十ページに一首くらいの割で出現し、旅先で旧知の人に会ったような気がした。

久方の光のどけき春の日にしづ心なく花の散るらむ　（紀友則）
（日の光がのどかに照っている春の日に、どうして桜の花はあわただしく散ってゆくのだろう）

桜の歌の人気投票をしたら一位になる歌だ。「久方」は「光」にかかる枕詞だそうだが「久方＝久しぶり」と解してもいいじゃないか。「久しぶりに晴れたので花見に行ったら、のどかな光のなかにもう散り始めた」でおかしくない。のどかなのに落ち着きない、という対照の妙。でも技巧に感心するより情景にひたれるのだ。この桜は山桜だから、林内のぬかるみを避けながら見に行ったと想像する。もう散り始めたけど、それもまたよし、の心だ。

花のいろはうつりにけりないたずらにわが身世にふるながめせしまに　（小野小町）

（花の色はむなしくあせてしまった。私がうかうかと世を過ごしてもの思いにふけっている間に、長雨が降って）

こちらは十分に技巧的。小町のような絶世の美女も、ふけてしまったと嘆く。「眺め」と「長雨」、「古る」と「降る」の掛詞、さらに「いたずらに」が「うつりにけり」にも「古る」にも掛かる。技巧的だが、あっさりした情感がある。美人だけど行動的でなく、言い寄られても一歩踏み出せない女が、まるで自身を傍観するように「ふけっちゃったわ」と嘆く。鎌倉の閑居で原節子が歌を詠んだら……とイメージする。

立別れいなばの山の峰に生ふる松としきかばいま帰り来む　（在原行平）

（お別れして、私は因幡の国に赴任していきますが、因幡の山の峰に生えている松にちなんで、あなたが待っていてくださると聞きましたならば、すぐにでも帰ってまいりましょう）

これは技巧がすぎてわかりにくい。「松」と「待つ」をかけているわけで、巧緻をこらしたあいさつだ。「わかるかい？　キミぃ」という知的見せびらかしが感じられる。子どものころ、かるたでこの札を取ろうとした。とり札（下の句）に自分の名「としき」が入っているからだ。百人一首の歌には遊戯的なはめこみが多いから、影響されたのである。

万葉集と古今集の間にあるのは、桓武天皇から嵯峨天皇までの漢風文化の時代である。古今集は、漢風文化が国風文化に変わったことを受けている。摂関政治がおもむろに登場するなかで、宮廷では女房の役割が増し、女が書いた漢字まじりの仮名文の筆跡を芸術として鑑賞するようになり、皇族も草書や仮名を書くようになった。一般人にとっては、ひらがな表記の普及により文字がぐっと近づいてきたのだ。

しかし、かな表記というのは同音異義が多くなる。「ここは二本だ！」（ビールを）といえば暑がり中年男の発声であり、「ここは日本だ！」（から熱燗を）と保守じいさんが反論したとしても、二人の同音発声はアクセントが異なるから、居合わせた人は聞き違えない。

しかし「松」と「待つ」は耳で聞いても判別できない。日本語は漢字の音読みと訓読みがまじるためさらに同音異義が増える。英語やハングルに比べ欠点・弱点であり、使う人を困らせ、アクセントで判断してもらえなければ、文脈で判断してもらうしかない。

しかし、その困りものを逆手に取って言葉遊びをしたのが古今集の時代だ。「いなばの山の峰に生ふる松」と「待つとし聞かば」のダブルミーニングは、やまと絵を描くつもりでイメージを表現できる。まず薄墨の太い筆でゆるやかな曲線の山に松を何本か加えて背景に描き、濃い墨の細筆で近景の人物の後ろ姿を描けば、一幅の絵になる。

人はいさ心も知らず故里は花ぞ昔の香ににほひけり　（紀貫之）

（あなたのお気持ちが以前と変わりがないかどうか、さあよくわかりませんが、なじみ深いこの土地では、梅の花だけは

昔と変わらない香で美しく咲いています）

長谷寺に参詣したときに、久しぶりに泊った宿のあるじが貫之にかけたことば「かく定かになむ宿りはある」（このように確かに宿はありますよ）に返した歌である。つまりホステスが「あらツーさん、お見限りだったわね」と媚びを含んで軽く皮肉ったのに対して「キミの心は変わっちゃったかもしれないけどさ、この店の内装もママも昔と同じ色香だね」と軽くいなした、みたいなものか。

俳句には、軽さを喜ぶ風があり、子規も虚子もあいさつみたいな句を作っている。「花ぞ昔の香ににほひけり」がいい。だからかどうかは知らないが、この歌を子規もそれほどけなしてはいない。いまの梅の香は昔の梅の香と変わりっこない。当たり前をことさらに……といいたくもなるのだが、その当たり前が軽妙だ。

秋来ぬと目にはさやかに見えねども風の音にぞおどろかれぬる　（藤原敏行）

（秋がやってきたと目にははっきり見えないけれども、風の音でそれと気づかされた）

百人一首以外で教科書にも載っていた名歌。繊細ぶっちゃってさ、といいたくなる。風の音で立秋が感じられるはずがないと思う。それはそれとして、吹く風に秋を感じる感覚は現代にも生きている。非常に暑かったこの八月、青山通りの地下のバーで飲んでいた三十代の女性たちが地上に出てきて「あぁ、風が涼しい！　もう秋ね」といった。これは温度であって音ではないが、ケヤキの葉ずれに秋を感じる（葉が硬くなったので）ことはあり、だろう。

古今集は初の勅撰和歌集である。万葉集から百五十年ほどたっての成立とされる。だから、選者たちに熱気が感じられる。いかに軽妙で繊細ぶりを前面に出そうと、技巧的・遊戯的であろうと、紀貫之をはじめとする歌人たちの熱気は疑えない。子規の文章にも熱気はあるが、それは明治という時代の熱気を背負った、いわば追い風参考記録である。

たとえば仮名序に熱気がよく表れている。日本最初の文芸評論ともいえる文章であり、前の時代の六歌仙を批評している。文学者は常に直前の時代を批判するものだが、手きびしい。「在原業平は、その心余りて、その言葉足らず」など、いまも使われる表現だし「小野小町はあはれなるやうにて強からず。いはばよき女のなやめる所あるに似たり」では「歌としての強さ」というコンセプトを強調している。

万葉の歌は、まさに歌謡として口から耳へ音で運ばれたが、古今の歌はほとんどが手紙や短冊などの紙にふみとして書かれている。ふみとして紙に定着されなければ、凝った掛詞など理解できない。子規が「くだらぬ」とけなしても、古今集に始まる「文字を読む歌」と「ふみの伝統」には、子規だって乗っかっているのである。いろいろな意味で新時代のうたなのであり、感覚的にも新時代を切り開いた。

待てといふに散らでし留《と》まるものならばなにを桜に思ひ増さまし　（よみ人知らず）
（待てというと散らないで留まるものならば、何を桜の花に思いつのらせることがあろうか）

万葉人の感覚とは違い、散るからこそ増す桜への愛着が歌われる。歌としての評価はおくとして、いかにも古今的な美学であると同時に、千年後の日本人の美意識も規定していることに驚く。

意外に感じたのは哀傷歌にいい歌が多かったことだ。言葉遊びの技巧的な歌ばかりでなく、哀傷の秀歌を選んでいるところに選者のセンスを感じる。

時鳥《ほととぎす》今朝鳴く声におどろけば君に別れし時にぞありける　（紀貫之）

（時鳥が今朝鳴いた声にはっとして目を覚まし、気がついてみると、一年前の今日はあなたと死別した日だった）

つひに行く道とはかねて聞きしかど昨日今日とは思はざりしを　（在原業平）

（いずれ人生の最後には行かなくてはならない道だとは以前から聞いてはいたが、まさか昨日今日というほどさし迫ったこととは思っていなかったのに）

ぼくは心筋梗塞で緊急搬送され「冠動脈にステントを入れます。死ぬまで薬を飲み続けなければなりません」と宣告されたことがある。手術室に向かうストレッチャーの上で、手術失敗に対する同意書にサインしながら「これで助かる」と思った。と同時に「死の淵まで行くなんて、まだ先だと思っていたよ」と、業平とまったく同じ感想を抱いたのである。

２０２０年10月９日（金）　71歳

19 「源氏物語」紫式部

瀬戸内寂聴訳（講談社文庫）

光源氏と六条御息所はポジとネガ

多くの人は現代語訳で読まざるをえない。円地文子訳を考えていたが「かの子撩乱」を読み感心した「偉大なるエロ尼」寂聴さんに変更した。梅原猛が「源氏物語」は法華経の影響下にあると書いていたから、仏教に造詣の深い人の訳がよさそうに思えたのである。

読み始めは豪華絢爛な風俗小説という印象だった。光源氏は、帝の子とはいっても更衣腹であり、臣下となる。家柄よく美貌で才能があり、光り輝くオーラで女たちを惹きつける。紫式部が主人公をヨイショしてばかりで首をかしげた。しかし、それは読みが甘いのであって、いわばほめ殺し、源氏のイヤなところもちゃんと書かれている。作者の表面的な大絶賛にごまかされてはいけないのである。

源氏は帝の寵姫朧月夜の君と通じていたのが露見し追放される。「須磨」「明石」は流謫期であり、落魄を嫌う女学生はここで読むのをやめる。しかし、作劇法の常套である「ハッピーエンドの前の波乱」にすぎないわけで、ここでやめてはおもしろみがない。

返り咲いた源氏は太政大臣にのぼりつめるのだが、不遇の時期に自分から離れた人を許さない。摂関政治では、いったん流謫の身になった政治家が復活した例はまれだが、政治家としての源氏の振舞いは、女房の目から見た宮廷政治そのままなのだろう。

戦国の武将なら、相手の能力を買って裏切りを許すことも多々あるが、平安貴族は感情に忠実、欲望にも忠実、嫌悪感にも忠実であり、能力主義は関係ない。勧善懲悪思想に無縁で、善も悪もあわせ描かれているところが、おそらく後年の本居宣長の気に入ったのである。欲望に素直に従い、別離に素直に涙して、リクツはいわない。

ぼくの感覚では「許されて帰ってきたんだからおとなしくしてたらどう？　キミ、図に乗ってねえ？」だが、おとなしくしない源氏は政治家の頂点をきわめる。そうなると不遇時代にも親身になってくれた「頭の中将」とも競う。自分の地位が確立したら、今度は一門の将来の栄華を確保しようとする。かつての親友との関係も政治的な敵対関係に近い様相を帯びてくる。こうした事態は、革命家の間でも、政治家の間でも、企業内部でもみられる。

源氏の政治家の側面には計算づくのところがあり、谷崎潤一郎は「光源氏なんていやらしくて好きになれない」といったそうだ。過去の現代語訳はおしなべて源氏を理想化しすぎている。しかし、寂聴の場合、各巻につけた解説「源氏のしおり」で、源氏の政治姿勢を手きびしく論評しており「なるほど、そういうことなのか」と教えられることが多かった。近代小説のように主人公の言動をはっきり批判的には書かないので（紫式部の筆は流麗だがあいまい）、ルックスのよさ、学芸に優れて趣味人であるところをほめそやす表現に読者は幻惑されるのである。

「いつも同じ源氏の君礼賛ばかりを繰り返すようですが、お会いする度毎に、すばらしい極みなので、どうにもいたしかたがございません」（巻二「賢木」P289）

文章としては「いたしかたないことでございます」が正しい日本語表現のような気もするが、話し言葉風にくだくところが心にくい。この引用の背景には、六条御息所の生霊によって夕顔が死に、さらに正室の葵上も死に、この年上の女は自責の念により京を去ろうとしていることがある。源氏も年増女の深情けを忌まわしく思いながら、別れ際に一夜を共にする。悪役であって悪役でない六条御息所のキャラ設定はすぐれている。

欲望全開の光源氏が、すなおな心で好色に振る舞い、地位にも執着するポジであるなら六条御息所は欲望をおさえようとしておさえきれず、無意識の闇の力を発動させてしまうネガである。源氏も御息所も結果として欲望をおさえない。

のちに御息所が伊勢から戻ってきたときには彼女の娘が成熟し美しくなっているだろうと想像する男の好色さが記される。その娘を朱雀院もほしがっていたにもかかわらず、冷泉帝の中宮に送り込む計算高さも源氏にはある。

作者も、生霊に愛人も妻も殺されながら、よくもまあその相手とまた寝たりするわよねえ、しかもその娘に手を出したくなるなんてどういう神経なの?と書いておきながら、イケメンで才知があってセンス抜群だから許しちゃう……という態度。そこまで書けば、読者もごまかされないわけである。

御息所は嫉妬や欲望を自己抑制しようとしてできない。彼女の存在があるからこそこの物語は陰翳をもち、怖いのである。知性は無力という現世観である。しかし源氏が怖れつつこの女と性交するのは「もののあはれ」だろう。
政治的にライバルにもなる頭の中将を、もっと肯定的に書けばいいのに……と思うのだが、そうはならない。有名な「雨夜の品定め」でも、若い美貌の才子である頭の中将はよくしゃべる。若さのわけしり顔だが、源氏の方は黙って聞いているばかり、この辺の対比の描写がうまい。いかに源氏を上に位置づけて書くか、という作者の苦心がわかる。

このとき「昔なじんで子までなした女と別れてしまい、思い返しても残念、いまどうしているのやら」と頭の中将が語っていた夕顔を源氏が見つけ出し、親友を出し抜いてひそかに通うが、やがて六条御息所の生霊によって死ぬ展開が、周到に構成されている。

寂聴は「描かれている女性のうちもっともすぐれて魅力的なのは紫の上であることは言うまでもないが、その次は夕顔」としている。物語全体からして出番はわずかであり、すぐ死んでしまうのだが、身分の低い女の性的魅力を発散している。だから高貴な御息所の嫉妬を買うのである。

寂聴が、源氏物語全体を「女の出家物語」と見るのは卓見である。鎌倉時代の「とはずがたり」の作者御深草院二条は、宮廷のアイドルとして院に愛されながら、まるで高価な贈り物なみに他の男にプレゼントされて性交させられる。いわば高級娼婦である。言い寄る男たちのバランスをとるモテ女だとしても、こんな生活はむなしいと出家したくなるのだ。

独立した短編小説のような帖は多い。紫式部は宮廷生活で見聞きした色模様をさりげなく披露しているようだ。だから紫式部＝編集者という見方が出てくる。他人の文章を編集したとまでは思わないが、書き始めてから、この話は使える、あの話は使えないと取捨選択し、物語の中にちりばめたのだろう。週刊誌のゴシップ編集者的な筆であり、だから各巻末に相姦図が載っている（ないとわからない）。だらだらした進行が、小説的におもしろくなるのは玉鬘十帖以降であり、滑稽味もあるが、そのあとに来る長い帖「若菜」で、物語は因果応報的な悲劇的様相を帯びてくる。折口信夫は「若菜」が物語のクライマックスだとしているそうだ。ぼくもこのあたりから、がんばらず自然に読めてきた。

准太上天皇にのぼりつめた源氏は、六条の院にハーレムを築く。東京ドーム四つ分の敷地に紫の上、明石の君、花散里の君、末摘花の君を住まわせているが、さらに朱雀院が源氏に娘である女三の宮との縁組を勧め、源氏は受け入れる。だいたいこの朱雀院という人は、かつて朧月夜の君を源氏に寝とられ、さらに、憎いはずの男に、偏愛する十代前半の娘を差し出す。現代人の感覚では理解しがたいキャラである。

源氏は、高貴な幼妻に好色を示す一方、紫の上に対しては「命こそ絶ゆとも絶えめ定めなき世の常ならぬなかの契りを（はかない人の命は絶えるときには絶えもしようが無上のこの世とは違う私たち二人の仲は絶えることもないのですよ）」としゃあしゃあという。

男にとって都合のいい女の役を振り当てられた紫の上は、源氏を少女のもとへ送り出すが、もちろん平静ではいられない。平民の女なら一対の男女としてつつましく長く愛し合うことができたのに、なまじ源氏のような男の妻になったために苦しまなければならない。

もっとも「平凡な男の正妻になるより、傑出した男の二号になる方がいい。一回だけの人生なんだから」という女もいるし、岡本かの子のように男めかけを何人も有し、しかも彼らを満足させるような女もいる。愛欲の世界には平安がないというだけのことである。

かつての頭の中将は太政大臣になっており、その子息の柏木が女三の宮と密通する。若いころ桐壺帝の寵姫藤壺の女御と密通した源氏は、妻の密通を知り、因果応報に愕然とするが、柏木を許さず、源氏ににらまれた柏木は病気になり死んでしまう。

寂聴の見方も鋭い。「あまりに人間的弱さを持った朱雀院が一種不気味な存在感を持って迫ってくる。悲劇の要は、朱雀院の並外れた心の弱さと恩愛への執着にある」。ぼくはそこまで読み込めなかった。出家者らしい洞察の深さだと感心した。いわれてみれば「源氏物語」全体を通して「親心の闇」ということばがくり返される。芥川龍之介のことば「親子になるのが不幸の始まり」は、日本文学の古くからの伝統なのだろう。

巻八から十までは宇治十帖で、本篇よりすぐれているとする人も多く、ぼくもそう思う。源氏の死後、子息の薫（実は柏木と女三宮の子）と今上帝の次男匂宮の二人と、宇治の姫君（大君、中の君、異腹の浮舟）との恋物語だが、別人の作という説（円地文子もその一人）があるほど無常観が濃い。源氏物語は終わりに行くほどおもしろい。

浮舟と薫と匂宮の三角関係は、浮舟の入水で終わる。しかし、横川の僧都に救われた浮舟は、薫から再び求められても、応じることなく出家する。横川の僧都は源信がモデルだろうし、法華経の内容が頻繁に出てくるので、別人執筆説の根拠になっている。

しかし、法華経は女人成仏を説く経典であり、本覚思想が強くあらわれる常不軽品《じょうふきょうぼん》が出てくるところから、出家後の紫式部が書いたとみるのが妥当だろう。

寂聴の「源氏物語＝女の出家物語」説は宇治十帖できわまる。宇治十帖を傑作とする人は梅原猛のような仏教系の人に多い。寂聴によると、源氏物語は藤原道長によって政治的に利用されたのである。「一条天皇の関心を中宮彰子に惹きつけるため」書いたが、目的を達すると紫式部への関心や援助はとみに薄れた。

寂聴は、源氏の死までの本篇完成後に紫式部は出家したとしている。仏教の教養を積み、勤行に励むなかで物語の続きを書く意欲が生まれてきたと推測する。藤原氏の政治的道具から離れて書いたから宇治十帖は性格が違う、というわけだが、無常感は一貫している。

2019年1月18日（金）　69歳

20 「歎異抄」唯圓　金子大榮校訂（岩波文庫）

これこそ、社会の荒波の中で読むべき本

再読。弟子の唯圓による晩年の親鸞の聞き書き。リタイアしたあと原始仏典や大乗仏典、さらには日本の仏教書を読んできたが、もっとも心に響いたのはこの本だ。「善人なをもて往生をとぐ、いわんや悪人をや」という悪人正機説はいまもなお魅力的だ。

初読と再読の間には何十年もあり、その間「歎異抄」関連の本も読んできたから「あーこれこれ、これだったな」感があった。しかし、新鮮な印象もあった。読み返すたびに新しさを感じるのは、まさに古典なればこそである。初読は、ぼくが法学部の学生だったころで、ずいぶん理屈っぽい読み方をしていた。

悪人正機説に、法律的上の悪意と善意の考え方を援用していたのである。民法では、悪意の第三者とは「ある事実を知っている第三者」であり、善意の第三者とは「ある事実を知らない第三者」である。つまり、悪人とは「己の悪を知っている人間」であり、善人とは「己の悪を知らない人間」であると考えた。欲望や執着から逃れられないのが人間である以上は「己の悪に無自覚な人間」より「己の悪に自覚的な人間」が救われるのは当然だ。

ぼくの趣味である昆虫採集について、殺生だと批判されることがある。しかし、批判者が車を運転する人なら、こう反論する。

「夏に田んぼの中の道を運転すれば、フロントガラスが虫の死骸で点々と汚れてしまうでしょう？そのとき殺生しているという意識があるの？　春に林道を走れば、カエルやミミズを何頭も踏みつぶすでしょ？　ぼくが虫を殺すといってもせいぜい十頭二十頭だけど、車で走れば百頭、千頭あるいは万を超える生命を殺す。生命を殺すのは悪だが、無自覚で殺せば悪でないわけ？　ぼくは一匹の虫を殺すのも自覚して殺すので、悪だと思ってるけどね」

悪意・善意の解釈を今でもこんなふうに使う。あるいは植木等が「わかっちゃいるけどやめられねえ」と歌っていたのに似ている。植木のお父さんは真宗のお坊さんで「わかっちゃいるけどやめられねえ」を「親鸞上人の教えである」と褒めてくれたそうだ。

しかし、再読して「歎異抄」でいわれる善悪は、普通の意味の善悪だろうと感じた。悪い奴が捕まって処刑される寸前に、前非を悔い、阿弥陀にすがるならば救われる、ということである。むしろそんな悪人こそ阿弥陀は見捨てないという見解だ。

「念佛は、まことに浄土にむまれるるたねにてやはんべるらん、また地獄におつべき業にてはやはんべるらん、総じても存知せざるなり。たとひ法然聖人にすかされまいらせて、念佛して地獄におちたりとも、さらに後悔すべからずさふらふ。そのゆへは、自余の行をはげみて佛になるべかりける身が、念佛を申して地獄におちてさふらはばこそ、すかされたてまつりてといふ後悔もさふらはめ、いづれの行もおよびがたき身なれば、とても地獄は一定すみかぞかし」（P38）

念仏が浄土に生まれる種子なのか、地獄に落ちる業なのか、知ったこっちゃない。自分が法然聖人にだまされ、念仏して地獄に落ちたって後悔すべきじゃない。その理由は、厳しい修行と勉強に励んで仏となる身が、だれでもできる念仏に専修して地獄に落ちたのならだまされたという後悔もあるかもしれないが、修行も勉学も及びがたい自分には地獄のほかに行き場がなく、地獄は決定的なすみかだ。

だまされたっていい、おれは弱いし悪人なんだから、という自覚から「地獄は一定すみかぞかし」という強いことばが出てくる。信仰への強い確信がある。ふつう確信とは自由の敵であり、確信する信仰者ほど排他的になりがちだが、親鸞はそういう「人間の拘束」からすっきりと逃れている。

確信する信仰者は得てして「破邪論」を主張するが、この本は「歎異抄」であり、親鸞が異なる見解を嘆くだけだ。日蓮は辻説法で「念仏などしていれば地獄に落ちる」と激しく念仏を攻撃していた。「精神を奮い立たせて菩薩の道を歩め」と獅子吼する日蓮が、法華経の行者として抱く確信と「歎異抄」の「地獄は一定すみかぞかし」は、いわば正反対だ。

親鸞は妻帯し、子どももうけており、その子善鸞の主張（父から秘法を授けられた）を否定し義絶している。教団分裂の危機にあって弟子たちが親鸞のもとに集まってきて、教義について質問していた時期であり、真剣なやり取りが記されている。

仏は「いづれの行もおよびがたき身」煩悩具足の人をこそ救う。親鸞は、ブッダの教えと法然の教えを信じるのみとしており、真実を証明するのは仏祖の伝統であって、自身の見解ではないという。「このうへは、念仏をとりて信じたてまつらんとも、また捨てんとも面々の御はからひなり」（P39）

やさしくもきびしく弟子を突き放している。このあとに悪人正機説が解説される。

「自力作善のひとは、ひとへに他力をたのむこころ欠けたるあひだ、彌陀の本願にあらず。しかれども、自力のこころをひるがへして、他力をたのみたてまつれば、真実報土の往生をとぐるなり。煩悩具足のわれらは、いづれの行にても生死をはなるることあるべからざるをあはれみたまひて、願をおこしたまふ本意、悪人成佛のためなれば、他力をたのみたてまつる悪人、もとも往生の正因なり。よりて善人だにこそ往生すれ、まして悪人はと、おほせさふらひき」（P40）

ぼく自身は自力作善のキャラで、他力にすがるのは嫌いだ。加えて、いいことをしているときの気持ちのよさが好きなのだ。社会が自分を否定していると見えるとき「おれは正しい」「正しくないのは社会だ」と反発できる人間は強いし、逆境にあって正義感が力を与えてくれる。しかし、最近急増したという正義派爺さんとかを目にすると、どうも美しくないし、自分の内部にあるそういう部分も美しくないと感じる。

　欲や怒りや執着や承認欲求からはなれられないわれわれを阿弥陀が憐れみ、彼らを救わねば自分は正覚をとらないという願を起こした、とする親鸞に反論できない。煩悩具足のわが身を深く感じ取り、さらけだすことで、悪人こそが往生できるということだろう。学生時代に考えた「悪意こそ正機」を否定するわけではないが、親鸞の力点はむしろ、自力作善の人を批判することにあったと感じられてきた。

　だからこそインテリに読まれた。明治の立身出世主義は、身分や門閥の壁を打破し、自分で自分を形成することをめざした。こうしたセルフビルドの思想をダサいとくさすのは簡単だが、自力で上昇しようとする力強さを持っていた。禁書だった「歎異抄」が清沢満之によってひろめられると、自力作善のインテリにかえってインパクトを与えた。

　唯圓が聞く。念仏しても歓喜の心が湧かず、急ぎ浄土へ参りたいという心になりませんが、どんなもんでしょうか？　答え「親鸞もこの不審ありつるに、唯圓坊もおなじ心にてありけり。よくよく案じみれば、天におどり、地におどるほどに、よろこぶべきことをよろこばぬにて、いよいよ往生は一定とおもひたまふべきなり。よろこぶべきこころをおさえて、よろこばざるは煩悩の所為なり。しかるに佛かねてしろしめして、煩悩具足の凡夫とおほされたることなれば、他力の悲願は、かくのごときのわれらがためなりけり」（P46）

　まじめな質問に対するまじめな答えのなかに微笑も感じられる。日本の思想表現には対話が少なく、仏教書にはいくつかあるのだが、たとえば「夢中問答」に比べると「歎異抄」はエッジがきいて文学的だ。

またあるときは「唯圓坊はわがいふことを信ずるか」と問い、弟子が「そうです」と答えると親鸞は「間違いないか?」と重ねて念を押した。そのうえで「人を千人ころしてんや、しからば往生は一定すべし」という。唯圓は「仰せではありますが、自分の器量では一人も殺せません」と答える。

唯圓はうまくかわしたと思う。こういう対話は、戦前の非合法共産党でもオウム真理教でも交わされたと思う。「精神を奮い立たせて菩薩の道」を歩めるような人は、正しい目的のために手段を正当化し、スパイをリンチして殺したり、サリンをまいたりできるが「自分の器量では一人も殺せません」という人は、党や教団の教条的確信から逃げ出す。

親鸞の答え。

「なにごとも、こころにまかせたることならば、往生のために千人ころせといはんに、すなわちころすべし。しかれども一人にてもかなひぬべき業縁なきによりて害せざるなり、わがこころのよくてころさぬにはあらず」(P55)

初読当時はなんだか釈然としなかった「わがこころのよくてころさぬにはあらず」が、内ゲバ殺人やオウム真理教事件をへたあとのいまではわかってきた。

「害せじとおもふとも、百人千人をころすこともあるべしと、おほせのさふらひしは、われらがこころのよきをよしとおもひ、あしきことをばあしとおもひて願の不思議にてたすけたまふといふことをおほせのさふらひしなり」(同上)

親鸞ならば「正義のために殺した」実行犯も「器量が小さくて逃げた」臆病者も、責めはしなかったろう。加害者・被害者の枠内でしか考えられない現代社会だからこそ、親鸞が近代日本人に与えたインパクトはまだ持続している。この本が無人島に持ってゆく一冊に選ばれるのはわかる。ただ、社会の荒波の中で読むべき本と思った。

2019年6月22日（土）　70歳

21 「平家物語」

高橋貞一 校注　（講談社文庫）

死にざまと滅びの美を描く鎮魂の叙事詩

再読。冒頭を暗唱している人も多い。「祇園精舎の鐘の声、諸行無常の響きあり、沙羅双樹の花の色、盛者必衰の理をあらわす。おごれる者久しからず、ただ春の夜の夢のごとし」声に出して読みたくなる。たまたまＮＨＫ「１００分DE名著 平家物語」を見た。登場人物のだれもがキャラ立ちしているという指摘はその通り。能楽師安田登の朗読もよかった。かみさんはＴＶから離れ、上の空で聞いていた。しかし、一谷合戦の「盛俊最期」で反応した。

平家方の越中前司盛俊が源氏方の猪俣則綱を組み伏せると則綱が「我がいのち助けさせおはしま

せ」と懇願する。源氏につけば一族郎党の命を救おうと誘う。盛俊怒って首をかこうとすると、今度は則綱「まさのう候。降人の頸かくようはある」という。それで両人落ち着いて座りなおすと、油断したすきに盛俊を突き飛ばし、起き上がろうとする盛俊の刀を抜いて「鎧の草摺引き上げて、柄も拳も通れ通れと、三刀刺いて首を取る」。ここでかみさん「えー？　なに？　なに？　すっごい卑怯じゃないの」。流し聞きでも意味はとれるのだ。

　キャラ立ちはっきり、はこういう卑怯者が多く出てくるからである。だいたい武士は日和見するもので勝ち馬に乗りたがる。最初の源氏蜂起の頼政宇治合戦では源氏数百騎に対し平家は二万七〇〇〇騎、その後の倶利伽羅峠の戦いでも源氏三万騎に対して平家七万騎だったのが、一谷合戦では源氏七万騎に対して平家五万騎、屋島のあとでは義経の調略によって寝返る西国の平家方は多く、急速に勢力が逆転する。保身、日和見が基本だからこそ、美しいキャラも悪のキャラも浮き上がって光る。

　初読当時はNHKラジオ「朗読の時間」で歌人の馬場あき子が朗読していた。合戦場面がはなやかだった。「赤地の錦の直垂《ひたたれ》に、萌黄《もえぎ》おどしの鎧着て」「黒き馬の太うたくましきに、まろぼや摺ったる金覆輪《きんぷくりん》の鞍おいて」「よつ引いてひょうど放つ」……馬場の声が記憶に残っている。とくに「よつ引いてひょうど放つ」「喚《おめ》いて駆《か》く」などは「ああこういう抑揚で読むんだ」とお手本にさせてもらった。直垂ってどんな服？金覆輪って？と一々引っかかったりしなければ、リズムに乗れて心地いい。

　内容をよく覚えていた。しかし、「二代后」「小督《こごう》」「小宰相」など女性が出てくる箇所は忘れていた。古代ギリシャの叙事詩・悲劇と同じく「平家物語」にも多く女性が登場する。敵も味方も「鎧の袖を濡らしけり」ということばが判で押したようにくり返され「平家物語」の涙の量の多さは世界の戦記で他に例がない。

初読が失業時代だったという影響は変なところに出た。就活シートの「あなたの尊敬する人は？」にぼくは「平知盛」と書いたのである。「平家物語」では知盛が高く評価され、清盛後のトップ宗盛は低評価だ。あそこで知盛の主張が通っていれば、という作者（たち）の思いが伝わる。もちろん平家側の「たられば」論であって、多分に感情的だ。

それを割引しても知盛はかっこいい。壇ノ浦で最後がせまると御座船に移り、掃除を始める。女房たちが「いくさのよふはいかにやいかに」と問うのに答え「ただいま珍しき東男をこそご覧ぜられ候はんずらめ」と笑う。死を間近にして冗談がいえる男、こうでなくちゃと思ったものだ。そして「見るべきほどのことをば見つ」と入水。

ぼくは「見るべきほどのことは見た」といって死にたいと思った。「やるべきことはやった」では平凡で「やった」を含んだ「見た」だからいい。自分の運命のみならず、一門の運命も見届けたという強さがある。でも面接で知盛の名を出すと「はあ？」という顔をされた。女性には知盛ファンが多いようだが、能や歌舞伎の「船弁慶」でうらみの塊みたいな亡霊になっている知盛の姿を、どう見るんだろうか？

再読して人の死の描写がいいと痛感した。物語としての歴史では人の死にざまはきわめて重要だ。ミシュレ描くダントンの死や、ヘロドトス描くレオニダスの死は強烈な印象を残す。「平家物語」の死の描写はそれらに勝るとも劣らない。だから日本人好み。

野村克也の決めセリフ「勝ちに不思議の勝ちあり、負けに不思議の負けなし」は「平家物語」にも当てはまる。富士川の合戦は源氏にとって「不思議の勝ち」であり、一谷や屋島は平家にとって「不思議の負け」ではない。負けるべくして負けたのである。

実は、羅漢中「三国志演義」とかけ読みしていた。「三国志演義」は血沸き肉躍るが、滅びを描いても格調がなく、一本調子だ。中国では勧善懲悪が過度であり、敗者は族滅されて女も子どもも皆殺し。「平家物語」では女は殺されず、幼小児も殺されないことが多い。「三国志演義」に比べれば主体的な女たちが描かれ、敗者への視線もやさしい。仏教の教理がしみわたっているからだろう。

主体的な女というのは、乱世の中で生きる選択をする女である。「平家物語」には、小督のように恋を優先させる女や、巴御前のように最後まで男のために戦う女も出てくる。「平家物語」は女の生き方文学であり、死にざま文学なのである。

通盛の北の方である小宰相が、夫の死を知って舟から身を投げて死ぬ場面は哀れである。もともと宮中一の美人として知られていた小宰相は通盛の求愛にもなびかなかったのだが、中宮のとりなしで妻になり、仲睦まじく暮らしていた。その経緯が語られるから、死ぬ姿が胸を打つ。巴御前や建礼門院は生きる。

初読でも再読でも目が潤んだのは「実盛最期」だ。木曽義仲に追撃されて敗走する平家のなかからただ一騎引き返してくる武者がいた。「赤地の錦の直垂に、萌黄縅の鎧着て、鍬形打ったる兜の緒を締め、こがね作りの太刀を佩《は》き、二十四さいたる切斑《きりふ》の矢負い、滋籐《しげとう》の弓持って連銭葦毛《れんせんあしげ》なる馬に金覆輪の鞍おいて乗ったりける」。これは大将の装束であり、にもかかわらず従う家来がいないのは解せない。

手塚太郎が討ち取って義仲に見せると「あっぱれこれは齋藤別当にてあるござんなれ」と驚き、親しかった樋口次郎兼光に見せると果たして実盛。首を洗うと白髪になった。「老い武者とて人に侮られんも口惜し」と戦いの前に髪を染めていたのである。総大将の平宗盛に「これが最後のいくさなので鎧兜を借用し」討たれたのである。芭蕉は「おくのほそみち」で実盛の首洗塚を訪ねている。「その名を北国の巷に揚ぐ」から五百年後である。

芭蕉は義仲好きだった。義仲はイケメンだが粗野な男として嘲笑されている。猫間中納言が訪れてくると「猫殿、猫殿」と呼びかけ、でかいハツタケをでかい椀に盛って出し、不潔なのでほんの少し箸をつけたら「猫は小食」と笑ったり、牛車の乗り方がわからず車内でひっくり返り、牛飼童を切るとか、田舎者をばかにする描写だ。義仲の凋落は彼の驕りがまねいたとされながら、政治巧者の後白河に翻弄されたとも受け取れる書き方である。

義仲の「木曽最期」もいい。今井兼平と主従二騎で落ちてゆくとき義仲が「日頃はなんとも覚えぬ鎧が、今日は重うなったるぞや」と洩らす。兼平が、御身はまだ疲れていませんし、馬も弱っていません、鎧が重いというのは、味方がいないからの臆病です。「兼平一騎をば、餘の武者千騎と思し召し」と励ます。

清盛が悪く描かれるのはわかるが、横紙破りの英雄的な人物としても描かれて、作者たちの建前と本音の使い分けを感じた。再読効果である。六波羅蜜寺の清盛像を見たら、瘦せて苦悩をたたえたような僧形姿なので、流布されたイメージと違っていた。初読時、優等生的でおもしろくないと思われた嫡子重盛は、豪胆なところもあり、希望の星だったことがわかる。清盛重盛亡きあとの一門トップ宗盛は、一人悪役というか一人ダメ男。

天皇については、後白河については評価を避けている印象だ。後白河が陰の主役であることはエピローグである「小原御幸」（いまの地名は大原）で、過去を振り返るあたりにもうかがえる。物足りないのは「日本一の大天狗」と頼朝にいわせた後白河の政治力が描かれていないことだ。描けないから「読んで察してね」ということか。後白河の子孫では、息子の二条天皇はＮＧ、高倉天皇はＯＫ、孫の後鳥羽天皇はＮＧだろう。

二条天皇は近衛天皇の后だった藤原多子《まさるこ》をめとり「二代后」と言われた。「平家物語」では「いくら美人といってもねえ」という調子で則天武后以来の恥ずかしい例と評している。二条は実父の後白河と不仲であり、平治の乱の一因にもなったので「平家物語」の作者が二条にＮＧ出しすることで後白河支持がわかる。

高倉天皇（新院）は、ＯＫの人だ。苔庭に紅葉が散り敷くのを楽しみにしていたのに下人が掃き清め、落葉を焚いて燗酒を飲んでいたことを、家臣がそのまま奏聞すると「林間に酒を煖《あたた》めて紅葉を焼くという詩の心をば誰が教えけるぞや。優しうも仕ったるものかな」と快げに笑って咎めない、やさしい人柄だ。

中宮からさしだされた禁中一の美人小督との悲恋も優美である。小督は清盛が「おれの娘を妻にしておきながら」と怒って出家させようとしたところ、嵯峨に身を隠した。家臣の源仲国がさびしそうな天皇のために夜の嵯峨野を探索に行きあちこち歩き回ると遠くから琴の音が……あれは琴の名手小督の弾き方だと仲国は横笛を取り出して琴に合わせた。

平安文化三百年の香が漂う名場面である。武家社会に移りゆく大変動のなかで滅びゆく貴族文化への哀惜の念が満ちている。それは武家側にも表れており「忠度都落」が典型的だ。薩摩守忠度は、都落ちに際して「秀歌とおぼしきを百余首書き集められける巻物」を藤原俊成に「撰集の御沙汰候はば「一首なりとも御恩をこうむって」と託した。

俊成も涙、忠度も涙。「骸を野山に曝さば曝せ、憂き名を西海の波に流さば流せ、今は憂き世に思いおくことなし」と去ってゆく。のちに千載集が撰せられたとき、俊成は一首だけ（ふさわしい歌はたくさんあったが勅勘の身なので）載せた。

さざなみや志賀の都はあれにしを昔ながらの山櫻かな

この歌を覚えていた。やはり都落の場面の哀れが深いからだろう。

狂言回しとして活躍するのは文覚上人だ。どこのだれとも知れない髑髏をもって伊豆まで行き「これが父上義朝のしゃれこうべ」と頼朝をアジる。平家が滅んだあと「これが本当の義朝の髑髏」と鎌倉まで持参する。頼朝は丁重に迎えた。

日本史上屈指の怪僧だろう。文覚の俗名は遠藤盛遠で、人妻袈裟御前に横恋慕して夫を殺したのがきっかけで出家した（芥川龍之介「袈裟と盛遠」やその元の「源平盛衰記」）。神護寺再興を後白河院に強訴して伊豆に流され、頼朝の決起を促したかと思うと、平維盛の遺児六代（清盛の嫡流）の命を救うため頼朝にかけあったりしている。頼朝が「自分が生きている間はともかく子孫の代では知らない」と、おそろしいことをいうので六代は出家し、文覚が謀反の容疑で島流しにされているときに斬られてしまう（史実と違う）。

史実を、後鳥羽との関係で因縁話に改変したかったようだ。後鳥羽は「御遊をのみ宗とさせおはします。政道は一向卿局のままなりければ、人の愁へ歎きもやまず」というありさまだったので、文覚は二の宮（守貞親王）擁立に動いた。しかし露見して八十歳で捕らえられ隠岐へ流された。「毬杖冠者こそ安からね。いかさまにも我が流さるる国へ迎へ取らんずるものを」（蹴鞠狂いこそ安心するなよ、おれが流される隠岐に迎えとってやるからな）と悪口を吐いた。後鳥羽は承久の乱で隠岐に流されたので「宿縁のほどぞ不思議なれ」となる。

この書きっぷりからして後鳥羽院は作者から見てＮＧである。それにしても天皇に対する悪口が書かれた例は日本文学の中でまれだろう。見方を変えれば「平家物語」の魅力の一つは悪口雑言の豊富さにあり、天皇の悪口まで出てくる自由さがおもしろい。

文覚は「文字は読めるが学はなく、あさましく人の悪口を平気で言う」と大僧正慈圓にこき下ろされている。関白の息子で一流の歌人でもあったインテリ貴族僧からすれば「こんなやつがえらそうにのさばっているとはなげかわしい」のだろうが「あさましく人の悪口を平気でいう」ぼくのような人間には痛快である。

もう一人の僧侶は法然である。一谷で生け捕りにされた平重衡は、南都焼討の総大将であり、東大寺をはじめとする堂塔伽藍焼失によって、世の非難を浴び、本人も罪の意識が強い。出家しようとしたが、後白河法皇が許さない。そこで鎌倉に発つ前に、法然上人に会いたいと請う。会うことが許されて重衡は法然にいう。「罪業は須弥より高く、善根は微塵ばかりも蓄えなし。（中略）願はくは、上人慈悲を起こし、憐みを垂れ給ひて、かかる悪人の助かりぬべき方法候はば、示し給へ」と聞く。法然これにこたえていう。

「罪深ければとて卑下し給ふべからず、十悪五逆回心すれば往生を遂ぐ。功徳少ければとて、望みを絶つべからず、一念十念の心を致せば来迎す」

重衡は喜び、安心立命して振る舞いが立派になり、送致された鎌倉でも頼朝に感心される。頼朝は千手の前という白拍子に重衡を接待させ、重衡の琵琶と朗詠の声を立ち聞きして（立場上同席するのははばかられて）「実に優に艶《やさ》しき人にておはしけり」と褒める。

捕虜になっても、義経、梶原景時、頼朝と多くの敵方の武将を感心させたのである。これも再読しなければ気がつかなかった。法然の弟子で、東大寺大仏殿を再建した重源も出てくる。南都焼討の重衡・法然・重源（東大寺再興）という小さな循環が描かれている。

登場人物は、当時の武将、貴族、芸術家、僧侶の有名どころを網羅している。だから涙の場面がやたら多いにもかかわらず、各分野のスターが次々と登場するはなやかな歴史物語になっているのである。

なお「幕府」「征夷大将軍」ということばは出てこない。記されているのは、一一八五（文治元）年の守護地頭設置とそれに伴う兵糧米制度および頼朝の総追捕使任命である。この結果「一毛ばかりも隠る様ぞなかりける」（少しばかりの土地も隠れようがなかった）。古代律令制は形骸化し、荘園に私的な収益が隠されていたが、荘園領主の地頭と警察権力の守護を設置したことで中世封建制への大転換がおきたのである。

受験生は頼朝が征夷大将軍に就任した一一九二年を「イイクニつくろう」と暗記してきたわけだが、近年の史学は、「幕府」「征夷大将軍」を重視せず、守護地頭制を最重要視している。つまり「平家物語」史観と同じなのである。

太宰治「右大臣実朝」には「平家ハ、アカルイ。アカルサハ滅ビノ姿デアラウカ」という名せりふが出てくる。勝者の源氏では、血で血を洗うような粛清が続いて陰惨であり、実朝も甥の公暁によって暗殺されてしまう。一方滅んだ平家は、同族殺し合うこともなく、たしかに明るく滅んだともいえる。いわば夕映えの明るさが、胸にしみる。

2020年5月11日（月）　70歳

22 「君主論」 マキアヴェリ　池田廉訳（中公文庫）

悪も使いよう、ときに悪になれなきゃ政治家にはなれない

再読。四十代に読んだときは感心しなかった。だから、この本を読もうと相談してきた友人に否定的なことを言った。

「出てくる戦乱が小さすぎるんだよ。北イタリアが舞台で、日本の戦国大名の争いより狭い。軍事論にしてもクラウゼヴィッツを読んだあとではコップの中の嵐に見える。『戦争論』はイベリア半島からモスクワまで大陸全域の戦争を論じているし、数十万人規模の大会戦が出てくるから、比較するとどうしてもちゃちに見えるんだ」

しかし「史記」を読んだ後では見方が違ってきた。君主に自分を売り込もうとしたマキアヴェリを、孫子や韓非子や李斯になぞらえたし、時代背景もわかってきた。イタリアではダンテの時代から、教皇党（ゲルフ）と皇帝党（ギベリン）が争っており、都市共和国（コムーネ）はその争闘の中から生まれてきている。彼は背景を簡潔明瞭に説明している。

「多くの大都市が、かつて皇帝の庇護を受けて都市を抑圧していた貴族に対して、武器をとって立ち上がったとき、ローマ教会は俗権の拡大をはかるためにこれらの都市を支援したのである。また、他の多くの都市では市民自体が国の支配権を握った」（P74）

武装した市民が勃興した時代だからこそおもしろい。フィレンツェやシエナに旅すると、壮麗な聖堂に、その時代の繁栄をみることができる。ヴェネチアとジェノヴァは海上貿易で、フィレンツェは毛織物業と金融業で、シエナは金融業で富を蓄積し、市民がルネサンスの文化をになった。マキアヴェリはレオナルド、ミケランジェロと同時代人である。

この富と繁栄は、奢侈品貿易による暴利、金融業の高金利の所産だが、当然この富を狙ってフランス、神聖ローマ帝国、スペインが手を伸ばしてくる。地中海の覇権はまだオスマン帝国が握っている背景を考えれば、地域は狭いけれど国際的な戦争の場なのである。

一五一三年の執筆当時の神聖ローマ皇帝はマクシミリアン一世だが、その数年後に即位した孫のカール五世は、H・G・ウェルズがヨーロッパ概念の体現者と見た人物で、フランス国王フランソワ一世と争う中でイギリスのヘンリー八世と同盟を結んだりした。ロンバルディア平原はヨーロッパ政治の縮図でもあった。中国の歴史が常に統一に向けてベクトルが働くのに対し、ヨーロッパは常に分立にベクトルが働くという意味においても、である。

大陸全域に目を向ければ、レコンキスタが終わりイベリア半島からイスラム教徒が撤退し、大航海時代が始まった。しかし東ではオスマントルコのスレイマン大帝が三大陸に進出し、地中海の制海権にとどまらず、ウィーンまで包囲した。

北ではイギリス国王ヘンリー八世が、教皇から離婚許可をもらうと、国内の修道院をつぶしにかかり、教会から離れた。神聖ローマ帝国と対立するフランソワ一世はトルコと結び、オスマン帝国の資金をルター派に回したりして、合従連衡はなんでもあり、の時代だった。ヨーロッパが形成されてきた時代でもあった。だから国際関係論としておもしろい。

マキアヴェリの意図は、外国勢力を排除し、都市共和国の政治的安定をはかるというものだ。と同時に、君主がパワー・バランスを洞察し、果断に行動すべきと説いた。十九世紀のナショナリズム、特に日本のそれと似ているが、性格は異なる。

マキアヴェリは市庁の書記に任ぜられてすぐサヴォナローラの処刑に遭遇する。サヴォナローラは教会改革を訴え、精神主義によって市民を感化し、神権政治の確立をめざしたが、失脚して焚刑に処せられた。マキアヴェリによれば「信じた民衆を是が非でも引きとめておき、信じない者を信じさせる手段を持っていなかった」(P36)からだ。よって「武装せる預言者はみな勝利を占め、備えのない預言者は滅びる」という認識をもつ。

いわゆるマキャベリズムの「目的のために手段を選ばない」「権謀術数」イメージどおりのことばはなく、君主たるもの武装せよ、ときに残酷になることをためらうな、と述べているだけだ。残酷な弾圧や裏切りをしても、長く国を治め安穏に暮らした君主がいる。要は「残酷さがへたに使われたか、それとも立派に使われたか」だという。

「残酷な加害行為を日々蒸し返したりせぬように一気呵成に実行するように配慮し、蒸し返さないということで人心を安らかにし、恩を施して民心をつかまなければいけない」(P54)

残酷な施策はすばやく、恩恵はゆっくりと……。計算し、民心を読むことが君主には必要だというマキアヴェリは、ヴィルトゥVirtuという概念を多用する。「力量」とか「器量」とか、ときには倫理的な意味を含む「徳」とも訳される多義的なことばだが、運命《フォルトナ》と対比されるとわかりやすくなる。

好運に乗じて権力者についた者と、力量によって権力者となった者の差である。なにしろ乱世だから、フォルトナからトップになった者は、いつ権力の座をひっくり返されるかはわからないし、死はすぐそばにある。

神学や倫理から独立したのが政治学である。そんなこと今では当たり前だが、十五世紀や十六世紀では斬新だった。同じタイプのミケランジェロの場合、あとからふんどしを描き足す者がいたが、マキアヴェリにはいなかった。だから批判されてきた。本人は「善人と思われる必要」など感じず「嫌われる勇気」をもって正直に書いた。
「自分の身を保持しようとする君主は、よくない人間となりうることを習う必要がある」（P86）
「ひとつの悪徳を行使しなくては、自国の存亡にかかわるという容易ならぬばあいには、悪徳の評判などかまわず受けるがよい」（P87）
史上最悪な教皇は、アレクサンドル六世である。マキアヴェリも「ただ人をだますことしか考えず、それだけでやってきた」教皇が、思い通りに進められたのは、目先の利益に動かされやすい人心を心得ていたからだと書く。
「君主はよい気質をなにもかもそなえている必要はない。しかし、そなえているように思わせることは必要である。（中略）いやむしろ大胆にこう言っておこう。そうしたりっぱな気質をそなえていて、常に尊重しているというのは有害であり、そなえているように思わせること、それが有益である」（P98）
プラトンの「国家」で語られた偽善者（不正の極致とは、実際に正しい人間でないのに正しいと思われる人間）である。マキアヴェリは偽善を勧める。
しかし、今の政治家や企業経営者の多くはとっくに偽善の快楽をご存知だろう。マキアヴェリ時代のように生死の危険がなければ、偽善の快楽を享受できる。ましてやえらくもない一般人は「自分を信じるより他人を信じた方が周囲の賛同を得られる」。
悪名高いチェーザレ・ボルジアを褒めるのも、残酷さの使いどころがうまく、領民を掌握するヴィルトゥを持っていたからだという。父親のアレクサンドル六世によって権力者の地位を得たのはフォルトナだが、その後の勢力拡大は彼のヴィルトゥだと評価する。

マキアヴェリ自身は、富国強兵というより軍国主義である。前の時代の大ロレンツォ（メディチ家）は占領地域で分断政策をとり、均衡による平和を実現したが、勢力の弱い側が外国勢力と結ぶ十六世紀初頭では、ロレンツォの政策は現実的でないと認識していたからだ。

「すべての国にとって重要な土台となるのは、よい法律とよい武力である。よい武力を持たぬところに、よい法律のありうるはずがなく……」（P68）

当時の武力とは、自国軍、傭兵軍、外国援軍、混成軍であり、傭兵軍と外国援軍は役に立たず危険だと断言する。これは市民革命以降では常識だが、自国軍を維持するのが困難な時代だったのである。

「新たに君主になったもので、領民の武装を解いてしまったものはだれもいない。それどころか、領民が武装していないのを見た新君主は必ず武装させた」（P117）

現代の軍事をも照らす思想だ。世界各国で軍事革命 Revolution in Military Affairs が進行し、自国軍の人的損傷を軽減するため、無人機・ドローンとともに傭兵（国際的な傭兵企業）や経済的徴兵制（貧困層や被差別人種）がひろがっている。

マキアヴェリによれば、傭兵は悪い武力であり、悪い武力をもつ政府には悪い法律がある。無人機攻撃によって自軍は安全だが、攻撃された側の損害（非戦闘員を含む）には無関心なアメリカ、ワグネルに紛争地の住民から傭兵を募ってウクライナに投入するロシア。「この野蛮の支配は、だれにとっても鼻持ちならない」（P148）

戦術的には、騎兵でなく歩兵を重視した。これはクラウゼヴィッツと同じである。ギリシャ・ローマ、ナポレオン、プロイセン……みな歩兵重視であり、保守本流の軍事思想だ。マキアヴェリは民兵制の歩兵を提唱して、民兵でスイス傭兵やスペインの軍隊を打ち破れるとしている。市民武装の効果はアメリカ独立戦争や、フランス革命戦争で立証された。

自身は武装せる預言者ではなかったマキアヴェリは、引退して山荘でこの本を書いた。悪も使いよう、ときに悪になれなきゃ政治家にはなれない……このあけすけなまでの正直さはいかにもルネサンス人らしい。

2020年2月28日（金）　70歳

23

「エセー」モンテーニュ　原二郎訳（岩波文庫）

殺戮に明け暮れた宗教戦争のなかの自由な輝き

楽しんで読めた。猥談めいた話も多く、教養あるお殿様の好色談の面もあった。説教せず、肉体の快楽を肯定している。ただ、書き方がだらだらしているので、パスカルがモンテーニュ嫌いだったのもわかる。パスカルのように、引き締まった文章でない。このだらだら節、というのはプルタルコスの影響という気もするし、エセーには「試論」という語義があり、モンテーニュはいろいろ試しているからでもある。

マキアヴェリ「君主論」でも頻出した徳《ヴィルトゥ》がよく出てくる。中国文化圏における徳とはまったくちがう。モンテーニュはマキアヴェリを批判しており、モンテーニュのヴィルトゥにはマキアヴェリのように力の感覚はない。しかし、このことばを使うということは、キリスト教の善とは異なる「人間としての大きさ」を推奨しているようだ。

「世の中のあらゆる知恵はわれわれに死を少しも恐れないように教えるという一点に帰着する」「哲学をきわめるとは死ぬことを学ぶこと」(1-P150)

まるで「武士道とは死ぬことと見つけたり」みたいだが、モンテーニュは自分の職業を軍人と称しており、勇敢さを誇っている。だからユマニスト＝文人の固定観念ではとらえにくい。なにより彼の生涯（一五三三 - 一五九二年）は、三十年以上にわたるユグノー戦争（一五六二 - 一五九八年）の大殺戮と重なるので、今日の幸福が明日の不幸に変わってしまうおそれが常にあった。殺されそうになった経験も書いている。「われわれの幸福は死後でなければ判断してはならぬ」(1-P144) は「オイデュプス王」のコロスと同じだが、実感でもあったのだろう。

ハインリヒ・マンの「アンリ四世の青春」「アンリ四世の完成」を読んだとき、モンテーニュが国王の助言者と描かれるのを、想像の産物と思った。しかし、アンリ・ド・ナヴァール（戴冠以前のナヴァール王）と会ったという記述がよく出てくる。

ナントの勅令は、ユグノー戦争を終わらせただけでなく、ヨーロッパで最初に信教の自由を定めた画期的文書である。そこにモンテーニュの思想が反映していることはありうる。「信仰の自由」と題した章で、モンテーニュは「（背教者と呼ばれた）ユリアヌス帝は実に偉大で稀有な人物だった」（4-P130）と絶賛している。彼は「キリスト教徒の敵ではあったが、その手を血で染めることはなかった」。「彼はかねがね一部のキリスト教徒の残酷さを見て、人間にとって人間ほど恐るべきものはないということを経験していた」（4-P134）

血で血を洗う宗教戦争のさなかでは、モンテーニュの寛容なリベラリズムが、どれだけ稀少であったか。モンテーニュはカトリックの信仰をもっているが、スペイン人とジェスイットによるインカ帝国の滅亡を、カトリックの罪としてきびしく批判している。

「私は自分と反対の意見を決して憎まない。自分と意見が違い、党派が違うからといって、憤慨などということは毛頭ない。自分と意見が違い、党派が違うからといって、その人々の社会と相容れないなどいうことも毛頭ない。いや、多種多様こそは自然がたどってきたもっともふつうの道であるから、とくにそれは物質よりも精神の方にいちじるしいから（なぜなら精神の方がより柔軟で、より多くの形態をとりやすいから）、われわれ人間の意見や意図が一致することはごくまれだと思っている」（4-P342）

モンテーニュの思想は保守であり、領主として小さな城館を守ったにすぎない。しかし、その思想が後世へ及ぼした影響は大きい。ナントの勅令はルイ十四世によって撤回され、フランスはカトリックの宗教国家に逆戻りしてしまったが、絶対王政が自由を否定したため、振り子が反対側に大きく振れてフランス革命を招いてしまったのである。

モンテーニュは宗教的情熱を信用していなかった。信仰の名によって、殺戮をくり返してきた宗教戦争への嫌悪が見られる。「変更できない考えは悪い考えだ」とプブリウスを引用しているのも、戦乱を生き抜いた人らしい柔軟さのあらわれだ。

「キリスト教徒の敵意ぐらい激しいものはどこにもない。われわれの信心は、われわれの憎悪や、残虐や、野心や、貪欲や、中傷や反逆への傾向を助けるときには驚くべき力を発揮する。逆に、親切や、好意や、節制への傾向を助けるときには、（中略）歩きもしなければ飛びもしない。われわれの宗教は悪徳を根絶させるためにつくられたのに、かえって悪徳をはぐくみ、養い、かき立てている」(3-P18)

多くの哲学者のことばが引用されている。引用によって占められているといっていいくらいだが、著者独自の思想があるからこそ五百年も読まれ続けてきた。哲学的には深くない。ストア派よりエピクロスやルクレティウスの唯物論（原子論）に惹かれていたようだ。

最多引用はプルタルコスであり、次はヴェルギリウスである。ソクラテス、プラトンからの引用も多いが、キリスト教関係の引用は、聖書のほかはアウグスティヌスがあるくらいだ。ギリシャ・ローマの古典三昧の読書生活を送っていたのだろう。

「勇気とは生を恐れることではなく、大きな不幸に立ち向かって背を見せないことです。逆境にあって死を軽んずることはやさしい。だが、不幸に堪えて生きていける人はもっと勇ましい」(2-P256)

一方でこんなことばも出てくる。

「満ち足りて思いのままになる恋愛は、過度の美食が、胃をこわすようにうとましいものになる」(2-P96)

ぼくのようにもてない男は、思いのままになる恋愛にあこがれたものだが、満たされない思い、これが恋の妙味でもある。もてないおかげで、胃をこわさずにすんだのもよかった。

原著は三巻構成であり、最初に書いたのが第一巻で、長い時間をかけて推敲したそうだ。ぼくは晩年に書かれた第三巻がいいと思う。モラリストぶりが際立つ。

「少しも他人のために生きない人は、ほとんど自分のためにも生きない人である。《自己に友である者は万人の友であることを知れ》」（6-P13）

ボランティアとか社会貢献を偽善だと嫌う人がいる。一理はあるが、よく見ているとその人は意外に自己肯定感が低く「自分のためにも生きない人」である。だれもが利己的になる戦乱の世の中で発せられたことばが、利己的な現代社会をうつ。

モンテーニュは、武人として生き、市長という公職に生き、教養人として生き、肉体的快楽を肯定した。快楽に対する、ほぼ無条件の肯定ぶりが、パスカルの嫌うところだったのだろう。武人としては勇敢に、教養人としては自分自身を知ることを心がけ、肉体的快楽については、経験豊かな大人として振る舞った。

乱世にあって、城館の書斎にこもる一時のアタラクシアが慰めであり、孤独な充足だったのだろう。しかし、隠者ではない。

「私は、もしも自分から進んでゆかないと人がひきずってでもそこに連れていきそうな義務にはだらだらと従う。《もっとも正しい行為は、自発的になされて初めて正しいものとなる》。行為は何か自由の輝きをもたないと、優美でもないし、名誉でもない」（5-P342）

自信に満ちている。「行為は自由の輝きをもたなければ」とは現代人にも十分通用する。

2021年6月28日（月）　72歳

24

「リア王」ウィリアム・シェイクスピア　安西徹雄訳（光文社古典新訳文庫）

老人文学の代表作、血が匂う悲劇。「メロドラマじゃねえんだよ！」

シェイクスピアは野蛮であり、この作品は特に野蛮で血なまぐさい。キレやすい老人が愛娘を勘当し、欲のために表面を飾っていた姉たちは、もらうものをもらったあとは、老父を冷たく突き放す。血を分けた娘たちとの感情のもつれから、老人は城館を出て嵐の荒野をさまよい、気が狂ってしまう。舞台は嵐の荒野、登場人物は狂気の老人である。

老人文学の代表作といえる。古今東西を問わず、文学は青年を扱ったものが多く、老境をうたった詩歌があるにせよ、小説や劇ではきわめて少ない。ソポクレス「コロノスのオイデュプス」が唯一思い浮かぶ例だが、シェイクスピアは老人をソポクレスよりさらに突き放し、描き方には容赦がなく救いもない。だからこそ老人読むべし。

高齢社会になった日本では、相続トラブルが急増しているが、多いのは兄弟間の争いであり、この劇のように親に冷たくし、裏切る子は少ない。儒教文化が残っているための親孝行とも思われるが、高度成長の恩恵を受けた親世代が子世代より、金融資産も不動産ももっているからだろう。「親父ボロ着りゃ、子は見て見えぬふり。親父金持ちゃ、子は孝行のふり」（P86）と道化が歌うように、今の日本も十七世紀のイギリスも、子は親の資産をあてにする。親の方も、相続財産のニンジンを子の鼻先にぶら下げて駆け引きする。その意味では､リア王は正直すぎる。正直だから裏切られる。「利巧にもならねえうちから、齢取っちゃいけねえよ」（P60）と、道化に嘲笑されるのである。

劇中、多くの人が殺され、生きながら眼球を抉り出されたり、毒殺、刺殺、絞殺、撲殺と殺人方法も多様で残酷だ。挙句の果てに登場人物のほとんどが死に、正義も悪もともに滅びる。それだけなら「ハムレット」も同様だが、ハムレットのせりふには、あっちにしようか、こっちにしようかと悩みが多いのに対し、こちらの登場人物は、悩まずむき出しである。裏切られる男が三人、リアとグロスターとエドガーがそれぞれ荒野をさまよい歩き、全編に呪詛と悪態と自嘲が満ちている。

この裏切られた男たちに、道化がつきまとい、皮肉と嘲笑を浴びせるのが、立体的な効果をあげている。すごいよな、この道化。失墜した権力者は傷口に塩をすり込まれ、自嘲の黒い笑いを浮かべる。かさにかかって道化はいう。

「こんな晩にゃあ、誰もかれもが阿呆と気違い」（P117）

道化とは、宮廷で権力者に飼われ、おもねりつつ笑いを提供する者である。しかし、この劇では、落魄した王に、なお笑いを提供し続け、嵐の荒野に付き従ってゆく。あたかも腐肉にたかる黒蠅のようなしつこさである。

ヴィクトリア朝の偽善は「リア王」の上演に際して道化の出番をなくしてしまったという。愛と正義の具現者コーディリアまでなぜ殺してしまうんだと、人々にいわせた。だから、偽善版「リア王」が勧善懲悪のストーリーとして上演されていたという。それほど黒い道化のインパクトは強かった。

道化の哄笑と嘲笑は、悲劇をさらにずっしり重いものにする。なんだか観客である自分に向けて言われているような気がするのだ。それだけでは足りずに、ときに道化は客席に向け「笑ってる場合じゃないよ、世間のみなさん」とすごんでみせる。

人間は年を取って経験を積んでも賢くなれないどころか、老齢により理性の統御がきかなくなり、愚行ゆえの悲劇を起こす。観客はこの救いようのない物語に、引き込まれるのだ。現代日本の老人だってすぐキレる。そのくせ傷つきやすい。

血の物語ともいえる。欺瞞は出てくるが、自己欺瞞は出てこないし、偽善も出てこない。正義も悪もともにむき出しで、激しい。唯一やさしく美しい末娘コーディリアにしても、激しいまでの率直さで自分の心を語る。

シェイクスピアの四大悲劇のうち「リア王」がもっとも血なまぐさい。「年寄りはさっさとくたばれ！」と足蹴にされる気がする。まあ、それが世間のホンネなのかもしれないが。

ソローはシェイクスピアのなかにある野生の血を称えた。その意味では「リア王」こそもっとも野生的な作品だ。「じゃじゃ馬ならし」や「から騒ぎ」の喜劇作家や「ヘンリー四世」「リチャード三世」のような史劇作家としてのシェイクスピアも悪くはないが、やはり悲劇作家としての力量が際立っている。「リア王」を読んで改めてそう思った。

プロットには無理があるし、キャラにも不自然さがある。実際の悪人には、偽善者すれすれか、あるいは自分を理想家と信じているようなところがある。その意味で、自分の欲望に忠実な悪人らしい悪人のキャラクター設定は、文学としては陰翳不足ともいえよう。

リア王の性格には、ハムレットの持つ「永遠の新しさ」みたいなものはない。いつの世にも、隣にいる「古臭い愚かな老人」なのだ。そして、読めば圧倒され、野生の血が騒ぐのは、自分もまた「古臭い愚かな老人」であるからだ。まったく嫌ぁ～なことを鼻先に押しつけられるように自覚させられる、いってみれば濡れぞうきん文学なのである。

しかし、シモーヌ・ヴェイユは「シェイクスピアの悲劇は『リア王』を除き二流である。ラシーヌの悲劇は『フェードル』を除き三流である。コルネイユの悲劇は何流ともさえいえない」と「重力と恩寵」で書いている。ぼくが「濡れぞうきん文学」としたのを、ヴェイユは「真に美しい」としている。つまり、ぼくは美しさには甘さが伴うと思っているバカ老人である。「メロドラマじゃねえんだよ！」と道化に一喝されそうだ。

2007年10月31日（水）　58歳

25

「省察」ルネ・デカルト　山田弘明訳（ちくま学芸文庫）

自分を欺く悪い神がいたらどうする? の発想がすごい

再読。デカルトを読むなら何を? と迷う人がもし「哲学を文学として読みたい」というならこの本を薦める。静かな夜に蜜蠟のろうそくをともしている情景も文学的な雰囲気だ。蜜蠟の甘い香りのたちこめる暗闇でなされる思考実験である。

昔読んだとき感心したのは「悪意をもって私を欺く神」という仮説である。この仮説の下に横たわるのは、外部世界はどのように知られるのか? という哲学の根本問題である。今眼前に見ている物体や世界は、絶対者である神がぼくをだまそうとたくらんで見せているのかもしれない、というわけだ。十代のぼくは、この発想にころりといかれた。悪しき霊 genius malignus という仮説も出てくる。

「私も二と三とを加えるたびに、あるいは四角形の辺を数えるたびに、あるいはもっとより容易なことが考えられるならそのたびごとに、この神は私が誤るように仕向けたかもしれないではないか?」

(P39「第一省察」)

デカルトは幾何学の公理のような真を想定している。明晰にして判明な真である。今日では算術やユークリッド幾何学は学生相手の基礎であり、球面幾何学が日常化している。そこでは二点間の最短距離が直線ではない。欧州に行くには、大圏コースの弧を描くのが最短距離だ。球面上の三角形では内角の和が二直角にならないことも、ふつうの知識である。

ではあるけれども、幾何学の公理によって神と対峙するデカルトは剛力だ。論理的に考えれば、観念としての三角形は私の意識の外には存在しないが、私が作り出したものでもない。幾何学の公理と神の存在はともに真なのである。この問題意識は二十世紀にまで続く。

「三角形の観念はおそらく外的事物から感覚器官を通してやってきたのだろうと言ってみても、関係ないことである。なぜなら、かつて感覚を通して私の下にすべりこんだのではないかという疑いがまったくありえない、他の無数の図形を私は考えだすことができるが、それらの図形について、三角形の場合に劣らず、さまざまな特質を証明することができるからである」（P100「第五省察」）

たしかに幾何学の公理は、人間をだまそうと示されたものではない。しかし、コギトの分析こそがデカルトの本領だろう。

「何か最高に有能で狡猾な欺き手がいて、私を常に欺こうと工夫を凝らしている。それでも、かれが私を欺くなら、疑いもなく私もまた存在するのである。できるかぎり私を欺くがよい。しかし、わたしが何ものかであると考えている間は、かれは私を何ものでもないようにすることは、けっしてできないだろう」（P45「第二省察」）

懐疑と存在証明を結びつける方法論が魅力的である。「われ疑う、ゆえにわれあり」から「われ思う、ゆえにわれあり」へ移行する。

「できるだけ早い機会に神があるかどうか、もしあるなら欺瞞者でありうるかどうかを吟味しなければならない。というのもこのことが知られなければ、いかなる他の物についても、私はまったく確信することができないと思われるからである」（P61「第三省察」）

機械仕掛けの神に相対しているのかもしれない、という発想はまるでＳＦだし、独我論を含んでもいる。ぼくは、独我論の克服が近代西洋哲学の基礎になっていると思っていた。しかし、神は存在するのかという問いこそが、近代特有である。一方でデカルトは確信を求めていたのだと思わざるを得ない。それって近代人だ。

「私は帽子と衣服のほかに何を見ているのか、その下には自動機械が隠されているかもしれないではないか。しかし、私はそれが人間であると判断しているのである」（P55「第二省察」）

独我論もまた神との対峙から生じてきたとするのがデカルトの特徴だろう。衣服や皮膚の下に自動機械を隠せる能力を持つのは、神か悪霊にほかならないからだ。

神と悪霊は別物であるはずだ。訳者山田の懇切な注釈（むしろ詳細な「省察」関連資料集）によると「欺く神は論理的な帰結」で「悪霊は意志的な想定」とされる。デカルトは「できるだけ人間を疑い深くし、できるだけ多くの疑いの中に投げ込みます。（中略）反論されうるあらゆることに反論して、きれいさっぱり一切の疑いを取り除こうとするのです。そしてこの目的のために、ここに狡知にたけた例を導入するのです」（「ビュルマンとの対話」から）

こんな仮説だけでもユニークだ。若いころのぼくは、そのユニークさを「ほんとは無神論者のデカルト」の仮面だと感じていた。しかし「新約聖書」を読んだあとでは、パウロの思想にある「試みる神」からの変奏ではないかと思えてきた。となれば、デカルトは神の存在証明をやりたかったのだろう。キリスト教の神は人格神であり、個人と対峙し、個人は神との対立に耐えていかなければならないからだ。

にもかかわらず「悪意をもってだまそうとする神」という仮説は、完全無欠な絶対者としての神の存在が証明されたとする結論より魅力的だ。それじゃ思春期のころと変わらないので、おれも成長しないなと感じてしまう。ただ、「欺く神」という懐疑や独我論は、自我の発達史の観点からすれば、思春期以降の自己疎外の反映ともいえるだろう。

各瞬間を生きるよう人間を後押しする神なくしては、時間をとらえられないデカルト的思考も古臭い。デカルトは考える存在を普遍的にとらえているが、幼児や胎児には「神と対峙する理性」なんかない。デカルトには、人間を発生的に、あるいは発達的にとらえる視点が完全に欠落しているといわざるを得ない。

問題は身体論である。デカルトの身体機械論はばかにされてきた。精神と身体を実在的に区別しようなどという考えは、いまの日本人なら庶民でもとらない。心身は分かちがたく結びついていると見るのが日本人である。

しかし再読すると、幻肢痛の例を出したりして、先進的な考察がある。デカルトの神経系の知識は十七世紀の最先端であり、神経を脳に接続する分割可能な線としてとらえている。腰椎・頸椎の椎間板ヘルニアでは、軟骨突出による座骨神経の圧迫により、健全であるはずの足先指先などに痛みが生じるが、デカルトの説明と現代医学の説明は変わらない。

2019年12月30日（月）　70歳

26 「パンセ」パスカル

前田陽一・由木康訳（中公文庫）

神はあるか？　ないか？　賭けなければならない

四分の一読んだあと入院してしまい、病床で四分の三を読んだ。病床だから読めたのかもしれないが、病気のときに読む本でもない。一口にいって「病人の書いた本」だからだ。

自分を憎んで、神を愛せ、なんて、病人ならではのことばじゃないか。病床で病人の書いた本を読むのはちょっとつらい。だけどぼくの場合は特殊で、病床で病人的思考に触れるとかえって元気になる。逆療法みたいなもんである。

トーマス・マンは、シラーもドストエフスキーもニーチェもみな病人、とくくった。しかし、病人的思想家の筆頭はパスカルだろう。この本をドストエフスキー「悪霊」と同時並行的に読み、シンクロしてしまった。二人とも病人的思想家の代表格だからだろう。

ぼくは「悪霊」に引用されている福音書のことばが、まるでパスカルから引用されたように感じた。「あなたは、冷たくもなく熱くもない。むしろ冷たいか熱いか、どちらかであってほしい。熱くも冷たくもなく、なまぬるいので、私はあなたを口から吐き出そうとしている。あなたは『わたしは金持ちだ。満ち足りている。何一つ必要な物はない』と言っているが、自分が惨めな者、哀れな者、貧しい者、目の見えない者、裸の者であることがわかっていない」。
果たしてそれを裏付けるような言葉があった。
「なまぬるい意見は人々の気に入ること請けあいで、気に入らないのが不思議なくらいである」（914 P602）

近代日本のパスカル受容は古いが、パスカル好きの日本人には、なぜかなまぬるい印象がある。それはもちろんパスカルのせいではない。パスカルその人は世紀の天才であり、文章にも非凡さが表れている。だからぼくは、ニーチェが言った、なぜパスカルほどの人がああなっちゃうんだ、という嘆きに同感した。

「この世のむなしさを悟らない人は、その人自身がまさにむなしいのだ。それで、騒ぎと、気を紛らわすことと、将来を考えることのなかにうずまっている」「彼らの気を紛らわしているものを取り除いてみたまえ。退屈のあまり消耗してしまうだろう」（164 P112）

こういうところは諸行無常の日本人の諦観と似ていなくもない。ただ、パスカルは貴族社会の社交人について語り、それが彼をとりまく世界（世間）だったので、彼の思考において労働という要素がない。だから労働に追われている現代日本人の多くに当てはまらないようだが、実はぴたりと当てはまったりする。

「人間は自分自身においても、他人に対しても、偽装と虚偽や偽善とであるに過ぎない。彼は、人が彼にほんとうのことを言うのを欲しないし、他の人たちにほんとうのことを言うのも避ける。正義と理性とからこのようにかけ離れたこれらすべての性向は、人間の心に生まれつき根ざしているのであ

る」（101　P77）

人に相談する際、問題解決を求めるより、悩みを聞いてもらってらくになりたい、共感を得て安心したいと思う人が多い。反面で現代日本社会にはフランス貴族社会の洗練がない。だから、学校でも企業でもむきだしの「ほんとうのこと」を遠慮容赦なく叩きつけて相手を傷つける。日本の社会は酷薄だなと感じることも多い。

ラ・ロシュフコーの「太陽と死は直視できない」に付言するかのように、パスカルは「人はほんとうのことを直視できない」とする。

「私の知っていることのすべては、私がやがて死ななければならないということであり、しかもこのどうしても避けることのできない死こそ、私の最も知らないことなのである。私は、私がどこから来たのか知らないのと同様に、どこへ行くのかも知らない。ただ、私の知っていることは、この世を出たとたん、虚無のなかか、怒れる神の手中に、未来永劫陥るということで、この二つの状態のうち、果たしていずれを永遠に受けなければならないかということも知らないのである」（194　P129）

前段はギリシャ哲学や仏教にも似ているが、後段はキリスト教的である。死を諸行無常とは考えない。だれでも知っている有名なことば。

「人間はひとくきの葦にすぎない。自然の中で最も弱いものである。だが、それは考える葦である。彼をおしつぶすために、宇宙全体が武装するには及ばない。蒸気や一滴の水でも彼を殺すのに十分である。だが、たとい宇宙が彼をおしつぶすにしても、人間は彼を殺すものより尊いだろう。なぜなら、彼は自分が死ぬこと、宇宙の自分に対する優勢とを知っているからである。宇宙は何も知らない。だ

から、われわれの尊厳のすべては、考えることのなかにある」（347 P225）

トリビアルな疑問だが、なぜ葦なのか？ 日本人のぼくにとって葦は強く、スミレやぺんぺん草の方がずっと弱い。一本の葦を殺すのに蒸気や一滴の水で十分とは思えないのである。おそらく、葦が群生する草で、人間の背丈と同じくらいで、パピルスの原料であって地中海文明と密接だからこそ、パスカルはこのレトリックを用いたのだろう。

日本人にとっての葦は「よしあしの中を流れて清水かな」「難波がた短き葦の節の間もあはでこの世をすぐしてよとや」くらいの修辞であり「考える存在としての人間」のシンボルではありえない。

この文は、その前三四六の「考えが人間の偉大さをつくる」という断章を受けている。Pencee とは単純に「考え」「思考」の意味なのだから、パスカルの思考は、単純でストレートなのだ。徹底的に考え続けよ、人間が偉大になる唯一の道がそれである、と主張している。しかし、パスカルは世間が気になるようだ。世間が気になる病人。

「人間は明らかに考えるために作られている。それが彼のすべての尊厳、彼のすべての価値である。そして彼のすべての義務は､正しく考えることである。（中略）ところで世間は何を考えているのだろう。決してそういうことではない。踊ること、リュートをひくこと、歌うこと、詩をつくること、環とり遊びをすること等々、闘うこと、王になることを考えている。王であること、人間であることが何であるかを考えずに」（146 P104）

少なくとも彼にとっての義務は、正しく考えることだったし、この本はそれを立証しているかのようだ。にもかかわらず、パスカルには、奇妙な思考回路がある。「賭け」の概念だ。

「われわれは（神があるか、神はないかの）どちら側に傾いたらいいのだろう。理性はここで何も決定できない。そこにはわれわれを隔てる無限の混沌がある。この無限の距離の果てで賭けが行われ、表が出るか裏が出るのだ。二つのうちのどちらを退けることもできない。したがって、一つの選択をした人たちをまちがっているといって責めてはいけない。なぜならきみは、そのことについて何も知らないからなのだ。――いや、その選択を責めはしないが、選択をしたということを責めるだろう。なぜなら、表を選ぶ者も、裏を選ぶ者も、誤りの程度は同じとしても、両者ともに誤っていることに変わりはない。正しいのは賭けないことなのだ。――そうか。だが賭けなければならないのだ。それは任意的なものではない。きみはもう船に乗り込んでしまっているのだ」（233　P159）

見事な論理だが、ぼくは賭けない。賭けないのが正しいと告げる内心の声がするからだ。賭ける人って僥倖をあてにしている。パスカルにすれば僥倖でなく、神の恩寵だろうが、同じことだ。「この無限の空間の沈黙は私を恐怖させる」（206　P146）としても、ぼくは、僥倖も恩寵もあてにしない。日本人ならだいたいそんなところだろう。

しかし、パスカルは自分を冷徹に眺めている。自己観察家ぶりを示す文章がおもしろい。繊細な社交人でありながら、仮借なく自己観察できるあたりが、病人なのだろう。そもそも自分が弱者と認めたうえでこういう。

「弱者とは、真理を認めはするが、自分の利害がそれに合致するかぎりにおいてのみ、それを支持する人々のことである。そうでないときに彼らは真理を放棄する」（583　P367）

厳しい。しかし、にやりとしてしまった。現代日本には、弱者を自認する人（とくに男）がいて、被害者意識が強い。そういう人が「真理を放棄する」のはパスカルの時代と変わらない。しかし、邪悪さ、邪欲、卑しさのなかから人間の偉大が生じるという逆説も指摘する。

「邪欲そのもののなかにおける人間の偉大さ。邪欲のなかから驚嘆に値する規定を引き出すことができて、それを、愛の模写となしたという点で」(402)。「偉大さ。現象の理由は、邪欲からあんなに見事な秩序を引き出した人間の偉大さを示す」(403)。「人間の最大の卑しさは、名誉の追求にある。だが、それはまさに人間の優秀さの最大のしるしである」(404　P250)

パスカルの奇妙な論理のもう一つ「隠れた神」の概念は、なかなかおそろしい考えだと思うし、奇跡やしるしについての断章も、興味深くはあったのだが、仏教徒であるぼくにはなじめず、後半やや流し読みだった。

2012年11月9日(金)　63歳

27 「エチカ——倫理学」スピノザ　畠中尚志訳(岩波文庫)

哲学の慰めを実感させてくれる本

再読。初めて読んだときは失業しており「哲学の慰め」を感じた。畳の上に大の字に横たわると、世界がクリアに見えたような気がした。自分は不遇であり、幸福は得られそうもないが、それでかまわない、今こうして事物を見て、世界を意識できていることに充足を感じたのである。ほかの人がそう感じるかどうか？　わからないけれども薦めてみたいのである。

就職できないのは、自分が悪いのではなく、障害者を労働市場から締め出している社会が悪い。だから今は焦らずに動けばいいし、障害者差別は近い将来改善されるだろうと予想していた。ルサンチマン、つまり「有害な受動感情を克服」したと思っていた。

そこで、ひまなんだから東洋美術でも学ぼうと思い立ち、おむすびをつくり東京国立博物館に行った。ユリノキの下のベンチで食べていたら、そばにいた老人が魔法瓶のお茶を勧めてくれた。ありがたくいただき、問われるままに身の上を語ったら、老人が笑って「あなたは大丈夫ですよ」といった。

そのときは腑に落ちなかったが、自分が老人になったいま、もしもそういう若者に会ったら同じことばをかけるに違いない。飛躍するようだが、自分が「大丈夫」だったのはスピノザのおかげと思っている。

スピノザは、人間の行為は一切が決定されていると記しており、これじゃ自由がないと、窮屈に感じられた。しかし、読むにつれ精神の自由について書かれた倫理学であることがわかってきた。だから、慰めだけでなく、非常に力づけられた。

この本は幾何学の方法で書かれ、第一部は「神について」であり、神の存在証明から入ってくる。

初読のときと同様に、スピノザにとっての神って、実は世界じゃないかと思った。一般には「神即自然」と要約されるスピノザ哲学で、神は完全だというのは、世界は完全だというのに似て、無神論の匂いがする。

「もし万物が神の最完全な本性の必然性から起ったとするなら自然におけるあれほど多くの不完全性は一体どこから生じたのか。たとえば悪臭を発するにいたるまでのものの腐敗、嘔吐を催させるような物の醜怪、混乱、罪悪、罪過などなどはどうかと。（中略）これを反駁することは容易である。なぜなら、物の完全性は単に物の本性並びに能力によってのみ評価されるべきであり、したがって物は人間の感覚を喜ばせ、あるいは悩ますからといって、また人間の本性に適合しあるいはそれと反発するからといって、そのゆえに完全性の度を増減しないからである」（上、P92）

人間の偏見は「すべての自然物が自分たちと同じく目的のために働いていると想定していること」であり「すべての自然物を自分の利益のための手段とみるようになった」（上、P84）ことだ。二十一世紀ではあたりまえだが、十七世紀では異端とされそうな思想である。もっとも法体系は、いかなる土地や物も所有権の対象とならないものはない、という偏見に基づいている。月や火星の土地だって所有権の対象となるなんておかしくないか？

神の存在証明にしても、細かい事実を拾い集める帰納法ではなく、いきなり神が出てくる、演繹的な論理なのである。第二部の「精神の本性および起源について」も同様だ。いきなり、神の属性である永遠の相で見ろとスピノザはいう。「物をある永遠の相のもとに知覚することは理性の本性に属する」（上、P149）

初読以降、あちらこちらでスピノザの名を目にした。驚いたのは、ノーベル賞受賞後の大江健三郎が小説執筆を断ち、スピノザ論を書きたいと発言したことだ。のちに撤回されたが、宗教について踏み込んで書いてきた大江が、スピノザ論を書くというのは理解できる。

ラッセル「幸福論」を読んでいたときもスピノザへの言及があり、これにも驚いた。スピノザが「人間の束縛と人間の自由について書いた」ことは「私が伝えたいと思っていることの真髄」とラッセルは書いている。人間の束縛と人間の自由について書かれているのは「エチカ」第四部「人間の隷属あるいは感情の力について」と第五部「知性の能力あるいは人間の自由について」である。

サマセット・モームの「人間の絆」はスピノザ哲学の影響にあるとモーム自身記している。ダメ女と縁切りできない男の執着を描く物語の原題 Of Human Bondage が、新訳では「人間の拘束」に変わったのは妥当だ。

スピノザの説明は「感情を統御し抑制する上の人間の無能力を、私は隷属と呼ぶ」「感情に支配される人間は自己の権利のもとにはなくて運命の権利のもとにあり、自らより善きものを見ながらより悪しきものに従うようにしばしば強制されるほど運命の力に左右されるからである」(下、P7)であり、まさにモームの描いたくされ縁の世界である。

フランクル「夜と霧」のなかにもスピノザへの言及がある。

「苦悩という情動は、それについて明晰判明に表象したとたん、苦悩であることをやめる」(『エチカ』第五部「知性の能力あるいは人間の自由について」定理3)(P125)

強制収容所であっても、人間にはよりどころとなるものを持つことが大切だ。「そこにはたいてい、未来のなにがしかがかかわっていた。人は未来を見すえてはじめて、いうなれば永遠の相（スプ・スペシエ・アエテルニタティス）のもとにのみ存在しうる。これは人間ならではことだ」（『新版 夜と霧』池田香代子訳、P123）

地獄のような強制収容所でもスピノザは導きの星になる。仮にぼくが「エチカ」を強制収容所に持参できたとして、耐え抜ける自信はないが、フランクルのいいたいことはわかる。シモーヌ・ヴェイユもすぐれたスピノザ理解を示しているが、省略。

倫理学である以上は善悪について分析する。「善とは、それが我々に有益であることを我々が確知するもの、と解する」（下、P12）には、初読のときうーんとうなったものである。人間が欲する有益なものが善であり、そうでないものが悪である。となれば、人間は感情に縛られて判断しがちになる。「感情はそれと反対のかつそれよりも強力な感情によってでなくては抑制されることも除去されることもない」（下、P19）

「欲望は人間の本質そのものである」（下、P28）

「人間は諸感情に隷属しており、しかもその諸感情は人間の能力ないし徳をはるかに凌駕する」（下、P49）

正の感情（やりたい）にせよ負の感情（やりたくない）にせよ、感情で行動する人は多いが、見ているとほとんどが失敗している。

スピノザは、人間が感情や欲望を免れないとするが、モームのいう隷属の拘束具 Bondage からも解放されうるといっている。感情という「人間の拘束」から免れ、自分の欲望をただ欲望している善として直視することだ。

「人間にとっては人間ほど有益なものはない」『すべての人間がともどもにできるだけ自己の有の維持に努め、すべての人間がともどもにすべての人間に共通な利益を求めること、そうしたこと以上に価値ある何ごとも望みえないのである」（下、P30）

ネグリ＆ハートのコモンウェルスは、こうしたスピノザらしい社会性に着目していると思えた。「すべての人間に共通な利益」共通善をコモンウェルスとして言い換えているのだ。経済学では社会的共通資本 Social Overhead Capital として、広くとらえようとしている。

「まことに自己満足は我々の望みうる最高のものである」「謙遜（自劣感）は徳ではない。すなわち理性からは生じない」（下、P65）

キリスト教社会では異端だ。「高ぶる者は低くされ、へりくだる者は高くされる」というパウロ主義と相容れない。自分を肯定できず、自己満足を得られない人間は、えてして謙遜な態度を示して他者から評価を得ようとする。他者の評価の効果はスピノザも認めるが、自己満足が前提である。エピクロスも「自己充足はあらゆる富のうちで最大である」「自己充足の最大の果実は自由である」といっている。

ただ、いくら強がっても、多くの人から不幸と思われるなら幸福とはいえない。充足感のない者は、自分を信じる者の足を陰険に引っ張り、表面は謙遜に内実はシニカルに対人関係を送るという悪循環におちいりがちだ。

ラッセルがいうとおり「自尊心がなければ、真の幸福はまず不可能である」。打ち込める仕事や趣味を持っていれば、他者評価など気にしないで済む（だからてっとりばやく推し活に励む）。スピノザには「善悪の彼岸」の著者ニーチェの先駆者みたいなことばもある。

「もし人々が自由なものとして生まれたとしたら、彼らは自由である間は善悪の概念を形成しなかったであろう」（下、P79）

では、神との関係はどうなのよ？といいたくなる。有限な存在である人間は永遠を理解できるのだろうか？

「精神は身体の持続する間だけしか物を表象したり、過去の事柄を想起したりすることができない」（下、P119）

精神は身体に依拠し、身体は自然に依拠している。しかし、自然は神の延長である。「神の中にはこのまたはかの人間身体の本質を永遠の相のもとに表現する観念が必然的に存する」のは身体もまた神の延長であるからだ。「人間精神は身体とともに完全に破壊されえずに、その中の永遠なるあるものが残る」ということばは形而上学的である。

初読のとき「身体の本質を永遠の相のもと表現する」ことができそうな気がしたが、今はそう思わない。しかし「物を見、かつ観察する精神の目がとりもなおさず、我々が永遠であることの証明なのである」（下、P121）ということばに打たれた。

家族や会社のことに煩わされている人が山に登り「おれの悩みなんかちいせえ」と思ってすっきりする。新たなパースペクティブを得て世界を見る、体は疲れて筋肉も痛いが、その身体感覚も永遠の相のもとに表現されているような感じがするのだ。

「神は本来的な意味では何びとも愛さずまた何びとも憎まない。なぜなら、神はいかなる喜びあるいは悲しみの感情にも動かされず、したがって神は何びとも愛さずまた何びとも憎まないのである」（下、P115）

スピノザの神は無感情であり、人格をもたない。だから人が神に愛されようとして謙遜をつくろい、恩寵を期待して無意識の偽善を続けるなんてくだらんよ、である。しかし、永遠の相のもとで「神に対する知的愛」（下、P127）が必然的に生じる。神と人間の関係は片務的だし「至福は徳の報酬ではなくて徳それ自身である」（下、P136）

オランダ人らしく取引の比喩で表現しているあたりがスピノザらしい。ぼくはパスカルの賭けよりもスピノザに惹かれる。

結語もスピノザらしい。「すべて高貴なものは稀であるとともに困難である」（下、P138）

スピノザは裕福な家に生まれたが、相続を放棄し、思索と執筆のため静かな環境に身を置いた。レンズ磨きの仕事で生計を立て、大学のポストを断っている。迫害を受けても屈せず、市井でつましく孤独に暮らした。そういう人らしい実感がこもった結語だ。

２０２１年10月24日（日）　72歳

28 「好色一代女」井原西鶴（新潮社）

見えが身をほろぼす男たちを女の目で描く

西鶴の出世作は「好色一代男」であり、主人公は世之介である。他方こちらは告白体を用いているせいか、ところどころ「我」という一人称代名詞が出てくるだけで、名前がない（だから、校訂者も三人称に「一代女」を使っており、少し変だが踏襲する）。しかし、客観的な叙述の部分も多く、視点が定まらない印象がある。

ただ、冒頭と結末は辻褄が合っている。終わりの部分で五百羅漢を眺める老女が、情を通じたたくさんの男の面影を見る。冒頭では、比丘尼となり「好色庵」の庵主となって、恋やつれした二人の若い男に酒を勧められ「一代の身のいたづら、さまざまに成り変りし事ども、夢のごとくに語る」（P19）

ただし、この恋やつれは現代の恋やつれとは様相が違う。西鶴の意味する恋は、騎士道物語や韓ドラの「純愛」ではなく、徹頭徹尾セックスである。このヒロインにとって醜男や野暮天男との性交（色恋）は気分が出ない。セックス至上主義というよりポルノグラフィックな趣向だろう。しかしポルノにとどまるものではない。

だから書き出しの「美女は命を断つ斧と、古人もいへり」は、文字通り美女と朝な夕な性交して若死にする男を諌める言葉である。「色道に溺れ、若死の人こそ愚かなれ」と続くのである。一代女も、責めるように夜に日に男と性交し続け、ついには命を奪ってしまったこともあり、美女を妻に持って若死にした男の話も出てくる。逆に、隠居のくせに「強蔵」（精力絶倫男）のオヤジに日夜を問わず挑まれ、さすがの一代女も逃げ出したりしている。

初交が十一歳。相手の男は、密会が露見して女が追い出されたのを悲しんで死んでしまった。一代女は夢うつつをさまよって悲しんだが「日数をふりて、その人の事は更に忘れける」と割り切りが早い。十三歳のとき養女に出され、夫婦生活に興奮して、夫の足の間に足を入れて関係したが、妻に知られ「さてもさても、油断のならぬは都、我が国方のあの時分の娘は、いまだ門にて竹馬に乗り遊びし、と（妻は）大笑いして」追い出された。

次に美貌を望まれて大名の妾になったが、性交が少なく、淋しさに自慰するありさま。この殿様が「弱蔵」で、強精剤のご厄介になって次第に痩せてくるに及び、本妻の嫉妬を買い、暇を出される。「生れ付きての男の弱蔵は、女の身にしては悲しき物ぞかし」（P35）

登場する男は強蔵か弱蔵かどちらかで、普通の男が少ない。昔も今も性交によって命を落とす人がそんなにたくさんいたはずはない。「精の一滴、血の一滴」は、昔の迷信ではないかと思うし、そもそも男限定だろう。一人称の女がたりが珍しいが、男が書いた文章なのである。さまざまなエピソードの編集と思わせるが、キャラの統一はしっかりしている。

美貌の一代女は、手練手管の才もあり、性愛技巧にたけているのに、一人の男にとどまれず、一つ仕事にとどまれない。それを多情だから……と片づけるのはリアルではない気がする。エロ本のヒロインは相手をひっきりなしに変えることによって読者をひきつけるから、この物語もエロ本的ではある。西鶴お約束の同性愛も出てくる。

この時代一六八六（貞享三）年は、空前の好況だったようだ。佐渡金山は大増産、新田開発が進み、米も金も行きわたり、大阪は日本経済の中心として栄えた。欲が渦巻く世の中で、欲望のままに生き、転落しては浮かび上がるこの女の生き方を、西鶴は肯定している。この時代、出版は事業として成り立ち、西鶴の浮世草子は人気を博した。勧善懲悪・因果応報がないのが、ずっとのちの明治の文学者から強く支持された理由だろう。

当時、色恋の場は遊里であり、そこでは身分ではなく金銭がものをいう。男たちは見えを張りたがる。西鶴は「見えは身を滅ぼす」という警句を吐いて辛辣である。虚栄心が躓きの石になるのは、今も変わらない。この小説が単に「昔のエロ本」にならないのは、遊里を特別視せず、金銭関係をシビアに描き、わがもの顔に振る舞う男たちの虚栄心を、女の側から活写し、容赦ない批判を加えているからだ。とてもとても散文的。

西鶴は芭蕉とちがう。たとえば芭蕉が「洞庭西湖に恥じず」とか「美女の粧い」とか絶賛する松島をこう書いている（「おくのほそみち」以前の執筆である）。

「美女美景なればとて、不断見るには必ず飽く事、身に覚えて、一年《ひととせ》松島に行きて、初めの程は、横手を打ち『見せばやここ、歌人・詩人に』と思ひしに、明け暮れ眺めて後は、千島も磯臭く、末の松山の浪も耳にかしましく、塩竈の水に散らし」

富岡多恵子訳ではこうなる。「美人でも美景でも、いつもいつも見ておりますとかならず飽きるのは、経験しますとよくわかりますね。ある年、松島に行きました時、当初なるほどと感心して『こんなところをこそ、歌人や詩人に見せたい』と思っておりましたが、朝に晩に眺めておりますと、美しく散らばった島々も磯臭く思えてきますし、末の松山の波も耳にうるさく、塩釜の桜も見にゆかず過ごしてしまいました」

さる大店に腰元勤めして主人と通じたとき、妻を調伏しようと呪いをかけ、逆に精神錯乱になる。京の町を「夢の如く浮かれて、欲しや男、男欲しや」と「歌いける一節にも、恋慕より外なく」「情け知りの腰元がなれの果て」と「稲荷のほとりにて、裸身を覚えて、誠なる心ざしに変り、悪心去って、さてもさても我あさましく」「女ほどはかなきものはなし、これ、恐ろしの世や」（P90）。西鶴は、性欲と嫉妬に振り回され、錯乱のあまり裸になって市中を彷徨し、ふと目覚める女を憐れんでいる。

自分からしかけて妻のいる男と三角関係になりながら、嫉妬に狂って犯罪に及ぶケースは、現代でも多い。そのため、西鶴の処世訓は「嫉妬の戒め」になる。ただ、女の嫉妬の恐ろしさを列挙するあたりは「身勝手男」に灸をすえ、作り過ぎに見える。どうせ作り物の小説と居直っているわけだから、読者もそう受け止めて読むと、短編小説的におもしろい。

かつて島原の太夫を務めた一代女も、年を取ってから風呂屋女に、さらには夜発（よはつ＝夜鷹）にまで落ちぶれる。風呂屋女を相手にする男たちの軽い気持ちは「傾城見たる目を、ここには忘れ給へ。煩悩の垢を掻かせて、水の流れるに同じ遊興なり」（P153）と描かれる。女同士も「世間にはやる言葉を言いがちに」（流行語をしゃべって）「芝居の役者噂」するばかりの精神的貧しさ……という描写、現代の場末の水商売女に通じる。夜発に出たときは六十五歳、さすがに相手にする男はいない。世の無常を悟るという展開だ。

このヒロインにはあまり情のこまやかさを感じない。しかし、巻四の三に出てくるエピソードは例外的だ。一代女が、武家の茶の間女になったとき、春秋二度の藪入りで男との密会を楽しむ折に、お伴の中間の七十二歳の老人の気持ちを憐れんで身を任せようとする。そば屋の二階のあわただしい貸間で、老人はうまく性交できない。

女の「させてあげようか」という出来心と、性欲はあっても性能力の伴わない男の哀れさを描く。その冷徹な観察は「世界の西鶴」といわれるゆえんだろう。

2013年12月5日（木）　64歳

29

「法の精神」モンテスキュー

野田良之・稲本洋之助・上原行雄ほか訳（岩波文庫）

権力が相互牽制するときにのみ政治的自由がある

こりゃ「反日」文書だとあきれた。世界一残酷な国民は日本人であり、酷薄無情な法制度の国が日本と書かれている。それを覚悟して読む必要があるが、浅い覚悟でいいと思う。

「日本の皇帝ほど偉大な皇帝に服従しないことは、大変な罪であるから、罪人を矯正することではなく、君公の報復をすることが重要なのである。こうした観念は隷属状態から導き出されたものであり、特に、皇帝があらゆる財産の所有者であるため、ほとんどすべての罪が直接皇帝の利益に反するということから生じてくる」（上、P181）

モンテスキューは「東インド会社関係旅行記集」に依拠しており、フロイスやザビエルなど十六世紀の日本滞在記は引用されていない。だから日本の事情について不正確だが、十七世紀に確立した徳川幕藩体制の封建制を「皇帝（将軍のこと）があらゆる財産の所有者」とあえて曲解した裏には、フランスの絶対王政批判の意図があったらしい。

ルイ十四世が土地をすべて公有（王の土地）にしようとしたことへの危機感が反映されているというのだ。「ムガール帝国誌」のフランソワ・ベルニエが「インドの土地王有制を批判し、私有がないために土地と農業が荒廃を繰り返した」「貴族的土地所有を廃止するならば、フランスもアジアの国々と同じようになってしまうだろう」と警告したのを受けて、モンテスキューは土地公有制を批判し、その批判はアダム・スミスに引き継がれていった。

実際の徳川将軍は日本最大の大名であるに過ぎず、諸藩の治外法権を認め、土地公有どころではなかったし、諸藩も家臣に知行を与え、徴税と支配を託すだけだった。モンテスキューの真意は、膨張したフランスの王権に対して制限が必要ということにある。

モンテスキュー自身、法服貴族であり、貴族制や君主制の支持者だった。しかし、プラトンにならって展開する政体論では、共和制、君主制、専制を比較し、共和国家においては徳、君主国家においては名誉、専制国家においては恐怖が原理となる、としているのを見ると、共和制に親和していると読み取れる。

軽快な文章でありながら、深読みを誘うところがモンテスキューにはあり、ギリギリと締め上げるような原理的なルソーとは異なる。恵まれた貴族の家に生まれながら、名づけの儀式に際しては「貧しい人のことを忘れないため」わざわざ乞食が呼ばれたという、やさしく穏やかな家庭環境で育った人。正反対のルソーによるモンテスキュー批判も頷ける。

訳者の指摘「自由と権力に関するルソー的なイデアリスムの論理的貫徹が、かえって現実の自由を疎外するという政治状況があるとすれば、権力分立を論ずる際に人民の自由と人民の権力を区別したモンテスキューのレアリスムは、新たな意味を持ちうるのではないか」はまったくそのとおり。ロベスピエールはルソーの崇拝者であっても、モンテスキューを崇拝してはいなかったろう。

古典でありながら難解ではないという定評がある。古典古代と中世の歴史事例に加え、世界各国の豊富な地誌的記載があり、時にユーモアを交える悠揚迫らざる筆致は、フランスの散文の規範になったといわれる。

ただしサロンの談義をそのまま文章化したようなところもあり、半分くらいに短縮してくれ、といいたくなる。ローマ法から封建法への変遷を記した第六部にいたっては「読者は死ぬほど退屈だろうが」と著者自ら断っているくらいだ。

とはいえ、フランク王国の封建法がローマ法にまさる面があったという実例がゆたかに記述されており、輝かしい古典古代への回帰を願うより「暗黒の中世」のもつ潜勢力に着目した点は特筆ものだろう。古代から中世、中世から近代への歴史の連続性を重視した学者の顔がのぞく。ウェーバーの「古代没落論」の先駆けともいえる。

実例では、ローマ法が、公民や人間よりも国家を優先するように変化したのに対し、フランクの封建法は女子の相続権を認めたり、ローマを征服した蛮族は、訴訟の判決を決闘によって行い、文明から野蛮への退行と認められるものの、反面では、

「裁判上の決闘という手続は、それが一般的な争いを個別的な争いに変え、裁判所に力を取り戻させ、そして、もはや万民法によってしか支配されていなかった人々を公民状態に戻すことができたという利点をもっていた」(下、P197)

と述べて、権力の移転に着目し、公民の権利の起源を説く。古代と中世の間に断絶を見るより連続を見るのが、絶対王政(重商主義)批判とならぶこの本の主張だろう。モンテスキューは、「どんな悪い変化にも良いことの種子が含まれている」といっているかのようだ。

この大作の中に「三権分立」ということばはどこにも出てこない。諸力の相互牽制の重要性についてくり返し説かれるだけである。日本でも一院制を主張する政党があるし、今の世界では一院制をとる国がかなりあるが、トルコ、ハンガリー、ベネズエラ、ギリシャなどおおむねうまく行っていない。

スタンダールが喝破したように「言論の自由と二院制」が民主主義の本質なのだ。多様な意見をく

み取る二院制による相互牽制が働く議院内閣制こそがすぐれている（大統領制より）という見方が近年世界的にも増えている。大統領制の国ではポピュリズムによる独裁が起こりやすいが、議院内閣制、特に二院制をとっている国では独裁は生じにくい。

「民主政や貴族政は、その本性によって自由な国家であるのではない。政治的自由は制限政体にのみ見出される。しかし、それは制限政体の国々に常に存在するのではなく、そこで権力が濫用されないときにのみ存在する。（中略）権力を濫用しえないようにするためには、事物の配置によって、権力が権力を抑止するようにしなければならない」（上、P289）

権力が権力を抑止する相互牽制は現代の法制でも重要な要素である。モンテスキューの射程は意外に長距離なのであり、現代の政治も射程内に入っている。

「同一の人間あるいは同一の役職者団体において立法権力と執行権力が結合されるとき、自由は全く存在しない。なぜなら、同一の君主または同一の元老院が暴君的な法律を作り、暴君的にそれを執行するおそれがありうるからである。裁判権力が立法権力や執行権力と分離されていなければ、自由はやはり存在しない。もしこの権力が立法と結合されれば、公民の生命と自由に関する権力は恣意的となろう。なぜなら裁判役が立法者となるからである」（上、P292）

公民《シトワイアン》の権利と自由こそが、モンテスキューが最大の価値を認めた二つだった。その先見性に富んだ思想は今日でも古びていない。宗教批判すれすれの意見を出している自由思想家である。

「民主政には避けるべき両極端がある。民主政を貴族政または一人統治へと導く不平等の精神、そして民主制を一人による専制政治へと導く極端な平等の精神である」（上、P225）

極端な平等の精神としてあげているのはトマス・モアである。「ユートピア」における黄金で便所をつくるという発想はレーニンにも受け継がれたが、モンテスキューの次のような言葉は、力強く民主主義の精神を謳っている。

「真の平等の精神は極端な平等の精神から遠くへだたっている。前者の精神は、すべての者が命令したり、あるいは誰も命令されないようにすることにあるのではなく、すべての者が自分と同等の人々に服従かつ命令することにある。それは主人を全くもたないことを求めるのでなく、自分と同等の人々しか主人としてもたないことを求めるのである」（上、P227）

すぐ自分よりすぐれた人間を求めたがり、指導されたがり、型にはまりたがる、序列をつけたがるような、コミュニズムの優等生や、臣民根性の日本人には耳が痛いのではないか。

「一般準則はこうである。臣民に許す自由の度合いに応じて、より重い貢租を徴収することができ、隷属状態が増すにつれて、貢租を軽減せざるを得ない」（上、P394）

この皮肉な準則に当てはめれば、日本は、重税の北欧や西欧諸国よりは、無税の中国にずっと近く、したがって隷属状態の中国に近いことがわかる。

２０１０年10月15日（金）　61歳

30 「国富論──国の豊かさの本質と原因についての研究」

アダム・スミス　山岡洋一訳（日経BP社）

小さな政府による経済的自由の保障と企業監視を説く

原題はAn Inquiry into The Nature and Causes of The Wealth of Nations 通称The Wealth of Nationsであるから大内兵衛訳の「諸国民の富」の方が合っている。国あっての国民でなく、国民あっての国でしょうがと思う。人名索引を見ると、モンテスキューが最多である。

スミス自身はこの本を「理論的な本」としている。経済原論的な記述、たとえば分業を説明するのにピン製造過程の分業を述べる有名な文章では、ガリレイが望遠鏡で月の表面の凹凸を描写したように、精緻にピン製造による分業が描写され、それが生産性の向上をもたらしたと主張する。ピンの先という極小の世界からスタートする科学書であり、分業からさらに交換価値と使用価値の理論に発展して、理論性と科学性が際立つ本だ。

しかし、思想書と読む向きもある。ミルトン・フリードマンは「強いていえば私はアダム・スミス主義者だ」と自称していた。スミスが新自由主義の元祖だって、ほんとか?である。フリードマンは「政府からの自由」を主張したが、スミスはそんな主張はしていない。

重商主義政策を批判しただけ、モンテスキューの絶対王政批判を継承しただけである。「抑圧的独占から社会全体の自由を守る」（上、P131）ことが大切と考えていたスミスは、東インド会社のような横暴をきわめた独占企業に対しては非常に厳しい。

近代日本の経済史を見れば、富国強兵の明治初期から傾斜生産方式の太平洋戦敗戦後、高度成長期に至るまで、重商主義的政策ばかりが採られていた。細かい規制で国内産業を保護するという政府主導の資本主義だった。ぼくのいた金融業界では長年新規参入がなく、業界内で働く人間でさえ閉塞感を抱いており、イトーヨーカ堂がセブン銀行として業界に参入してきたとき、風穴を開けられたように爽快感を感じたという人が少なくなかった。

この本を読み始めた二〇〇八年九月は、リーマン・ショックをきっかけに世界同時不況に突入した。新自由主義に対する非難ごうごうのさなかにアダム・スミスを読むという発想は、多くの人に共有されたようだ。読んでいる期間中「新自由主義」批判のノイズを聞くことになった。しかし、その軽薄な言説は、カツラをかぶった十八世紀人スミスから逆批判を受けてしまう。

社会全体の自由があって「職業を持たないのが恥ずかしいとされている国」では「みんなが働いているときに無為徒食では馬鹿にされかねないから」農業と製造業が発展する。

「富を上限一杯まで獲得し、どの産業でも限度まで資本が投じられている国では、通常の純利益率がきわめて低くなり、そこから支払える通常の市場金利もきわめて低くなるので、資金を貸して得た利子で生活できるのは、ごく一部の大金持ちだけになるだろう。そこそこの資産を持っていても、自分の資本を使う事業を自ら監督するしかなくなる。このため、ほとんど全員が何らかの事業に従事して、

職業を持つしかなくなる」（上、P101）

労働こそが国民の富というスミスの考えが導き出されてくる。スミスの労働価値説から、マルクスの思想が生まれたのだろう。しかし十八世紀当時では、国富とは金銀などの貴金属や財貨であるという考え方がむしろ支配的だった。二十一世紀の現在だってそうかもしれない。

当時は銀本位制だったから「貴金属の総量は二つの要因によって増加しうる。第一は、貴金属を供給する鉱山の産出量の増加である。第二は、年間の労働の生産物が増加することによる国民の富の増大である」（上、P206）という記述が出てくる。

新大陸の鉱山発見は同時代の日本経済（新井白石の経済政策）にも大きな影響を与えたと思う。スミスはそこを冷静に分析し、生産性の増大が銀の需要を増加させたが、新大陸の銀鉱山の市場も拡大していたというのだ。数百年単位で眺めるマクロ分析が見事である。

国の真の富が何か？　新大陸発見により広大な植民地を有し、十七世紀のメキシコの銀山から大量の銀を採掘しえたスペインやポルトガルの国民がなぜ貧しいのか？　スミスの頭の中には常にこの問いがあった。あるいは重商主義の本家フランスにおいて国民の富が向上しない状況の分析を通して、スミスはフランス革命を予見したともいえる。

「国の富と収入がどのようなものだと考えるにしても、つまり明白な理由を考えれば当然だと思えるように、国の労働と土地による年間生産物の価値だと考える場合にも、世間の思い込みで想定されているように、国内に流通する金と銀の量だと考える場合にも、浪費家は社会の敵であり、倹約家はみな社会の恩人だと言えるだろう」（上、P349）

戦争と奢侈に明け暮れたブルボン王朝は、社会全体で有用な労働の量の増加をうまく生かさなかったのである。フランス革命の原因は重商主義だった、という皮肉な結論になる。執筆時期はフランス革命の前だが、アメリカ独立戦争はすでに始まっていて、スミスはアメリカの自治拡大に肯定的だ。しかし、資本についての考察は、意外に短い。マルクスが資本論をふくらませた動機は、この辺にあるのかもしれない。

原論経済学から経済政策に展開してくる第二編第三章「国による豊かさへの道筋の違い」は、スミスの史観が出ておもしろい。ローマ帝国崩壊や中世都市の経済を紹介しながら「諸国民の富」に議論が収れんしてゆく。徴税請負権を都市に付与することから始まり、大領主と対抗しようとした国王が、都市に広範囲な権限を与えた。自由と労働の哲学だけでなく、パワー・バランスまで見通したスミスの叙述が冴えている。

フランソワ・ベルニエの旅行記（邦訳名は「ムガール帝国誌」）が、モンテスキューだけでなく、スミスの絶対王政批判に影響を与えているのも見て取れた。

絶対王政による好戦的な政策と重商主義政策との関連も、スミスの関心事であり、スミスの平和主義は際立っている。第四編「経済政策の考え方」は最長の編であり、重商主義批判が展開されている。ここでは思想家スミスの顔がよく表れている。

スミスによれば、経済政策を扱う政治経済学は、二つの目的を持っている。「第一は、国民に収入と生活必需品を豊富に提供すること、もっと適切に表現するなら国民が自らの力で、収入と生活必需品を豊富に確保できるようにすることである。第二は、国に公共サービスを提供するのに必要な歳入

を確保できるようにすることである。国民と国が豊かになるようにすることが、政治経済学の目的である」(下、P3)

倫理的な厚生経済学の理念を述べている。中国共産党の経済政策は、倫理的ではなく重商主義の変形ともいえるが、この二点を注意深く追求してきたかのように見える。

スミスの当時も現代も、貿易の自由を回復するのはむずかしい。その理由は「既得権益を守ろうとして反対する人が多いからだ」(下、P47)。「各国は貿易相手国の繁栄をねたみ、貿易相手国の利益は自国の損失だと考えるように教えられてきた」(下、P72)

「輸出奨励金制度は、これまで受けてきた称賛にまったく値しないように思える。イギリスが発展し繁栄しているのは、この制度のおかげだとされることが多いが、他の要因によるものだと説明することもきわめて簡単だろう。イギリスでは法律によって、すべての国民に自分の労働の成果を自分で得る権利を保障しており、いくつもの馬鹿げた商業規制があっても、この保障さえあれば、どの国も繁栄できるのである」(下、P123)

戦前の日本に比べ戦後の日本が経済成長を遂げられた最大の理由は、職業選択の自由をはじめとする経済的自由の拡大である。

スミスの卓見の一例。「消費こそがすべての生産の唯一の目的であり、生産者の利益は消費者の利益をはかるために必要な範囲内でのみ配慮されるべきである。これはまったく自明な点なので、証明しようとすることすら馬鹿げている。だが、重商主義では、消費者の利益はほぼ生産者の利益のために犠牲にされている」(下、P250)という文章は、日本がやっとこの十年で獲得した知見である。すばらしい先見性といえよう。

産業や商業を育成しようとして、政府がさまざまな規制をしてきたという意味で、日本の経済政策は一貫して重商主義であり、スミスの主張にもかかわらず、一定の成功を収めてきたのは事実である。しかし、開発主義とか開発独裁として、その重商主義的政策を転換せず、賞味期限切れになるまで執着したところに問題があった。しかし、経済的自由を貫徹すればすべてうまく行くのか？という別の疑問は生じる。

スミスは、企業が自由を悪用することに目をつぶっていたわけではない。「株式会社の経営には、怠慢と浪費が多かれ少なかれ必ず蔓延する」（下、P331）。そのほかにも企業批判は多い。むしろ経済的自由の謳歌と企業活動への批判の同居が、今日の目からすると奇異である。ぼくは、スミスがこれほどまでに大企業不信を表明しているとは思わなかった。

企業不信はマルクス主義の先駆といえるかもしれない。スミスは個人の利益追求を肯定しているが、権力を有する企業に対しては、個人ほどには肯定していない。個人のエゴイズムより法人のエゴイズムに対してきびしい。経済的自由から発して経済的平等に進まないところが「スミスの限界」と言われたのは十九世紀であり、今日的には経済的自由の保障と企業監視という、未解決問題ととらえ返せるだろう。

有名な「見えざる手」は出てこない。山岡の解説にも「見えざる手」や「自由放任」ということばが出てこないと書かれていた。しかし、小さな政府論は頻繁に出てくる。

「ある産業を優遇するか抑制するという制度を完全に撤廃すれば、自然な自由という単純明快な仕組みが自然に確立する。誰でも正義の法をおかさない限り、自分の利害を自分の方法で追求する完全な自由をもち、自分の資本と労働を使って誰とでも、どの階層とでも競争する完全な自由をもつようになる。こうすれば主権者は、民間人の労働を監視し、社会の利害という観点からもっとも適切な用途に振り向けようと試みる義務から解放される」（下、P277）

主権者の義務は三つしかない。一に防衛義務、二に司法制度の確立義務、三にある種の公共施設の設立と維持の義務である。

スミスの財政学もまた今日的に読める。「永久国債の方法を採用した国はいずれも、その結果として徐々に弱体化している」（下、P527）「財政収入を大幅に増やすか、財政支出を大幅に減らすかしないかぎり、政府債務の全額返済がまったくできないことははっきりしている」（下、P533）。こういうくだりを読むと、われわれは進歩していないないなと感じる。

2009年8月18日（火）　60歳

31

「社会契約論」ジャン＝ジャック・ルソー

作田啓一訳（白水社）

「道徳的毒虫」ルソーは、平等を自由の基礎ととらえた

マルクス「ユダヤ人問題に寄せて」と併せて読んだ。マルクスは、ルソーを批判的に乗り越えようと意図したが、人権をけなして市民権を称える奇妙な論理は、実はルソー譲りである。マルクスのルソー礼賛はおもしろかったが、読み比べると、ルソーの表現にむしろ深さを感じることになった。

ルソーを読むと、現にわれわれが生きている国や社会を相対的に眺めるようになる。このルソー効果は、中江兆民やカストロが自分の属していた社会に批判的な目を向けるきっかけになった。ルソーの社会批判は非常に根本的《ラディカル》であるがゆえに、イデオロギッシュではない。だからルソー主義という「思想」はほとんど存在しなかった。

「人間は自由なものとして生まれたが、しかもいたるところで鉄鎖につながれている。他の人々の主人であると信じている者も、その人々以上に奴隷であることを免れていないのだ」

この有名な書き出しのレトリックはマルクスを思わせる。

加藤典洋は、マルクス「ユダヤ人問題に寄せて」についてこう言っている。

「フランス人権宣言が、公民の手で、利己的な人間の権利を擁護、宣揚し、敵に塩を送る形になっているのはなぜか、と問い、しかしその順序は、正しい、といっている。つまり利己性という『自然的土台』上にしか、公共性は成り立たない、といっている」

ルソー「社会契約論」については、

「読むたびに舌を巻く。まだエンジンの発明されていない時代に、月ロケットを構想したような本。さて、一般意志の理解のされ方は、今のままでいいのだろうか」

とある。ぼくはルソー独特の概念である、一般意志、特殊意志の理解に苦労した。この概念について結論を出すのを留保しながら、読み進んだ。

ルソーは近代ナショナリストの元祖みたいなとらえ方をされる。社会契約に基づく一般意志に対して特殊意志はひざまずく。死ぬことが国家に役立つとき市民は死ななければならない。「この条件においてのみ、彼はそれまで安全に暮らしてきた」し「彼の生命は国家からの条件つきの贈物」(P43)だからである。ただ、君主や愛国のために死ぬことを賛美しているのではない。

戦争の権利をルソーは認めていない。冒頭の「他の人々の主人であると信じている者も、その人々以上に奴隷であることを免れていない」という皮肉も、単なるレトリックではない。

「たとえ一個人が世界の半分を奴隷化しても、この人はやはり個人にすぎず、彼の利益は私的利益にすぎない」(P20)という表現と響きあっている。自由は人を支配することにあるより、人に支配されないことにある。こうしてルソーは私的利害を超えた一般意志の問題に入ってゆくのだが、一般意志が見えやすいのは小国家である。

古代ギリシャのポリスでは、直接民主制により一般意志が常に確認されたうえで、行政者が選ばれる。命令する者と命令に服する者の関係が絶対的でなく可変的である。ルソーはアテナイよりスパルタの政治を称賛するが、スパルタの軍隊民主主義ともいうべき平等意識とそれにもとづく法制が評価されるべきと考えるからだろう。「なぜ平等なのか。それがなければ自由は存続しえないから」(P63)

まことにルソーがいうように「平等は自由の基礎」なのである。今日、世界の先進諸国で「平等」は評判が悪い。自由と平等を矛盾対立するものとしてとらえる考え方が目立つ。ルソーは「平等は自由の基礎」を立証するために豊富な実例を示している。

ルソーは十八世紀のジュネーヴ共和国とヴェネチア共和国について考察している。どちらも都市国家で、奴隷制はない。前者は農業と内陸交通、軍事力を背景としたスパルタ型、後者は国際商業と植民地経営（海上権力）を基盤としたアテナイ型である。

ルソーは、金銭による職業的な傭兵よりも、国民皆兵による軍隊民主主義から多くのヒントを得ている。ただ、ことは歴史や個別社会制度に対する評価ではなく、政治理論なのである。とりわけここに主権（英語 sovereign　フランス語 souveraign）の問題がからんでくる。

「政治体の生命の根源は主権のなかにある。立法権は国家の心臓であり、執行権はすべての部分に運動を与える国家の脳髄である」（P106）

「国家はけっして法律によって存続するのではなく、立法権によって存続するのである」（P107）

主権者の意志すなわち一般意志なのだろうか。ルソーは「主権は譲渡できない」「主権は分割できない」という。「一般意志によって導かれた力」が主権だという。マルクスが着目したのはここだろう。

しかし、読んでいて主権とはなんだろうか、と迷いが生じた。単純に統治権といえないからだ。広辞苑によれば「国家統治の権力」にして「国家政治のあり方を決める権利」と玉虫色の見解だ。ぼくの提出した疑問はこうだ。

日本国憲法には基本的人権という語が出てくる。これは人間の権利だろう。しかし国民主権の「権」とか「国会は国権の最高機関である」の国権の「権」は同じだろうか？　主権とは「主たる権利」の略なのか、国権とは「国家の権利」の略だろうか？　このうちで比較的わかりやすいのは国権だろう。

原則として国家の権利なんてない。あるのは国家の「権益」だ。

国権とは大日本帝国憲法でいうところの「天皇の大権」の延長だろう。権利というより権力つまり英語でいうところのpower フランス語でいうところのforceだろう。日本国憲法の欠点の一つは、権利と権力をあいまいに規定していることだ。アメリカ合衆国憲法では権利の規定と力の規定がはっきり分かれており、誤解のしようがない。いわゆる「人権派」を攻撃する保守派の愚は、権利を「正しさ」と見ずに「権利（利益）ばかりを主張する」ということだ。「権益」（利益）と「権力」（パワー）をごちゃまぜにとらえるからである。

そこで主権の権だが、どうみても権利とは別の概念だ。right（フランス語でdroit）でもpower（同Force）でもないsovereignである。ソヴリンというのはポンド金貨のことであり、女王陛下の権威の具体化なので、物神崇拝を想起させる。rightよりもpowerに近そうだ。「主権の及ぶところ」は、国家の軍事力・裁判力（日本では裁判権というが合衆国憲法ではjudicial power）・警察力（これも日本では警察権だが合衆国憲法ではpolice power）の及ぶところということだから、現実にも主権概念には力の概念が入り込んでいる。

しかしルソーの主権概念には力の要素が乏しい。そもそもルソーは権利を権力とは相いれないと考えている。権利は権力によって生まれるのではないと強調している。これはヨーロッパ政治学の伝統から見れば傍流だろう。権力なきところに権利なし、といった方が現実的で、今日の日本人にはわかりやすく聞こえる。ルソーはここで主人と奴隷の比喩を頻繁に使うのだが、その問題設定はヘーゲルに受け継がれているのかもしれない。

ルソーが、ホッブズやグロティウスやボーダンなどの政治理論をどうやって乗り越えたのか、ルソーの一般意志の理論が、先行する理論の超克を意図していることが読み取れる。

自然状態《エタ・ナチュレール》と社会状態《エタ・シヴィル》の対置の仕方を見るとルソーが「万人の万人に対する闘い」を、自然状態《エタ・ナチュレール》として概念化していることがわかる。ルソーはオム（自然的人間）に対してシトワイアン（市民）を対置し、自然的自由《リベルテ・ナチュレール》に社会的自由《リベルテ・シヴィル》を対置している。社会的自由とは一般意志によって制限されている自由であり、道徳的自由《リベルテ・モラル》によって達成されるとした。

自然とシヴィル（文明）は対概念としてとらえられているが、シヴィルは自然から進歩したととらえている。しかし冒頭に示されるように、本来の自然的人間は（自然的）自由を享受していたと考えるルソーは、現実に見られる隷属や専制を進歩とは見ない。人民主権の民主主義はルソーの頭の中にしかなかった。その上で概念化されたオム（自然的人間）であり、シトワイアン（市民）なのだから、同じ線の上に動くダイナミズムではない。

「大多数の人はブルジョワとシトワイアンを取り違えている。都会をつくっているものは家屋だが、都市（国家）は市民が作るものであることを、彼らは知らない。（中略）ボダンはブルジョワとシトワイアンを語ろうとした際、両者を取り違えて大失策を犯した」（P24）

キモは市民権 droits de citoyen であって、人権 droits de l'homme ではない、ということだ。マルクスの解説によれば、フランス人権宣言は「シトワイアン的性格、政治的共同体が政治的解放者によって、これらのいわゆる人権の保持のための手段まで格下げされ、したがってシトワイアンは利己的な人間《オム》の下僕である」としたのである。

ルソーは有名な「自然に帰れ」の名せりふにもかかわらず、道徳の優位を説いてやまない。ルソーの「自然」は概念だから、あるいは理想型だから、容易に回帰できるのである。天候、野獣、疾病に怯え、ちょっとした出来事にも凶事の前兆を見た臆病な自然人の生活に、近代人は戻るべき、とわざわざいったのではない。

ルソーは基本的に道徳家であり「道徳的毒虫」（ニーチェ）なのだが、その道徳には、人間が本来持っていた自然的自由を回復するためというお題目があった。そんな楽園回復的なお題目こそが、ルソーの毒だとニーチェはいったのだが、こと政治理論に関する限り、ルソーはスパルタやマキアヴェリに好意を示し、およそ権力嫌いであるにもかかわらず小国家型の軍隊民主主義を理想としているように見える。いかにもスイス人だ。

しかし、国のために死ぬことが無上の快楽に思えてしまうナショナリズムこそ毒ではないかという気もする。ナショナリズムの毒でもって近代人を刺したルソーとは、始末に困る毒虫だったかもしれない。今日の日本人は実は道徳的になりたくてうずうずしている。

ルソーを読んでいたら、税の源泉徴収を廃止して申告制（痛税感を持たせるため）にし、裁判においては陪審制を復活し（権利意識と責任を養うため）、志願制の自衛隊に限定的に徴兵制を導入してはどうかと考えてしまった。毎年一万人でも徴兵（女性も障害者も含む）すれば、シビリアンコントロールと外交への関心を増し、予備役増加が侵略に対し有効だ。そもそも徴兵制は自国防衛に向いており外征に不向き（米国のベトナム反戦運動の高揚が証拠）。

こうすることによって（マルクスではないが）、利己的な自然的人間から、政治に参加する、一般意志に導かれる、平等の基盤に立った自由な市民が復活（どの時代にもなかっただろうが）するような気がしてしまったのだ。
一般意志と公共性。この二つはまだまだよく考える必要がある。

1999年8月26日（木）　50歳

32 「啓蒙について」イマニュエル・カント　篠田英雄訳（岩波文庫）

自分で考える、これが啓蒙

カントは啓蒙の標語として「自己自らの悟性を使用する勇気をもて！」と記している。なぜ勇気を、と疑う。その理由は「啓蒙とは、人間が自己の未成年状態を脱却することである、しかしこの状態は人間自ら招いたものであるから、人間自身にその責めがある」（P7）からである。成年になっても未成年状態から脱却できないならば、それは自己責任だろう。

訳注によれば、カントは別の論文「思惟における定位とは何か」（一七八六年）で「自分で考えるとは、真理の最高の規準を自己みずからに（すなわち自己自身の理性に）求めることである。そして常に自分で考えるという格率が即ち啓蒙である」と言っているそうだ。

親、先生、上司、世間に合わせるのではなく、自分で考える。これが啓蒙である。しかし、自分で考える人間とは、周囲と摩擦を起こし、少々狂っているときもある。子どものころから生意気だったぼくは、ひんぱんに周囲と摩擦を生じ、母からは常に「和を考えなさい」と諭され、友人からも「ときどき変なことを言うよ」と皮肉られている。

ぼくは、ありていにいえば物事に批判的で、自己中心の発想が多く、熱くなりたがる。しかし、隣近所や社内で評判のいい好青年みたいな人間は、孔子によれば「徳の賊」であり、カントによれば「悟性を使用する勇気と決意を欠いている」のである。

啓蒙についてのカントの考え方は魅力的で、孔子のような古代人とも通底するほどであり、二十一世紀の人間を鼓舞してくれるところがある。ニーチェでさえ「考えることによって自分が定まってくる」と、いわばカントの延長線上で、思惟の定位なるものを語っている。

処世術として「私なんか未熟者でして」と謙遜してみせるとか、あるいは周囲の人を「イノセントなんだ」と思いこませるとかは、無難である。しかしそれを続けていれば、自分の考えが定まらないだけでなく自分が定まらない。自ら自由を放棄しているようなものだ。まず自分で考えようとしていたぼくは、損得勘定してみて得だったか損だったか？

若いころは損している気がしたが、老人になって振り返みれば明らかに得をしていた。はじめは障害者としてかわいがられようと意識した。そうしてかわいがられる未成年状態でいれば、周囲の好意を得られるが、自分が何をするかより自分がどう見えるかを優先してしまい、自己決定ができない。「障害者」のかわりに「女性」と置き換えてもいいだろう。

自分の考えが定まらなければ、自己決定ができない。自分の考えを持とうとすれば、異なる意見の持主と議論もするし、行動的にもなる。短期的には失敗が多い。不足する自己愛を、だれかにかわいがられることで補おうとする人に比べて、失敗から学べる。ものごと、成功より失敗から学ぶほうが有益なのであり、自己肯定は結果としてゆっくり形成されてゆく。

「かかる啓蒙を成就するのに必要なものはまったく自由にほかならない。なかんずく、およそ自由と称せられるもののうち最も無害なもの、即ちあらゆる事柄について理性を公的に使用する自由である」(P9)

カントの啓蒙論の核心はここであり、孔子にはないとらえ方だ。世の中に優等生はゴマンといるが、知性を使う自然の権利を公的に行使しない優等生もまた多い。しかし、カントは自然権の裏面にある権利行使や欲望追求のダイナミズムにも着目する。

「我々は、人間のあいだに不和や互いに嫉み合いつつ競争する虚栄心、飽くことを知らぬ所有欲や支配欲さえ存在することを、自然に感謝すべきである。こういうものがなかったなら、人類の一切の卓越した自然的素質は、永久に発展することなく長夜の眠りをつづけるだろう。人間は和合を欲する、しかし自然は人類を益するものがなんであるかを一層よく知っている、そこで自然は不和を欲するのである」(P30「世界公民的見地における一般史考」)。


ここにはルソーとニーチェをつなぐ思想がある。しかし、ぼくは「自分で考える」というのは一種の虚構なのではないかとも考えるのだ。われわれは、環境や時代の影響を完全に脱して心底独力で考えることができるだろうか？　われわれは言語と表象で考えるが、そもそもことばもイメージも、われわれが所属している文化の産物ではないか。カントの理性は、文化を超越しているのだろうか。「人間はこの理性に励まされて、彼の嫌悪する労苦を忍んで負担し、彼の軽蔑する玩物を追い求め、また死を畏怖しながらも些事を失うことを死より恐れて、かかるものの為に死すらも忘れるにいたるのである」（P62「人類の歴史の憶測的起原」）

カントのいう理性は、文化に属しながら文化を超越しているように思える。しかし、ここで「理性」を「文化」に置き換えた方がぼくには納得できる。

啓蒙は、原文ドイツ語でAufklarung、英語ではEnlightenment、日本語訳の「啓」はひらく、「蒙」はくらいの意であり、「無知蒙昧《もうまい》な状態を啓発して教え導くこと」と「広辞苑」にある。ヨーロッパ哲学の概念の翻訳として「啓蒙」は名訳である。しかし、カントの啓蒙論はこうした通念と大きく異なる。

学生時代に「純粋理性批判」を読み始め、百ページで挫折して以来、三十有余年ぶりのカントだった。しかし、薄い割に苦労して読んだ。かつて「純粋理性批判」を読んだとき、知性、悟性、理性の段階分けが理解できず、形而上学特有の複雑な概念操作に辟易した。

カントに比べれば「アルヒーフ現象学」と揶揄されたフッサールのノエシス・ノエマの方がまだ理解できそうだと当時思ったものだ。その後ベルクソンを読んでいたら知性と悟性と理性とを分けるカントを批判し、知性だけでいいはずだ、というくだりを読んで、わが意を得たりと膝を打ったものである。

この本にも知性、悟性、理性の段階分けが出てきたが、ぼくは無視し、ベルクソンにならって「知性」一本に読み替えて読んだ。それで特に問題はなかった。

33

「精神現象学」ヘーゲル　長谷川宏訳（作品社）

2004年12月3日（金）　55歳

展開して生成する精神の運動を活写

アドルノの「ベートーヴェンの音楽はヘーゲル哲学そのものである」という断言から、ベートーヴェンを聴くように読めば「ヘーゲル、行けそう」……と思った。そういえば、ソナタ形式がベートーヴェンによって完成されたのが、ヘーゲル哲学形成と同時代である。

アドルノは「精神現象学」序文に記された哲学の本質規定は「ベートーヴェンのソナタをずばり描写したものという印象を与える」と書く。該当箇所は次のとおり。

「哲学は、その本質からして、特殊な事例を内に含む一般論として語られるものだから、目的や最終結論のうちに事柄そのものが完全無欠な形で表現されるはずで、途中の展開過程はあまり重要ではない、といった幻想がほかの学問以上に横行する」

ヘーゲルのことばを受けてアドルノは書く。

「なぜなら問題がくみ取られるのは、その目的でなく、展開においてであり、さらには結果は現実的な全体ではなく、その生成とあいまってそのような全体となるからである」

アドルノがいいたいことは、たとえば英雄交響曲の第一楽章の強引な展開部を聴くとわかってくる。まさに「生成とあいまって全体となろうとしている」音楽の力だ。ベートーヴェンは「ヘーゲル同様、自分自身に閉じ込められているブルジョワ精神を、推進力に変えた」（アドルノ「ベートーヴェン」大久保健治訳、作品社、P25）のである。

ヘーゲルは、精神の運動を活写している。精神の運動のダイナミックな力は、ベートーヴェンの書法がくどいのと同じく、ヘーゲルらしい悪文で、主題が提示されたら、強引に展開する。自分を認識し、外化し、対立し、克服し、やがて自分に回帰する。

「実体それ自体が主体であることからして、すべての内容はみずから内部へと還っていく運動である。なにかが実体としてそこにあるということは、自分と一体化していることであって、一体化できない存在は解体していくしかない。が、自己との一体化とは純粋な抽象形式であって、それがすなわち思考である」（P35「まえがき」）

出発点は、感覚的確信である。それが現象学という自己規定にふさわしい。たとえていってみよう。アスファルトの路面につぶれた段ボールの切れ端があるのを見るとき、雨に濡れてべったりして、何度も車に轢かれ、タイヤの痕跡がぺしゃんこに箔押しされた形状が見て取れる。それは「いま、ここにある」。この先も刻々と汚れ、乾いて踏まれて跡が残り、さらにすりきれる。しかし、現在の段ボールの形状を目にしている意識は「いま」と「ここ」の現前感を確かなものとして信じる。

「対象はそこにあり、真であり本質であって、知られようと知られまいとそこにある。知られない場合にも、ありつづける。が、知は、対象がなければ知として存在しない」「そこで感覚的確信に向かって『このものとはなにか』と問わなければならない。このものがある、ということを『いま』あると『ここに』あるとの二つにわけて考えると、このもののもとにある弁証法は、このもの自体と同じようにわかりやすいかたちをとる」（P63 「感覚的確信――『目の前のこれ』と『思い込み』」）

ヘーゲルといえば弁証法だが、引用箇所のように、弁証法が出てくるとかえってわかりにくくなる。ぼくの例でいえば、見ている物を段ボールという名詞で示そうとするが、物体の風化とともに名詞の意味は薄れ（かつて段ボールだった物になり）、いま現前している「目の前のこれ」である。しかし、この「いま」は示されるやいなや「いま」でなくなる。

「わたしたちに示される『いま』は『いま』であったものであり、それが『いま』の真理なのだ。いまあることが真理なのではなく、いまあったことが真理なのである。しかし、いまであったものは、実のところ、いまの本質ではない。それはもうないものだが、『いま』の本質は『ある』ことにあるのだから」（P73 同右）

ヘーゲルの「時間」は「存在」にある、とはいえ真理だの本質だのという概念が古くさい。ヘーゲルはさらに三段階で「目前にあるもの」の「いま」を示すことの運動を分解しており、廃棄や、否定の否定、で弁証法的に説明する。「運動は最初の地点へと還っていく。しかし、自分に還ってきた最初の『いま』は、はじめにただそこにあった『いま』とそっくり同じというわけにはいかない」（P73 同右）いい感じだ。ぼくには感覚的確信をめぐる論理がこの本でもっともおもしろかった。またも比喩でいえば、かつて愛した女を捨て、別の女とつき合ったあとまた元の女に還ってきた、みたいな……、するとと元の女も変化しており、そりゃ「はじめそこにいた」女とは「同じというわけにはいかない」。ヘーゲルの論理に納得するけど、どうだかなあとひっかかる。

ヘーゲルは自己意識、理性、精神、絶対知とのぼりつめてゆくにしたがい形而上学的になる。それでも単に形而上学といえないのは、否定の力を強調しているからだ。自分自身を知るということは、自分の対立物を知ることであり、この否定の力があるからこそ、自分に還ってくることができる。自分を外化し、自分の意識を言語化し……ということだろうか？

否定の力が働くので、再帰した自分は以前の自分より強力である。「否定の力とは、概念が単一な知としてあらわれたもので、それは自分自身を知ると同時に自分の対立物を——それも自分の内部で克服された対立物として——知る知なのである」（P371「精神」）

三角関係で愛した相手が別人のもとに去り、恋敵を否定（自己分析し、自分の対立物である恋敵を知る）したあとで、ついに恋に勝利する……ようなストーリーか？　なるほど再帰した自分は以前の自分より強い。自分が愛した存在をいったん頭の中でこわし、再帰すると愛が強固になるというロマンティッシュ・イロニーが、これと相似である。しかし、再帰性という発想はインド哲学由来かもしれない。

「『現象』とは、軽い意味では、やがて自然消滅していくような存在をさすが、ここではそれだけに限定されず、力のあらわれの全体をさすものとして用いられる。一般的な現象としての全体が、物の内面を構成する力のたわむれであり、自分へと還っていく力の運動である」（P100「力と科学的思考——現象界と超感覚的世界」）

ヘーゲルの現象学はフッサールの現象学とはもちろん違うが、大きな違いは、ヘーゲルは「自分へと帰っていく力の運動」を活写するところである。大時代的な強引さが現れる。いったんぶっこわし（否定し）また還ってくる……。「精神は、対立が大きければ大きいほど、自分に還ってきたとき、大きな存在になる」（P231「理性の確信と真理」）

でも、その根拠はなにさ？　ベートーヴェンなら主題提示から強引な展開部に入り、コーダで主題に再帰する……再帰主題がより力強くなるよう漸強、加速、全奏で表現されているからだが、もし聴く者が、長い展開部の間にもとの主題を忘れてしまったら、コーダの盛り上がりもなにもない。聴く者が主題を把持していることが前提だ。

三角関係においてこそ自己が確認できるという思いこみは、男女を問わず多いが、恋人が去り、再帰するなんてベタなドラマだから、相手を忘れたら成り立たない。「いま」と「ここ」の感覚的確信を把持できているからこその再帰性だろう。

「自己意識は、自立した生命としてあらわれる他の存在をなきものにすることによって、はじめて自分の存在を確信する。それが『欲望』の働きである」（P126「自己確信の真理」）

欲望を正面切ってとりあげた哲学者はヘーゲルが最初かもしれないが、スピノザの系譜に連なる気がする。色恋の三角関係だけではなく、近代市民社会のリアルな姿といえる。ここから有名な「主人と奴隷」の関係が論じられる。

「主人は、物と自分との間に奴隷を挿入することによって、物の非独立性という事態を手中にし、物を純粋に消費する。独立した物は奴隷の手にゆだねられ、奴隷がそれを加工するのである。こうした二つの関係のなかで主人は奴隷からその存在を承認される」

「が、奴隷による主人の承認はほんとうの承認とはいえないので、ほんとうの承認といえるには、主人が相手にたいしてすることを自分にたいしてもおこない、さらには、奴隷が自分にたいしておこなうことを相手にたいしてもおこなわなければならないのだ。いま生じているのは、一方的な対等ならざる承認の関係である」（P135　同右）

主人は物の消費者、奴隷は物の生産者という記述から、主人を市民（Bürger）、奴隷を労働者にたとえているのだろう。いかにもマルクスが飛びつきそうではないか。市民は労働者からその存在を承認されているが、その承認とは、対等でない同士の承認の関係だ。

「欲望と労働がむきあう現実は、この意識にとっては、もはや、それ自体に価値のないような、ただなきものにされ費消されるような、そういうものではなく、意識そのものと同様に分裂していて、一方でそれ自体に価値はないとされつつ、他方では神聖な世界ともされるような現実である」（P152　同右）

ここまでくると、マルクスの「疎外された労働」の思想まで至近距離である。しかし「各人の労働は自分のための労働であるとともに万人のための労働でもあって、万人が万人のために働いている。だから各人の『自分のため』は共同性とつながっていて、私利私欲の発現と見えるものも、そう思えるだけで、本当は思ったほど私利私欲に固まっているわけではなく、だれの役にも立たないことなどできはしないのである」（P339　「精神」）

これでは「個人の営利追求が公益の増大につながる」というアダム・スミスの位置まで戻ってしま

う。ヘーゲルは、奴隷＝労働者に向かずに、ドイツ国家に居すわる。

ヘーゲルは「理性の自己実現」ということばを使い、それを「申し分なく実現したものが一民族の生活である」（P239「理性の確信と真理」）という。この保守性が、マルクスからもニーチェからも批判された。それにしても「自己実現」という企業研修などで使われる用語の出どころはヘーゲルだったのだ。

ヘーゲルはホッブズの「万人の万人のための闘争」なんか認めない。終始一貫して「法と秩序」派なのだ。「なにかを実現するということは自分のものを共同の場へと打ち出すことであり、自分のものを万人のものとすることだから」（P281　同右）。自己実現とは（民族とか企業体とかの）共同の場なしでは成り立たない。

自己実現の概念は仏教にはないので、キリスト教がカギになりそうだ。「絶対神を意識する純粋な意識は、疎外された意識である」（P362　同右）。さらに「純粋な意識が現実の世界から逃避する、というかたちで対立が作られている以上、現実の世界は純粋意識から切り離されてはいない。つまり、純粋意識は、その本質からして、みずから疎外をうみだしているというべく、信仰は意識の疎外の一側面を示すものなのだ」

ヘーゲルはここで啓蒙思想（無神論）を叩いている。民衆をだますことが許されるか？という啓蒙派の問いに対して「意識が直接に自己確信をもつような神にかんする知においては、だまして信じ込ませることなど起こりようがない」（P376）って、さあどうかな？

「知の意志のうちに対象と世界のすべてが引きいれられる。意識は自分の自由を知ることによって絶対の自由であって、まさしく自由を知ることが意識の本領であり、目的であり、唯一の内容である」（P408「精神」）

ドイツ語の自由freiheitはフランス語の自由liberteと違うし、英語の自由はfreedomとlibertyに分かれる。ヘーゲルの自由は、他者から束縛されない消極的自由ではなく理性に従って自律的に行為する積極的自由であり、政治的自由libertyより内面的なfreedomだろう。

しかし、宗教国家ドイツの現実は「道徳と自然の一致が最高善」とはいっても「道徳はもともと未完成」であり「道徳の美名に見え隠れするのはねたみ心」（P424　同右）という見解は、ニーチェとほぼ同じである。ただし、ヘーゲルは社会批判には向かわない。

「完全な内面的存在が、自分自身と対立し、外界へと出てゆくのだ。そこに純粋な知が成り立ち、その知が他のとの対立関係ゆえに意識という形をとるのだ。が、この意識はいまだ自己意識ではない。意識が自己意識になるには対立の運動をまたねばならない」（P454　同右）

正反合の弁証法だが、対立物と切り結びながらぐるっと回っている運動。「真の現実的存在とは、まさにこのような円環の運動にほかならないのである」

外化・対立そして再帰する精神の運動が、何度もくり返される。精神の運動は、絶対知まで上昇してゆくのだが、正直いって大風呂敷の空虚さが出てくる。

「こうした内部の運動ゆえに絶対の存在は精神と言えるので、精神としてとらえられない絶対の存在は空虚な抽象物にすぎないし、運動としてとらえられない精神は空虚なことばにすぎない」（P518「宗教」）

のぼりつめた「絶対知」でも、運動と対立……というのがヘーゲルだ。「精神が精神となるためには、世の中に思考をもって現実に存在し、もって絶対の対立を経験し、そこからまさしく対立をとおして、対立のなかで、自分へと帰ってこなければならないのだ」（P540「絶対知」）

ベートーヴェンのフィナーレ、たとえば交響曲第五番の大風呂敷を思い合わせると、ヘーゲル哲学もまた、結論より展開部が力強くおもしろい。

２０２０年8月12日（水）71歳

34 「ファウスト――悲劇」ゲーテ 手塚富雄訳（中公文庫）

女によって救われたがる男たちの原型

四十年ぶりの再読。「ファウスト」は詩劇であり、せりふもまた詩なのである。表現の密度が濃く、凝縮されている。若いころは難解な第二部をありがたがったが「ファウスト」といえば、やはり第一部なのではないだろうか。

しかし、この作品は悲劇か？という基本的な疑問もある。ダンテのコメディア（「神曲」と訳されている）

の向こうを張ったか？　あっちが喜劇なら、こっちは悲劇だ……というココロか？　ただし「神曲」より「ファウスト」の方がずっとおもしろい。皮肉がきいているし、劇の進行に緩急自在なところがあり、疾走感と遅めのテンポが巧みに配分されている。「神曲」は絵画的だが「ファウスト」は音楽的である。

キリスト教の排他性が露骨な「神曲」では、地獄篇はおもしろいが、煉獄篇、天国篇と上昇するにつれてつまらなくなる。近代人ゲーテは思想的に寛容であり、作品世界が中世にも古代にも通じている。ダンテはローマ教皇やムハンマドを地獄に落として笑いをとっているが、ゲーテの喜劇的表現はもっと洗練されている。

悲劇といいながら、罪を犯したファウストとグレートヒェンは救われている。ファウストが、グレートヒェンを誘惑した結果、彼女の母が死に、嬰児も死ぬ。「天上の序曲」で主人公の救済は示唆されていた。「人間は努力する限り迷うものだ」（第一部、P30）という主のことばだ。努力し続ける人間は救われるのか？　努力家への励ましか？といいたくなる。

第一部の初め、老いたファウストはいう。「ああ、こころの翼は自由に羽ばたいても、肉体の翼がそれに伴うのは容易ではない」（同右、P82）。老人とはそんな愚痴をよく口にするものだ。老いてもなお「感情がいよいよ上へ、いよいよ彼方へとあこがれるのは、人間だれしもの天性ではあるまいか」となるのもわかる。しかし、弟子のワーグナーは違う。

「そんな望みにとりつかれたことはございません。森や野の景色だって、いつまでも見ていたいとは思いませんし、鳥の翼をうらやむことなど、これからもございますまい」

このせりふもまた腑に落ちるのである。この作品は名せりふの宝庫であり、いくらでも引っ張ってこられる。初読時のお気に入りはメフィストの、悪魔の性格の定義である。「つねに悪を欲して、しかもつねに善をおこなうあの力の一部です」(同右、P98)。これはドストエフスキーが「カラマーゾフの兄弟」の中でイワンと悪魔の対話中でパロディにして「つねに善を欲して、しかもつねに悪をなす」としている。そのときは、ゲーテによる悪魔の定義の方がすぐれているように感じたものである。メフィストはいう。

「わたしは、つねに否定してやまぬ霊です。なぜなら、生じてきたいっさいのものは、ほろびてさしつかえのないものです。それを考えれば、なにも生じてこない方がましだ。そういうわけで、あなた方が罪とか、破壊とか言っているもの、つまり悪と呼んでいる一切のもの、それが私の領分なんです」

若いころ、こうした形而上学的対話にあこがれたものである。日本文学には類例がないから新鮮に感じられた。とはいえ今読んでも惹かれるのは「生まれてこない方がよかった」ということばだ。太宰の「生まれてすみません」と同じカテゴリーに入る。

悪魔と対話する老学者という構図にも考え抜かれた新しさがある。ファウストの、悪魔を少しも恐れないキャラというのが、近代的であり、ただちにやり返す。「きみは一部と名のっている。だが全体気取りでしゃべっているじゃないか」。メフィストは答える。「わたしは事実を事実として申し上げているだけで。人間というあほくさい小宇宙は、たいてい自分を全体だと思っていますがね」

ま、たしかにメフィストのいう通りで、当然ながらメフィストの方が一枚上手なのだ。対話の結果、ファウストは悪魔と契約する。そのときファウストは「おれがある瞬間に向かって『とまれ。おまえはじつに美しいから』と言ったら、君はおれを鎖で縛りあげるがいい、おれは喜んで滅びよう」(同右、P121)という。

これにも初読のとき感じ入った。なぜなら、ぼくは、「時間よとまれ。おまえは美しいから」とすぐいいたくなるような感傷的な俗物だったからだ。しかし、この詩劇の読者・観客は大体そんなところではないか。

「いや断っておくが、おれには快楽が問題ではない。おれは陶酔に身をゆだねたいのだ。悩みに充ちた享楽もいい、恋に盲いた憎悪もいい、吐き気のくるほどの歓楽もいい。さっぱり知識欲を投げ捨ててしまったこの胸は、これからどんな苦痛もこばみはせぬ。そして全人類が受けるべきものを、おれは内なる自我によって味わいつくしたい」(同右、P125)

老人の狡知と若者の肉体が結合すれば女はみんなこっちのもの……というのは老人の妄想だ。「おれは陶酔に身をゆだねたい」と書いたゲーテはワル親父である。メフィストと契約したファウストは、広い世界に出てゆく。

美少女グレートヒェンを誘惑し、破滅に追い込んだファウストは、自責の念で疲れ切って野に伏している。優美な精霊たちがファウストの周りを漂うとファウストはよみがえり「おまえはわたしをゆすぶって強い決意へと励ます、最高の生き方をめざして絶えず努力をつづけよと」(第二部上、P14)。

かつては「ファウスト」を読む若者は多かった。「人生いかに生きるべきか」を問う文学だからである。しかし「最高の生き方をめざして絶えず努力を」なんて大時代的で現代では受けない。「そこそこでいいっす」と返される。しかし「時間よとまれ！　あまりに美しいから」と内心でいいそうな若者は、そこそこ志向の若者のように、イジメに加担したりしないだろう。

ゲーテは当代一流の詩人であり、政治家であり、科学者であり、王侯貴族から市民までの尊敬を集めていた。ドイツ文学史上もっとも成功した人であり、生ける伝説のような大人物だから、ナポレオンもベートーヴェンもゲーテに会いに来た。では、詩人という存在についてゲーテ自身はどう見ていたか。皇帝の居城の大広間で行われた仮装舞踏会の少年御者が触れ役に素性を問われて答える。「浪費ですよ、わたしは。つまり詩ですよ。自分のもっているいちばん大切なものを惜しげもなく浪費することで、自分をほんとうの存在にする詩人なんだ」（同右、P73）

たいしてありもしない能力を出し惜しみするわが身に引きかえ、なんたる気前のよさ！　才能の乱費こそ詩人の特性というゲーテの自信がうかがえる。才能に限ることはないかもしれない。愛でもモラルでもいいのだろう。「最高の生き方をめざして絶えず努力をつづける」ファウストの決意と響きあっている。

人造人間ホムンクルスも出てくる。謎めいたホムンクルスや、海を陸地に変えるメフィストの行為に科学技術と資本主義の結合を見るあたり、ゲーテの先進性がある。まさに「わたしたちは自分のこしらえたものに引き回されるんですね」（同右、P170）。現代も同じだ。「古典的なワルプルギスの夜」は「明るいゲーテ」が古典世界に回帰したという趣向だろうが、どこか浮いたところもある。

第二部のヒロインはヘレナだ。トロイ戦争のヘレナの霊が肉体を伴ってファウストの前に現れる。ヘレナはグレートヒェンのような田舎娘とは格が違う。ギリシャ悲劇風に合唱が観客に説明してくれる。「男の愛に慣れた女というものは、好き嫌いは申しません、それぞれ男の味を知っていますから」。どんな相手にも「風向きしだいで、ふっくらした手足を、惜しまずまかせてしまうのですわ」（第二部下、P71）。

だから二人はすぐベッドインする。「（前略）ゆたかにふくらんだ王座の褥の上でからだをゆすっていらっしゃる。高貴な方はご遠慮なさらず、みんなの前であけすけにお見せつけあそばすのね」（同右、P72）

むかしドイツ文学の教授と交わした会話で、教授は自分を塔守になぞらえていた。自分は行為者ではないといいたいのだろう。望楼で見わたす男、ただ見て識別し、認識する人間だ。

「こうして世界のすべてにわたしは永遠の飾りを見る。そして世界のすべてが気に入るように、わたし自身もわたしの気に入る。幸福な二つの目よ、お前がこれまでに見たものは、どんなものでも、やっぱりほんとうに美しかった」（同右、P204）

こう歌ったあとで、望楼から火事を見る。立ち退きを拒んだ老夫婦の家が放火され死んでしまう。ファウストはメフィストを責め「交換してこいとは言ったが、強奪しろとは言わなかったぞ」という。背後に響く合唱は「古い文句が聞こえてくる、権勢にはすなおに従え」。

ファウストは倒れて死ぬ。「かつてグレートヒェンと呼ばれた」女とともに昇天する。「神秘な合唱」が歌われて全編の終わりとなる。

「なべて移ろいゆくものは、比喩にほかならず、足らわざることも、ここにきて高き事実となりぬ。名状しがたきもの、ここにて成しとげられたり。永遠の女性、われらを高みに引きゆく」（同、P261）

しかし「なべて」は「均して」であり「概して、一般に」の意味だ（岩波国語辞典）。最後の最後で、この訳は何だ！といいたくなる。手塚訳は「なべて」と「すべて」を同じと解し「なべて」の方が格調高いと誤解した。ちなみに森鷗外訳では「一切」だ。

「一切の無常なるものは、ただ影像に過ぎず。かつて及ばざりし所のもの、ここには既に行はれたり。名状すべからざる所のもの、ここには既に遂げられたり。永遠に女性なるもの、吾等を引きて往かしむ」

鷗外訳の「永遠に女性なるもの、吾等を引きて往かしむ」に対して、手塚訳の「永遠の女性、われらを高みに引きゆく」は天国への上昇が見てとれる。しかし「永遠の女性」は省略しすぎだ。原文のEwig-Weibliche は直訳すれば「永遠の女性性」だから鷗外の方がわかりやすいが、混乱の原因はゲーテにある。いまのジェンダー論からすると、なにやらやばい。

ユングは「ファウスト」のヘレナをアニマと見ている。母性を欠き娼婦性や小児性や原始性という不安定な「たましい」を表しているというわけだ。「神秘の合唱」は、アニマを否定するものではなく、アニマの止揚なのかもしれない。

ユングは「非常に男性的な男たちこそ、かえって心のなかでは女性的な感情に、もっとも強く支配されている」という。また「アニマが投影されると、ただちに歴史的な感情が生まれて、ゲーテはその感情を次のようなことばで修飾しています。『おお、おまえは遠いむかし、私の妹であったのか。それとも私の妻であったのか』」（「心と大地」江野専次郎訳）。

ワーグナーからカフカにいたるまで、文学には「女によって救われたがる男」がよく出てくる。その原型はゲーテにあると思う。

2019年5月27日（月）　69歳

35 「パルムの僧院」スタンダール　大岡昇平訳　（新潮文庫）

「自分もまた幸福な少数だ」と一瞬でも陶然とする

再読。必ず再読しようと決めていたお気に入りの小説だ。スタンダール以前、たとえばラクロやサド、オースティンやスイフトやノヴァーリスとはまったく違う。しかし、この小説、バルザックが熱烈に称賛したものの、一般受けしなかった。新しすぎたのである。新しすぎた小説だから二百年近くたってても十分におもしろい。

パルムというのはフランス語の読みであり、イタリア語ではパルマである。生ハムの名産地。スタンダールのイタリア熱が書かせた小説だ。美男美女がたくさん出てくるこの小説に、なぜか違和感なく没入できる。男は才知と情熱があれば、ルックスが悪かろうが身体障害があろうが、女に好かれるのだ、という「恋愛論」に感化され、勇気づけられたぼくにとっては、恩人スタンダール。

スタンダールの小説にはアフォリズムがふんだんにある。自分でよく使う警句がスタンダール由来だったことをすっかり忘れ、いまさらながら気がついた。
「あんなに牢獄をこわがっていた俺が、はいってみると、悲しむのを忘れている。恐怖は災難より百倍も悪いということか」（下、P92）
そうだ「恐怖は災難より百倍悪い」ってことばは百回くらい借用した。人に対しても自分に対しても勇気を出せと励ました。勇気の源泉は情熱……というのがスタンダールだろうが、そこは省略して……というのは現代人に情熱はないからだ。
コモ湖の美しい風景が、侯爵夫人（のちのサンセヴェリーナ）に語ったこと。
「木に隠れた村の遠い鐘の音は想像を揺する。その音は湖面を渡ってやわらげられ、甘い憂愁とあきらめの色を帯びる。そしてわれわれにいう。人の世は短い、与えられた幸福にとやかくいうな、急いで楽しめと」（上、P35）
あるいは彼女を賛美するモスカ伯爵の心理。
「彼は自分を励ますようにして桟敷に入った。そして才知ある人間として今自分に起こったことを利用した。つまりけっして気軽な態度を示したり、何かおもしろい話を始めたりしないで、臆病を示す勇気を出した」（上、P127）
そうか「臆病を示す勇気」ね。これは使えるとぼくは思ったはずだ。一方「大公は臆病者の常として頑固であった」（下、P299）は、反対の心理をえぐっている。
スタンダールの代表作は、この小説と「赤と黒」であり、どちらを取るかで読み手の資質がわかるとされている。ぼくはもちろん「パルム」だ。しかし、たとえばサマセット・モームは「赤と黒」派であり、さもありなんという気がする。ちなみに訳者大岡はパルム派であり「ファブリスは妖精」といっている。主人公にしては軽いからだ。

重さでいえば、この小説の主人公はサンセヴェリーナ夫人である。ファブリスはモスカ伯爵にも及ばないところがあるが、やっぱり主人公なのである。その軽さを妖精といいたくなる気持ちはわかる。

第一巻の初めで少年ファブリスはワーテルローに行き、ナポレオンのために戦おうとするが、結局戦場を彷徨するだけで「おれは戦場を見てきただけじゃないか」と疑う。戦争の描写は、初読のときなんだか物足りなく感じた。というのは、ヘミングウェイが「移動祝祭日」のなかで「パルムの僧院」のワーテルローの描写を絶賛し、友人と歩きながら話して倦《う》むことなく、突然はっと気がついて照れ隠しに押し黙ってしまったというエピソードを読んだからだ。「おれは感心しなかったぞ」と思ったものだが、再読して夢中になった。

これはいってみれば、たとえば大作映画の戦場シーンが、ヘリコプターや大がかりな移動撮影で撮影され、指揮官は固定カメラでクローズアップしたりするのに対して、固定カメラと手持ちカメラを半々にして、臨場感たっぷりに撮影した……というのに似ている。映画がない十九世紀の小説に、映画の比喩を用いるのは滑稽かもしれないが、スタンダールは常に視覚描写に巧みなのである。

ヘミングウェイが「武器よさらば」でカポレットの大敗北のあとの退却を描いたとき、明らかにこの描写を参考にしたとわかる。もちろんスタンダールが上である。とはいえ、ヘミングウェイもスタンダールもともに戦後文学の書き手だったのである。戦後文学とは、戦争によって一つの社会が崩壊した経験を描くのであり、スタンダールは、まさに大革命とナポレオン戦争のあとを生きた戦後文学者だったのである。

古さを感じさせるにしても、大岡訳の知的でドライな文体はスタンダールにぴったりであり、魅了されつつ読んだ。シニカルな調子が、かえって情熱を礼賛することになるのが見事だ。

大岡は「『赤と黒』が七月革命前後のフランスの息苦しい空気を反映して、苦く苛烈であるのに対して『パルムの僧院』は、いっそう陰惨な小公国の専制を描きながら、のびのびとした詩的な趣がある」としている。口述筆記によりわずかな日数で書かれたこの小説を大岡は「霊感と即興の連続で、五十三日間の文学的奇蹟を生んだ」「一生涯の思い出と夢を盛り込んだ傑作」と絶賛している。

小説家として非常にうまいなと思う箇所。ファブリス逮捕を知っているクレリアがサロンでサンセヴェリーナに向かい合う場面だ（国を代表する美女二人の親密な様子に注目が集まる）。クレリアは牢獄司令官の娘だから、ファブリスの愛人とされているサンセヴェリーナにそれを口に出せない。サンセヴェリーナはクレリアの目に情熱を感じ取る。社交嫌いで隠棲者とみられていた彼女に発見した新しい魅力をうれしく思った。

どうしたんだろうと公爵夫人は自問する。「クレリアがこんなにきれいだったことはない。心が語りはじめたのかしら……でも、そんならきっと不幸な恋ね。この新しい生気の底には暗い苦しみがある……しかし不幸な恋なら黙り込んでしまうはずだ」

そこへ公爵夫人の友だちがひとり近寄り小声で一言ささやくと「彼女は真っ蒼になった。クレリアは彼女の手を取り、思い切って握りしめた。『ありがとうございます。あなたって方、今わかりました……美しいお心ですわ』と公爵夫人は努めていった。これだけ言うのが精いっぱいだった」（下、P41）。情熱にかられているからこその無言。真率な気持ちを無言で伝える機微があざやかに描写されている。

小説の語り手は「文学作品の中に政治を持ち込むのは、音楽会の最中にピストルを撃つようなものだ」と書くが、うそばっかり。小説の中に政治を持ち込むのはスタンダールの得意わざのくせに、韜晦する。そこがこの作家のおもしろさではあるのだが。

再読によって忘れたことをたくさん思い出した。ピエトラネーラ侯爵夫人がどのようにサンセヴェリーナ公爵夫人になったか。ファブリスとクレリアは結婚もできずにその後どうなったか。なるほどそうだったかと感心しながら読んだ。口述筆記で書かれたにもかかわらず、構造が複雑なのである。

それにしても小説を動かしているのは一にサンセヴェリーナであり、二にファブリスなのである。この魅力あふれる攻撃的なヒロインが、小説に生気を与えている。そこが「赤と黒」を上回る点だ。映画ではだれが演じたのだろう。

小説の結語は英語でTO THE HAPPY FEW（幸福な少数へ）である。「赤と黒」の結語も同じであり、スタンダールお得意の献辞。幸福な者は常に少数だ。夢中で読んだ読者は一瞬でも「自分も幸福な少数だ」と陶然とするのである。

２０１８年11月13日（火）　69歳

36 「ウォールデン」 ヘンリー・ダヴィッド・ソロー

酒本雅之訳 （ちくま学芸文庫）

「考えることでぼくらは健全な意味での狂気が手に入る」

再読。初読のときの高揚感を忘れていない。一九八〇年、ぼくは前年九月に就職した堅苦しい金融機関の仕事にうんざりしていた。一年前まで自由な失業者だったのだから当然なのだが、もっと早く読むべきと思えたのだ。

再読ではかつての感動はなかったと白状せざるを得ない。ソローがウォールデン湖に住んだのは二十八歳から三十歳までの二年間だから、初読時は年齢が近く共感を抱いたのだが、五十過ぎの安定した生活者から見ると、反抗的な理想主義者に思えた。にもかかわらず、読み終わったとき、やはり高揚感があった。

この本はウォールデン湖畔の小屋の中で書き始められ、七回改稿されて八年後にやっと完成されている。練りに練った思想の表現だ。

酒本訳は、反抗的若者としてのソローを表現している。この訳者の主張は題にも表れている。初読の神吉三郎訳では「森の生活」だった。初版本の副題として「森の生活」がついていたが、再版ではソロー自身の意向によって副題は省かれている。

省かれた副題が日本では定着してしまった。「自然愛好者のいささか風変わりな自然生活の記録として、少なくともわが国では読まれる傾きがあるのも、この訳題のありようが微妙にかかわっているからではあるまいか」と酒本は指摘している。

ぼくの友人たちもこの本を読んでいた。一人の友人は「ソローって変わっているよ。非常に風変わり」と違和感を述べていた。もう一人の友人は共感していた。一方は若者の反抗と解し、一方は自然愛好の隠遁趣味と解したのだ。

共感した方の友人の父親が、自宅とアパートを建て替えるに際して、妻と息子を共同所有者として共同債務を負うことにした。法定相続人を債務者とした理由は、不動産は相続の通貨であり、一種の生前贈与にもなったからだ。ぼくは、相続など親が死んでからでいいのではないかといった。そして読んだばかりのソローを引用した。

「わが町の青年たちを見ていると、彼らの不幸は農地、住居、納屋、家畜、それに農具を相続したことだとわかる。これらのものは手に入れることが容易なわりには、手ばなしにくいものだからだ」（P9、「生計」）

やはり友人は親の資産にしばられた生き方になってしまった。もっとも、反抗的若者であるソローからすれば、ぼくの生活だって批判の対象にはなるし、消費社会に生きる日本人にとって、ソローの批判を免れる人はないかもしれない。

衣食住を簡素に生活する。孤独が保たれる生活をする。ソローの実験はこのようにまとめることができる。至るところで労働への軽蔑が語られ、社会批判とりわけ奴隷制度への批判が語られる。

ソローは自然賛美者というより市民的不服従 Civil Disobedience の実践者だ。ソローはウォールデン湖畔に独居して国家に対する個人の良心を考え、個人の良心が政府の施策と矛盾をきたす場合は、個人の良心が尊重されるべきだとして、国家を超える存在として市民をとらえた。だから多数者の支配の不正に対して、個人は不服従でいいと主張した。

ソローはなぜ「生計」と題された章から書き始めたか？ しかもこの章が最大の長さ（全体の二割）を占めるのなぜか？ 公正（fair）かつ自由（free）でありたいと思ったからだ。

わずか二年の「森の生活」経験など古今東西多くの人が経験している。なぜソローが後世に影響を与え続けたかといえば、二年間の実験を八年かけて検証し、思想化したからにほかならない。ガーンディーもマルティン・ルーサー・キングもソローを読んでいた。野生的なもの（Wildness）のなかにこそ「世界」が保存されている、とソローは考えているから、その思索はグローバルである。

「老人には若者同様、それどころか若者ほどにも教師をつとめる資格がない。なくしたものが多い割には、身についたものが少ないのだ」（P18「生計」）は残念ながら当たっている。

しかし、あんたねえ、女にほれてみなさいよ、とオヤジは言いたくなるのである。ほれた女といっしょに小屋に住むのはまだいい。ソローの思想に共鳴してオーストラリア西海岸の小島に三十年住んでビーチコーマーとして夫婦で暮らしたバーンフィールドという人物がいた。がんを宣告されていたのに自然治癒したという。これはいい。しかし子どもが生まれて小屋暮らし、大丈夫ですかい？ なかなかできやしませんよ。

ソロー自身、自分の思想の弱点には当然気がついていた。性欲に関する掘り下げだ。この部分に関する追求が弱いのはソロー自身の問題というより、当時のピューリタニズムの制約だろう。その点でずっと自由だったニーチェに比べ、思想の青臭さは否めない。

ソローとニーチェの共通項を二点あげておこう。一つは狂気への親近性だ。周知のようにニーチェは狂気に陥った人であり、狂気をしばしば描き、狂気に関する論及がはなはだ多い。ソローにも狂気への言及がある。

「考えることでぼくらは健全な意味での狂気が手に入る」（P205「ひとり暮し」）

もう一つは謙虚さというキリスト教道徳（パウロ主義）への懐疑だ。

「彼は実に単純で自然な謙虚さをそなえていたから、但し高きをめざすことのない人を謙虚と呼べるとしての話だが、謙虚さが彼の特長として際立つことはなく、彼自身にも思いもよらぬことだった」（P224「訪問者たち」）

ソローは単純で自然な謙虚さをもった人が好きだったが、それでもなお「高きをめざすことのない人を謙虚と呼べるか」と自問している。明らかに高みをめざす人間を肯定しているソローにニーチェの先駆者を見ても誤りではあるまい。

だが、ソローはソローだ。その独自さを見るべきだろう。

「賢人の飲み物は水しかない」（P329「高尚な原則」）

ワインもコーヒーもお茶もだめ。いつも素面でいたいソローにとって阿片はもとより煙草もだめ。音楽でさえ酩酊させるという理由によって否定される。「すべての酩酊状態のなかでおそらくだれもが気に入るのは、呼吸する空気に酔うことではあるまいか」とくる。

ソローは内面に目を向けよ、と言う。二十年前にぼくを勇気づけてくれたことばに再び出会うのはうれしいことだ。

「もしおのれの夢の方角へ自信に満ちて進み出て、想像通りの生き方を実行しようとつとめるなら、ふだんは予想もできぬ大成功に出会えるものだ」（P483 「おわりに」）

「暮らしを単純化していけばいくほど、宇宙の法則は以前ほど複雑とは思えなくなり、孤独は孤独でなく、貧しさも貧しさでなく、弱さも弱さでなくなってくる。たとい、空中に楼閣を築いたとしても、その労作がむだぼね折りだと決めこむには及ばない。むしろ空中こそ楼閣を築くべき場所なのだ」

しかし、ソローは強気一点張りの人間ではない。ぼくが美しいと感じたのは「ベーカー農場」と題された一章であり、短編小説のように、経験と思索を再構成している。釣りに出かけたソローが雷雨に遭い小屋に避難すると、前には無人だった小屋には貧しいアイルランド人一家が住みついていた。ソローは水を一杯所望するが井戸は浅くてロープは切れ、砂混じりの水が煮沸して出された。

「雨がやみ、アイルランド人の家をあとにして、ふたたび池へと向かっていると、人気のない湿地、ぬかるみ、沼地の深み、あるいはさびしい荒れ放題の場所を歩いて、一刻も早くカワカマスをつかまえようとしている自分の行為が、きちんと学業を終え大学にまで行かせてもらったぼくには、つかのまながらつまらぬことだと思えた。だが肩に虹を背負い、どことも知られぬあたりからぼくの耳に届く音が清浄な空気を貫いてかすかにりんりんと響くさなか、赤みを増して行く西空めざして丘を駆け下りていると、ぼくの『守り神』がこんなふうに言っているように思えた。――来る日も来る日も遠く広く釣りに出かけよ、狩に励め、――さらに遠く、さらに広くだ――そしてあまたの小川のほとり、暖炉のそばで心安らかに憩うがいい。汝の若き日に汝の創造主を記憶せよ、だ。夜が明ける前にいっさいの煩いからきれいさっぱり抜け出して、かずかずの冒険を求めるのだ。（中略）生活の資を得ることを仕事とせず、気晴らしとせよ。土地は楽しむもの、所有はするな。冒険心と信念がないから、それで人間は現状のように、売買に憂き身をやつし、奴隷もどきの暮らしぶりだ」（P323「ベイカー農場」）

青年期の不安と、自然の中に一人でいるときに感じる喜び、光と影の交錯が見事に描かれ、やがて力強いトーンとなって結ばれてゆく。心を揺さぶる力が湧き上がってくるのだ。

2001年6月27日（水）　52歳

37 「ボヴァリー夫人――地方風俗」フローベール　芳川泰久訳（新潮文庫）

もっともっと……の欲望から噴出することばが痛い

芥川龍之介が「美しい退屈」といった小説だが、この新訳で読むと退屈しない。フローベールはこの小説に四年半をかけ彫琢した。口述筆記で書き飛ばしたスタンダールとは大違い。

冒頭の「僕たちが自習室にいて、校長が入ってきて、後ろから私服を着た新入生と大きな机を抱えた用務員が付いてきた」を読むと、一人称小説かなと思ったのだが、やがて三人称の小説となり落ち着かなくなる。

訳者は「できるかぎり原文に忠実に訳そう」と考え「フローベールが打ったピリオドの位置を変えない、と心に誓った」という。「フローベールの文は、ピリオドをむかえる前に、途中で話法が切り替わることが多いのです」「間接話法の地の文で、カンマやセミコロンひとつで、それが自由間接話法に切り替わるのです」

プルーストはそれを「表象の革命」と呼んだそうだ。神の視点だってリアルではない。だからこの小説はリアリズム作品であって、さらにリアルなのだ。

中身は田舎の不倫話にすぎない。年上の妻に死なれた中年男が若い妻を娶り、その妻が夫に満ち足りず、贅沢に憧れ、二人の男と関係して、浪費をしたあげく破産に陥って自殺する。「週刊新潮」の「黒の事件簿」みたいだが、殺人、傷害など犯罪はなし、駆落ちもなし、単なる身の破滅というだけのことである。それがなぜ傑作たりえたのか?

理由は「表象の革命」と呼ばれた文体にあるのだが、そんなことは翻訳では隔靴掻痒である。翻訳をとおしても十分に感じ取れるのは、欲望の解放である。ボヴァリー夫人というのは、夫の姓なのだが、彼女エンマはそうやって夫の姓で呼ばれることに嫌悪感を覚えるようになった。そこまで夫を嫌うか?といいたくなる一方で、それってわかる……のである。

市民革命によって「欲望が解放された」といわれるが、労働が蔑視されなくなり、信仰対象にさえなると、道徳の強制力は強まった。しかし、十九世紀後半に入ると初期資本主義のモラルが、変質してきた。この小説は「欲望？　贅沢？　いいんじゃない」と欲望を肯定している。彼女は、黒髪を真ん中分けにして、大きい瞳で男を見上げる。少女漫画では悪役に描かれる黒髪だ。エンマが若い男に抱く性欲は、まるでオヤジが少女に密着して抱く性欲だ。

「その身のこなしから、心地よいあどけなさが匂い立っていた。彼は反った長く細いまつげを伏せていた。頬のなめらかな肌が赤く染まっていて――思うに――この身体が欲しいのだ。エンマはその頬に唇を持ってゆきたい欲求を抑えがたいほどに感じた」（P427）

いまの肉食系女子が、バブル期のオヤジギャルの進化にすぎないなら「この身体が欲しい」性欲は、イケてる男に対してのみ向けられる。でも、視覚によって喚起される性欲は男っぽい（オヤジっぽい）。「ボヴァリー夫人は私だ」とフローベールがいったのはわかる。

小説が欲望を描くのは珍しくないし、それどころかメインテーマだ。「赤と黒」のジュリアン・ソレルにせよ「ペール・ゴリオ」のラスティニャックにせよ、野心と欲望の化身である。しかし、ボヴァリー夫人とは決定的に違う。彼らは、いってみれば外から描いた欲望の化身だが、彼女は欲望の内在性を体現している。彼らは、社会道徳との相克に悩むが、彼女の悩みは浅薄であり、欲望は癒しがたい。いまでも新しい、すぐれた表現だ。

彼女は、通俗小説の読みすぎで恋愛に憧れ、不倫するが、性的魅力を武器にしているわけではない。いまの肉食系女子のように男を「取って食う」わけじゃない。ルイ・フィリップの四月王政らしい、偽善支配の市民社会に生き、教養もモラルも浅薄である。その浅薄さが、当時のフランスの田舎の現実なんだろうなと思わせる。

やや皮肉な副題通りの「地方風俗」が描かれるから、人物のキャラが凡庸で、ヒロイックな人物は皆無だが、にもかかわらず人物は生きている。神の視点で、登場人物を倫理的に裁くなんて野暮な描き方ではないからだろう。

エンマっていわゆるツンデレ女だ。九割の男とは「絶対寝たくない」からツンツン、でも抱かれたい一割の男にはデレデレ。ブスなツンデレ女はおしなべて不幸に見えるが、抱かれたい男にだけ抱かれる美貌のツンデレ女だって幸福とは限らない。もちろん、エンマだって抱かれたい男の全部に抱かれたのではない。舞踏会で踊った子爵のように格上はだめ。だからボヴァリー夫人が通俗小説の読みすぎで不倫に走った……いう見方は短絡的だ。

描写は美しい。たとえば、彼女が、ピアノレッスン受講を夫に認められ、ヨンヴィル村からノルマンディの港湾都市ルーアンに駅馬車で行くときの風景描写。

「階段状に下ってゆくと、街は霧に包まれていて、いくつもの橋の先の方へとぼんやり霞ながら広がっている。つづいて完全な野原が一本調子で高くなってゆき、はるか彼方で光の淡い空のはっきりしない裾にまで達している。そうやって高みから見渡すと、眺めはどこもじっと動かないように見え、まるで一枚の絵で、錨を下ろした船は川の隅にかたまり、川は緑の丘のふもとを蛇行し、細長い形をした川のなかの島は、捕らえられた大きな黒い魚が水に浮かんでいるみたいに見える。工場のいくつもの煙突は巨大な羽飾り（けむり）を吐き、その先は吹き飛ばされている」（P474）

ヒロインの心の動きに連動した風景描写である。「階段状に下る」というのはおそらくケスタ地形（急崖と平地が繰り返す）のせいだろう。恋の期待の高まりが、逆に坂を下ってゆく馬車の進行にゆだねられるかのような描写だ。

有名なのは農事共進会の描写であり、フローベールが推敲を重ねた文章だが、異化効果をねらっている。田舎の品評会みたいな軍楽付きの催しの音が、だれもいない二階の窓辺で、独身中年の地主ロドルフがエンマを口説くセリフと交互に描写される。映画ならよくある手だが、一八五七年の小説では斬新だったろう。

最初の不倫相手、裕福な地主のロドルフとは駆落ち寸前まで行ったが、逃げられてひどく振られる。落ち込んで病気になったエンマがルーアンで旧知のレオン（抱かれなかったが好きだった）に再会して、新しい恋に夢中になる。若い男に会いに行く心のはずみが描かれるこの描写が見事だ。

彼女が求める贅沢や浪費の描写も美しい。しかし、田舎医者の妻ができるほどの消費を超えてしまい、村の商人に信用貸しで食い物にされてゆく。商人ルルーは勝手に納品、まではいいけれども、エンマに約束手形にサインさせ、手形の決済期限になると新たに約束手形を振り出させ、負債はみるみるふくらむ。

この部分は読んでいて胸がひりひりした。ぼくの父が約束手形を振り出したり、手形割引したり、負債をふくらまして倒産した、若いころのいやーな記憶がよみがえるからだ。だから「あのさー、もう買うのやめなよ、エンマ」とつぶやきつつ読むのをやめられなかった。

「自分は幸福ではない、一度だって幸福だったことはない。いったいなぜこのように人生が充ち足りないのだろう、いったいなぜ自分の頼るものがあっという間に腐敗してしまうのか？」

「そもそも、この世にわざわざ求めるに値するものなんて何ひとつない、なにもかも嘘っぱちよ！

どんな微笑にも退屈のあくびが、どんな歓びにも呪いの言葉が、どんな快楽にも嫌悪が秘められていて、最高の口づけさえこちらの唇に残すものと言ったら、もっと高い逸楽を欲してしまう叶わぬ欲望なのだ」（P514）

もっともっと……の欲望から噴出することばに納得する。多重負債に陥る人は、この感覚なのだろう。「自分は一度だって幸福だったことはない。いったいなぜ人生が充ち足りないのだろう」「この世に求めるに値するものなんてない」。フローベールは実にうまい。

ぼく自身は、小さな幸福を求め、そこにたしかさと美しい退屈があれば自足する。にもかかわらず「ボヴァリー夫人は私だ」なのである。ボヴァリー夫人の真似は絶対しないと自覚していても、際限なくバカな真似をしたくなる自分もいる。

金持ち独身男のロドルフは、エンマに目新しさの魅力が少しずつ剝げおちてきたと感じ、彼女の裸も単調に感じられてくる。

「しかしながらロドルフは、うしろに下がってみる人間の持つ優れた批判力をそなえていたから、この恋にはまだ生かすべき別の楽しみがあると見てとった。彼はあらゆる羞恥心を邪魔なものと考えた。彼はエンマを遠慮せずに扱った。彼女を言いなりになる堕落した女に仕立て上げたのだ。それは一種の愚かな愛着だったが、彼にとっては賛嘆に充ち、彼女にとっては快感に充ちていて、しびれるほどの恍惚であり、そして、彼女はこの陶酔にどっぷり浸かり、耽溺し、めちゃめちゃになり……」（P343）

目つきが大胆になり、くわえ煙草で愛人と散歩する……そうか、この色男がツンデレ女エンマを破滅させたんだ、悪いヤツだと思った。冷徹にして緻密な描写で、読んでいるぼくも思わず「うしろに下がって」眺めてしまった。凡庸な人物たちの凡庸な言動を描いた小説でありながら、記念撮影をするときのように一歩うしろに下がれば構図が見通せる。そして傑出した文学であることに驚く。

2020年9月7日（月） 71歳

38

「資本論　経済学批判　第一巻」カール・マルクス　中山元訳（日経BP社）

未完のマルクスの魅力

自分の労働と照らし合わせるようにこの本を読む人は、今ではほとんどいなくなった。マルクス主義は、資本主義経済から社会主義経済への移行を歴史的必然としたが、二十一世紀では社会主義経済から資本主義経済への移行が一般的であり、しかも矛盾だらけに移行する。

むしろ初期マルクスの疎外論が生き残った。賃労働の下の自己疎外から逃れようと、農業に従事しようとする人も少なくないが、それ以上の数の人が都市と企業体をめざして動く。金銭的動機だけではない。現代の企業体に協業の楽しさがあるからだろうし（疎外された労働もあり、ブラックな労働環境もあるが）、企業内でも労働市場でも、自分に合った仕事を見つけるチャンスがあるからだ。

そういう時代で読む「資本論」である。まず初めに商品ありき。マルクスは分業でも貨幣でもなく商品分析から始める。今ぼくの目の前にある、パソコンも机も本もみな商品だ。商品は、人と物との関係ではなく、人と人の関係つまり社会関係から見なくてはならない。次に商品の二つの要素、つまり使用価値と価値（価値の実体、価値の大きさ）が提示される。

「（アダム・スミスにならって）『商品には使用価値と交換価値がある』と述べたのだが、厳密に言えばこれは間違いだったのである。『商品は使用価値または使用対象であり、同時に〈価値〉でもある』」（第1分冊、P87）

しかし「商品は使用価値であり、同時に価値である」という表現は変じゃないか？　使用価値は価値という集合の一部分であるはずだ。「商品は使用価値であり、同時に価値の実体、価値の大きさである」は、非計量対象まで計量可能領域に移すから変だ。ぼくはここで労働力商品を連想した。マルクスも、商品の価値の記述に平行して労働力商品を分析する。

「労働者が売るのは、彼の労働力である。彼の労働が始まると、その瞬間からその労働は彼のものではなくなり、彼がそれを売ることはできなくなる。労働は価値の実質であり、内在的尺度であるが、労働そのものにはいかなる価値もない。労働の価値という表現には、価値の概念がまったく拭いさられているだけでなく、その反対のものに変わってしまっている」（第3分冊、P404）

スミスのいう「労働の価値」では空想的だと批判して「労働力の価値」が正しいと主張するマルクスが正しいとも思えない。企業内で、事務職から営業職に変わる、営業職から研究職に変わることはあり、労働力の対価はそれほど変わらないが、売る（自分をアピール）ことはできる。

アリストテレス「ニコマコス倫理学」が引用される。該当箇所を渡辺邦夫訳で引いてみる。「商品となるべきものには価格がついていなければならない。なぜならそうするときに交換が常に起こるようになっており、また、もしそうなっていれば、共同もずっと続いてゆくからである。したがって貨幣は、尺度のようなものとして物品を通約可能とし、均等化する。なぜなら交換がなかったら共同はなかったろうし、また等しさがなければ交換はなかったはずであるが、もし通約可能性がなかったら、等しさもなかったはず」

しかし、人は高価格に好感をもったり低価格に好感をもったりして感情が定まらない。マルクスは、奴隷制は人間の不平等を前提としており、価値に踏み込めなかった、とする。それが可能となったのは「人間たちが互いに商品所有者として関係しあうことが支配的な社会関係になっている社会において」(第1分冊、P86)つまり近代市民社会である。法の下の平等により、質より量への転化により、価値分析が可能になった。

ここから貨幣論に進む。マルクスは、ヨハネ黙示録の「獣のしるし」が貨幣だという。「この刻印のある者でなければ、物を買うことも売ることもできない」。読者をギリシャ哲学と聖書に目を向けさせておいて現実に落とす。商品分析からの貨幣論である。

「一般的な等価物であることは、社会的プロセスを通じて排除されたこの特定の商品の特別な社会的な機能となる。こうしてこの商品は貨幣になる」(第1分冊、P161)

レトリックの巨匠だなあ、と感心する。ただ、はじめっから出せばいいのに……、と思う。例として靴を考えた。冠婚葬祭用の靴、おしゃれな靴、スポーツシューズ、……われわれは意識して履き分けている。買う前には安い靴に好感、買ったら高い靴に好感。そこに「価値」は出てこない。出てくるのは「使用価値」と「価格」（マルクスの言い方では「計算貨幣によって表された価格」）である。でも、これって経済学というより哲学だろう。

生産者が「価値ある商品を作りたい」と抽象的に思っても、消費者の使用価値評価と販売者がする価格設定のギャップに直面する。そこで、量産品（合成樹脂や化学繊維）によりコストダウンをはかって価格を決めれば、抽象的な「価値」は価格競争の中に消える。これでは消費者サイドと同じではないか？　その疑問にマルクスはこう答える。

「この関係としては、商品には特定の社会的な法則にしたがって測定された商品所持者の労働が投じられているということにしかない。その労働の量は、彼の商品の価値の大きさとして表現されている。価値の大きさは計算貨幣によって表されるから、その労働量はたとえば十ポンドという商品の価格によって示される」（同右、P356）

労働の質を労働量に転化する分析には、実感として納得できない。しかし「ある商品が商品であると同時に貨幣であるという二重の形態をとって、この自立した形態が最終的に実現されるまで、この欲求は休まることがない。このように労働の生産物が商品となるのと同じように、ある商品が貨幣になるのである」（同右、P162）という哲学にはうなずける。

労働の量重視の哲学は疑わしいが、それでも第一篇「商品と貨幣」は矛盾がはらむ力を描いておもしろい。ヘーゲルの「生成する力」のマルクス的表現だ。

「商品の流通にはさまざまな矛盾が内在している――まず商品そのものに使用価値と価値の対立があ

り、私的労働が、同時に直接に社会的労働として表現されなければならないという対立があり、特殊な具体的な労働が、同時に抽象的で一般的な労働としてのみ通用しなければならないという対立があり、物が人格化され、人格が物化されるという対立がある」（同右、P228）

額に刻印された獣のしるし、または大いなる試練は、同時に救済がくるあかしでもある。資本制が圧倒的多数の労働者を抑圧している……、だからこそ革命が到来し、解放は近い……という論理展開は、ほとんど神学である。革命は黙示録の天使の役割に似て、貨幣を廃棄（止揚）するはずだ。しかしマルクスは、貨幣の止揚を暗示するだけだ。

第二篇で「増殖価値」が出てくる。中山訳の特徴となる訳語であり、ふつう「剰余価値」と訳されるMehrwertである。「付加価値」とされて、一般的に流通しているが、いわんとする意味はたしかに「増殖価値」だろう。「余りもんに福」みたいな剰余価値ではおかしい。

「価値は自己運動する主体に変わる」「もともとの価値からみずからを増殖価値として排出し、自分の価値を増やしていく。価値が増殖価値を作り出していくこの運動は、価値自体の運動であり、価値の増殖であり、自己増殖にほかならないからである」（同右、P328）

運動を見ろ、静態じゃだめ……のマルクス節ではぐらかされた気がした。増殖価値の発生源が労働だということは、スミスの発展形だが、それをマルクスは認めないだろう。増殖価値のテーマは変奏される。

「労働過程では、使用価値を生産する有用な労働が行われる。これは労働という運動を質的な観点から眺め、その特別な様式や、目的や、内容について考えるものである。ところが価値の形成過程では、この同じ労働が量的な側面だけから考察される。そのときに重要なのは、労働がその作業を遂行するために必要な時間の長さであり、労働力が有用な形で支出される時間の長さである」（第2分冊、P54）

現代の労働者は「商品の価値が労働時間の長さで決定される」とは思わない。マルクスは、単純労働も複雑労働もないとして「一日分の高度な労働は、X日分の単純な労働と等しい」（同右、P58）とする。技術革新や技術力を過小評価している。

熟練した板前が巧みに研いだ包丁で切った刺身は、素人がなまくら包丁で切った刺身より「カネが取れる」し、高速旋盤につけられたスウェーデン鋼のバイトで削った金属製品は、粗悪な品質のバイトで削った製品より「カネが取れる」。だから製造業では品質管理に血眼になるし、サービス業でもサービス品質向上をはかる。それが市場の常識である。

技術や品質への過小評価は、悪貨が良貨を駆逐する産業革命期ならではだ。克己精励する資本家は、利己的で強欲な資本家となり、労働者を搾取せずにはいられない。労働者の搾取は資本にとって必然……この主張こそがマルクス主義（マルクス理論でなく）だ。第三篇では、窮乏化理論が述べられる。

「どんな株式の投機においても、誰もいつかは〈雷〉が落ちることは知っているのだが、自分だけは黄金の雨をたらふく浴びてから安全な場所に避難したあとで、雷は隣の人の頭の上に落ちるだろうと期待しているのである。『あとは野となれ、山となれ』。これがあらゆる資本家と資本国家の合言葉である。だから社会から強制されない限り、資本は労働者の健康や寿命に配慮することなどありえない」（第2分冊、P245）

この皮肉はいまに通じる。しかし、マルクスは、チャーチスト運動にも改良主義の成功事例にも触れない。

「定められた目的であるのは、資本の自己増殖をできるだけ大きくするということ、できるだけ大きな増殖価値を生み出すこと、すなわち資本家が労働者をできるかぎり搾取することである」（同右、P403）

一昔前の資本家の目的は「利潤の極大化」であり、今の資本家なら「企業価値を大きくすること」だろう。それに第三次産業が増大した産業構造の変化をマルクスは予見していない。

「自動化された工場で働く労働者たちの労働は均質なものとなり、平等なものとなる」（第3分冊、P129）。ここでも質から量への転化と、工業化の効果が強調される。

資本制的な生産は「都市労働者の身体的な健康を破壊し、農村労働者の精神的な生活を破壊することになる」と記すマルクスは、イギリスのエンクロージャーと農業の荒廃について精密に描写する。日本の近代化では、農村から都市への人口流動は、十九世紀英国のように暴力的ではなく、農村に基盤を持っていた自民党政権は、株式会社の農業参入を制限し、資本主義化に歯止めをかけた。マルクスは、資本主義的農業を強く批判する。

「資本制的な農業におけるあらゆる進歩は、労働者を略奪する技術の進歩であると同時に、土地を略奪する技術の進歩でもある。特定の期間にわたって土地を肥沃なものとするあらゆる技術の進歩は、この肥沃さの持続的な源泉を破壊する技術の進歩でもある」

マルクスは、十九世紀アメリカの資本制農業を批判し「この破壊プロセスはますます迅速に進展し「あらゆる富の源泉である土壌と労働者を破壊しなければ、社会的な生産過程の技術と結合を発展させることができない」（同右、P322）とする。

しかし、われわれは旧ソ連や中国の集団農業による環境の荒廃を見ている。より根本的には森林を伐採する農耕や牧畜そのものがはらむ問題である。

窮乏化理論は、現代の格差拡大をもいい当てている。途上国では一人当たり国民所得が右肩上がりに増大したが、長期的には所得格差がひろがり、先進国でも格差はひろがっている。

「労働力の価格は、労働の生産力が向上すればたえず下落するが、同時に労働者の生活手段の量は増加していくことがありうる。しかし相対的には、すなわち増殖価値との比較においては、労働力の価値はたえず下落し、これによって労働者と資本家の生活水準の格差は増大していくことになる」（第3分冊、P365）

日本では格差は二十年前に比べ拡大し、五十年前に比べても拡大した。しかし、百五十年前に比べるとどうか？　他方、労働力の価格は、二十年前、五十年前、百五十年前と比べて上昇している。労働力の価値についても同様だ。

別の指標も参照しよう。人口は百五十年前に比べて大きく伸びた。平均寿命も個人所得も伸びた。社会的共通資本、個人消費、交通量、情報量……も同様。これらは資本主義の成果であり、長期的には生活水準の格差は拡大していないし、窮乏化予言は部分的にしか当たっていない。

「（増殖価値を加えた）この商品を再び流通の領域に投入する必要がある。この商品を販売し、その価値を貨幣において実現し、この貨幣をあらたに資本に変容させ、こうした同じことを繰り返す必要がある」（第4分冊、P11）

拡大再生産である。成長、成長また成長。しかし「資本家が人格化された資本であるかぎりにおいてのみ、歴史的価値と歴史的存在権をそなえている」と続けるなかで「のみ」と断言してしまうのがマルクスらしい。

堀江貴文が若者に迫った。「金持ちになる方法はあるけれど、金持ちになって君はどうするの？」。逆にいえば、金持ちほどカネにしばられやすく、カネが独り歩きして人格を動かす（資本の人格化）のが資本主義の現実だ。貨幣は資本にならざるをえず、金融市場が経済の中核になる。大金持ちは五分働けば大金が得られる。そんな社会でどう生きるか？

「宗教においては、人間は自分の頭で作りだしたものに支配されるが、資本的な生産においては、人間は自分の手で作りだしたものに支配されている」（同右、P145）というが、金融資本やＡＩには当てはまらない。宗教と同じく自分の頭で作りだしたものに支配されている。

マルクスは、社会が運動し発展する壮大な理論を打ちたてようとして未完に終わった。しかし、未完ゆえの力強さがあり、未完のマルクスの魅力を感じさせた。

２０１４年11月13日（木）　65歳

39

「悪霊」ドストエフスキー

亀山郁夫訳　（光文社古典新訳文庫）

悪を描いた思想劇、人間には、科学よりもパンよりも美が必要

昔、友人と酒を飲んでいたら「文学上の悪役でおまえに似ているのはだれ？」と聞かれ「一にピョートル・ヴェルホヴェンスキー、二、三がなくて四にリチャード三世」と即答した。日本文学にすごい悪役がいない、悪を描けなかったことが日本文学の弱み（例外は鶴屋南北）と思っていたのは若気の至りだ。

翻訳で読む外国文学によって、ぼくは悪の描写にめざめた。それは、自分の中に悪をなす可能性を見つけたことでもあった。近代日本の文学愛好者のほとんどはぼくと同じく翻訳文学を通して「悪に開眼」したのだろう。そして翻訳文学における「悪を描いた大物」は、シェイクスピアとドストエフスキーであることに異論もない。ここで気がつくのは、シェイクスピアにせよ南北にせよ劇作家であるということだ。

ドストエフスキーは小説家だが、今回「悪霊」を再読して強く感じたのは、ドストエフスキーは非常に演劇的に書いているということだ。すべてドラマになるような書き方……逆にいえば、悪を描くために、演劇的であることが必要なのではないかと思う。それが裏目に出て、グロテスクな悪趣味に陥ったのが第三部のユーリア夫人の「祭り」だろう。もっとも、それをカーニバル性として積極的に評価するバフチンのような人もいるようだが、こういう演劇性の過剰に対しては嫌悪感を示す人の方がむしろ多い。

訳者亀山は「悪霊」を「主要登場人物の三分の一が死ぬ」異常な小説という。この点でも血なまぐ

さいシェイクスピア悲劇（たとえば「ハムレット」「リア王」）に似ている。

もちろん小説で悪が描けないわけではない。ぼくが読んだ範囲でも、たとえばサドが描くジュリエット、ユイスマンスやトゥルニエが描くジル・ド・レェがある。しかし、悪の造型として、シェイクスピアとドストエフスキーのレベルに達していない。

しかし、またこうも思う。「悪霊」の中で最も悪の悪たる人物として描かれているスタヴローギンが、あまり演劇的に描かれてはいない。この小説で最も演劇的な悪役は、小悪党ピョートル・ヴェルホヴェンスキーなのだ。ぼくと同じく、多くの読者はピョートルに自分を見る。しかし、スタヴローギンには自分を投影しにくい。それだけ際立った個性である。

こういうことが見えたのは再読したからだ。巨大な作品は、何度か通読しないと理解できない。再読は遅きに失したのかもしれないが、亀山訳の登場を待って読んだのはよかった。

最初に読んだ新潮文庫の江川卓訳は「スタヴローギンの告白」（少女との性交というスキャンダラスな要素が、編集部に忌避され雑誌に掲載されなかった）を含む「チーホンのもとで」の章が、巻末の付録になっていた。これでは、読み終えてから読者が「実はこういうことだったのか」と納得することになってしまう。

読者は「スタヴローギンとは罪の意識に悩む弱い男」と解釈してしまい、それは出版社と妥協しつつ視点を変えたあとのドストエフスキーに合うかもしれないが、スタヴローギンの役割を大きく減殺する。

亀山がスタヴローギンを「その限りない存在の希薄さにおいて、悪霊としての、霊としての存在感にまで到達している」と見るのは、感情移入できないような人物だからだ。貴族であり高い知性をもつ美青年スタヴローギンの自己分析はこうだ。

「私は生まれつき動物的な肉欲をさずかり、自分からつねにそれを掻き立ててきたにもかかわらず、私は修道僧として一生を過ごすことができるだろう」「わたしはつねに、その気になれば自分の主人になれる」（第2巻、P556）

冷たい理性的な悪を体現し「自分の主人になれる」スタヴローギンは自殺し、スタヴローギンに思想的に影響されていたピョートルはまんまと逃亡に成功するという結末が象徴的だ。おびただしい死者を出したにもかかわらず、直接の犯人であるピョートルのみは死なずに、小さな重量をもつ悪霊としてヨーロッパを徘徊する。ピョートルとは、どこの国の革命運動にも姿や名前を変えて現れる、だれもがなれる存在だ。

「いちばん重要な戦力、つまりすべてをくっつけるセメントっていうのが、自分の意見に対する羞恥心。こいつは本当に強力ですよ！　自分の考えがだれの頭からもきれいさっぱり消えてなくなったなんて、いったいだれの働きですかね、その《けなげな》働き手は誰かってことですよ！　意見をもつことをいまじゃ恥だと思っているんですから」（第2巻、P432）

このピョートルのことばは、スターリン体制にべったり従属した知識人を予言している。同じくピョートルの言葉。

「社会の構成員の個人個人が、たがいに相手を監視しあって、密告する義務を負う。個人は全体に属し、全体は個人に属する。全員が奴隷で、奴隷という点で平等だ。極端な場合には、中傷、殺人も許される、でも大切なのは平等」

「専制主義のないところに自由も平等もあったもんじゃないが、家畜の群れには平等がなくちゃならない」（第2巻、P510）

昔は、脇役の一人シャートフに惹かれ、超人思想の先駆者キリーロフの思想には惹かれなかった。しかし、再読して、二人が双子のように同じ根を持っていると見えた。

ドストエフスキーは、シャートフの人間造型に肯定性をこめたのだが、キリーロフの思想には否定的である。にもかかわらず、否定しがたい本音がこめられている。徹底した理性主義がスタヴローンの影響であるとしても、孤高の思索家キリーロフと卑俗な行動家ピョートルとの対話には、シェイクスピア劇のような演劇性がある。

対話劇が断続するこの長編小説からは、名せりふを取り出したくなる。父ステパン・ヴェルホヴェンスキーのことば。

「で、ね、ほんとうの真実っていうのは、つねにどこか嘘っぽいところがあるもんなんですよ。そのこと、あなたにはわかりますか？　真実をより真実らしく見せるには、真実にぜひとも嘘を混ぜてやる必要があるんです。人間てのは、いつもそんなふうにふるまってきたんです」（第2巻、P27）

次は息子ピョートル・ヴェルホヴェンスキーのことば。

「真実ってのは端っこをちらっと見せて、相手をじらしてやるくらいがいちばんなんです。他人にだまされるより、自分で自分をだますのが人の常ってもんでしてね」（第3巻、P398）

並べてみると確かには親子である。少なくとも、読者にそう見えるように作家は書いている。次はキリーロフのことば。語る相手はスタヴローギンだ。

「人間が不幸なのは、自分が幸福だってことを知らないからです。たんにそれだけの理由です。それだけのことなんです、ほんとうに！　それがわかれば、人はたちまち幸福になれる」（第2巻、P82）

スタヴローギンのリクエストでチーホンが暗唱した聖書のことばは、小説中に二回出てくる。不整合であり、「悪霊」が未定稿といわれる所以だが、それだけに注目すべきだ。

「わたしはあなたの行いを知っている。あなたは、冷たくもなく熱くもない。むしろ冷たいか熱いか、どちらかであってほしい。熱くも冷たくもなく、なまぬるいので、私はあなたを口から吐き出そうとしている。あなたは『わたしは金持ちだ。満ち足りている。何一つ必要な物はない』と言っているが、自分が惨めな者、哀れな者、貧しい者、目の見えない者、裸の者であることがわかっていない」（第2巻、P545）

チーホンはスタヴローギンに「あなたとしては、生ぬるいものにだけはなりたくない。ひょっとしてあなたは異常で怖しい目論見に打ち負かされているのかもしれない」（第2巻、P548）と応じる。

このスタヴローギンとチーホンの対話は、アカデミー版と呼ばれる初校ゲラのテキストで読むと息づまるような緊張感がある。スタヴローギンのニヒリズムの大きさゆえだろう。それ以上に緊迫感があるのは「スタヴローギンの告白」であり、ここだけ一人称であり、小説の大半を占める演劇的描写から大きく離れる。

今回、この初校版「スタヴローギンの告白」を初めて読み、つくづくドストエフスキーはすごいと思った。十歳の少女（ショックを緩和するために十四歳と書いたりしているが）を誘惑して性交し、自責の念にかられた少女が自殺するまでの経緯を冷たく眺めているスタヴローギンの内的告白の臨場感がすごい。

「彼女はふいに私に向かって何度も顎をしゃくりだした。相手をひどく責めたてるときに顔を縦にふるあのやり方である。それからいきなり私に向かって小さなこぶしを振り上げ、立っているその場所から私を脅しはじめた」

彼女は木造の渡り廊下に出て、便所のならびにある鳥小屋のような納屋に入った。「奇妙な考えが私の頭にひらめいた。私はドアを静かに閉じ、窓辺に寄った。むろん、ちらりと浮かんだその考えを信じるわけにはいかなかった。《が、それにしても》……（私はすべてを記憶している）」

時計を見て、時刻を頭にきざんだ。ハエがうなり頭にとまった。荷馬車が中庭に入ってきた。本を手に取ったが、それを放り出し、ゼラニウムの葉にとまっている小さな赤いクモを見つめ、そのままわれを忘れてしまった、としながらスタヴローギンは矛盾するように「私はぎりぎりの瞬間まですべてを記憶している」と断言する（第2巻、P570）。二十分たって、心臓が痛いほど脈打つのを感じながら、納屋のドアを開け、少女の縊死死体を確認する。

スタヴローギンの冷たい理性的な悪は、シェイクスピアの情念的な悪役、たとえばイアーゴオやリチャード三世やマクベス夫人とは明らかに異なっている。それまでの文学はスタヴローギンに具現化された理性的な悪を描けなかった。その後、なんと多くの作家がこの悪を超えようとして悪人を超越的に描こうとしたことか。

戦後日本文学にしても、埴谷雄高から村上春樹、エンターテインメント系の作家が、ありとあらゆる手法を用いてスタヴローギンを超えようとしたが、ドストエフスキーの「赤いクモ」のような描写はできなかった。

スタヴローギンは数年後にドイツの田舎の駅前ホテルで休憩したとき、クロード・ロランの絵にある神話的風景を夢に見る。「まだ知ることのなかった幸福の感覚が、痛いほど私の心を刺し貫いた」そのとき、ゼラニウムにとまっていた赤いクモを見る。

癲癇患者ドストエフスキーらしい恍惚感の描写は、多幸症《ユーフォニア》の陶酔と同じようだ。しかし、恍惚感の中に現れる「赤いクモ」（理性的殺人によって生じる快感の象徴）というアンビヴァレンスは考えたこともなかった。ニヒリズムの深淵を思わせる謎めいた描写だ。

再読で印象的だった登場人物はステパン・ヴェルホヴェンスキーである。ドストエフスキーがステパン氏を否定していないと感じた。しかし、初読当時の支配的見解は、悪霊に取りつかれたピョートルはまさにステパンから生まれた……というものだった。「連合赤軍は戦後民主主義から生まれた」みたいな類推文脈で語られがちだったのである。

それが亀山訳では明らかに違う。亀山は、悪霊たちに対抗しうるかすかな希望としてステパンの最期があるという解釈をする。それにピョートルはステパンのほんとうの子どもではないという暗示も指摘している。「ステパン・ヴェルホヴェンスキー氏の最後の放浪」は、この小説における微光のような章であり、もしかするとトルストイはこの部分にインスパイアされて家出を決行したのかもしれないと思ったりした。

ステパンのことばには、ドストエフスキー固有の思想がにじみ出てくる。

「科学がなくとも、パンがなくたって人類は存在できる、でも、美は、これなくしては、存在できない、なぜなら、この世界でするべきことが何もなくなってしまうからです！　すべての秘密はここに、

すべての歴史がここにひそんでいるのです！」（第3巻、P70）
夜の火事の場面は、ドストエフスキーにしては珍しく描写的だが、それでもやはり演劇的であり、語り手は「夜の大火はいつも、いらだたしい印象と何かしらわくわくさせる印象を呼び起こすものだ」「独特の破壊本能を呼びさます」「この隠微な感覚には、いつも人を酔わせるような感じがある」と語る。石川啄木の歌「やや長きキスを交わして別れ来し深夜の街の遠き火事かな」みたいな情調である。しかし、続くステパンのことばはさらに突っ込んでいる。

「ある種の満足感なしに火事を眺めることができるものか、ほんとうのところぼくにはわからないね」。しかし話者は続けて「むろん夜の火事を眺めるのが好きだという男が、火に包まれた赤ん坊や老婆を救い出そうと、みずから火の中に飛び込んでいく場合もある。しかしそれは、まったく別次元の話である」（第3巻、P138）と述べる。

ステパンの滑稽な最後の旅はドストエフスキーにしては珍しく、広大な風景の中に描かれて映画的である。そこで知り合った聖書売りの未亡人ソフィヤに求婚して、病床についたステパンは「ぼくはね、一生嘘をついてきました」と告白する。「ひょっとしたら、ぼくはいまも嘘をついているかもしれない。そう、確実に今も嘘をついている。問題は嘘をついているときでも、ぼく自身は自分の言っていることを信じているってことなんですよ。人生でいちばん困難なのは、嘘をつかずに生きるということ。……それに……自分自身の嘘を信じないこと」（第3巻、P472）

先に引用したステパン自身のことば（第2巻、P27）と、ピョートルのことば（第3巻、P398）のあとに発せられている意味は大きい。対話ではないが、ピョートルに語りかけるようだ。この小説は、親子の小説として読めるし、だめな親を肯定する物語でもある。

2012年10月17日（水）　63歳

40 「アンナ・カレーニナ」 トルストイ　米川正夫訳　（日本ブッククラブ）

思想家トルストイと芸術家トルストイがせめぎあう

高校の国語の女教師が、恋愛小説を「しょせん男と女の話」とばかにしていた。ぼくは、この先生に反発していたにもかかわらず、恋愛小説を遠ざけてしまった。後期短編を読むと、トルストイのイメージは、暗い宗教的な作家であり「道徳的怒りの巨匠」だったのである。しかし、五十歳を過ぎると「戦争と平和」より「アンナ・カレーニナ」を推したくなる。

この小説の、二十歳も年上の夫と結婚した美貌の女が伯爵士官と不倫をして鉄道自殺するというプロットには、高校生のぼくも「あったりまえじゃないか。それしきの教訓は週刊誌からでも得られるよ」と思った。結論が見える「しょせん男と女の話」だろうと。

五十近くなってこの本を読んだ友人が強く奨めてくれた。若くして読んだかみさんも「えっ読んでないの？　でも五十になって読むといろいろわかるんじゃないかしらね」といった。そのとおりだ。負け惜しみでいわしてもらえば、齢五十にして読むべき小説だ。

トルストイは、ヴロンスキーとアンナの出会いの場面を駅頭にしている。たまたま轢死者が出て、アンナはすでに死の暗示を受けた気になる。それからアンナは終始一貫ヴロンスキーを避けている。冒頭から二人が結ばれるまで、恐ろしく長い。トルストイは描写の作家だ。とにかく大壁画のように緻密な描写の連続なので、古臭いといえば古臭いし、書き込み過ぎともいえる。しかし、やはりその描写力には感心してしまう。

小説の序盤で、晩餐会の前の晩にヴロンスキーがオブロンスキー家にちょっと寄る。「アンナが階段のそばを通りかかった時、従僕が来客の取次をしに上へ駆け上り、当の来客はランプのわきに立っていた。下を見下ろしたアンナは、すぐヴロンスキーだと気がついた。と、奇妙な満足の念と、同時に何かに対する恐怖の感情が、突如彼女の心中にうごめいた。（中略）ヴロンスキーは目を上げて彼女を見た。するとその顔は何かはずかしめられたような、おびえた表情になった」

しかしヴロンスキーはどうしても中に入ろうとせず帰ってしまう。キティ（アンナの兄嫁の妹）は「あたしが留守だったものだから、ここに来ているものと思って、わざわざ回ってらしたんだけど、遅くはあるし、アンナさんが見えてるからと思って、おはいりにならなかったんだわ」と、自分一人だけ察しているように思う。

「計画中の宴会について詳しいことを聞くために、夜の九時半に友人を訪ねてきて、中へ入らなかったというのは、なにも並外れて不思議なことではなかったが、それでもみんなは変に感じた。だれより一番それを妙なよくないことと感じたのは、アンナであった」

こうした恐ろしさを含む不安感を、ほとんど心理描写なしで描くところがすごい。心理分析をしてみせるのは未熟なキティであり、その分析は完全に外れるのだ。精緻な心理描写を誇るフランス小説の繊細ぶりはここにない。

狩猟の描写もいい。「戦争と平和」の猟の描写もすぐれているが、この小説では猟が二回も出てきていずれもすばらしい。猟を描いてトルストイの右に出る作家はいないのではないか。自然描写が卓越しているところに、猟の気分が描けているから臨場感がある。

それからファッションの描写。トルストイは貴族であり、自由思想家であったから、当然のごとくおしゃれだ。トーマス・マンがそのおしゃれぶりを褒めていたとおり、好きこそものの上手なれでファッション描写は際立っている。今日の目で見ても、いけてる。

女のファッションの例で一つあげれば、キティがアンナに惚れこみ、舞踏会の衣装にはぜひ藤色を着せたいと思っていたところ、アンナが着てきたのは黒ビロードで黒のリボンに白のヴェニスレース、真珠の首飾りというもので、キティを驚かせ、これまで彼女の美を了解していなかったと思わせたというくだりだ。喪服めくファッションというのがミソだ。

男のファッションの例ではオブロンスキーの狩猟ファッションだ。「破れたズボンに短い外套を着、サンダルにゲートルというでたちであった。頭にかぶっているのは何かの帽子の廃墟とでもいうようなものであったが、最新式の猟銃は玩具のように軽そうで、獲物袋も弾薬入れも使い古したものではあったが、最上等の品であった。ヴァーセンカ・ヴェスローフスキイは（中略）今こういうぼろを着て、しかも優美な、飽満した、愉快らしい貴族風の姿をした輝くばかりのオブロンスキーを見て、やっとそのことを合点した。で、この次の猟には是非ああいうふうにやろうと肚を決めた」

こんなダンディズムの描写は、トルストイ以外のだれができるというのだろう!

動物の描写。ヴロンスキーの愛馬フルーフルーとレーヴィンの愛犬ラスカは生き生きと描かれる。無器用な主人を哀れんで忠誠を尽くすラスカと対照的に、神経質で微妙な牝馬フルーフルー。この馬は難関障害を突破して先頭に立ちながら、最後の容易な障害でヴロンスキーのミスで転倒し、背骨を折って射殺される。ここにもアンナの死への暗示がある。

トルストイの物に対する愛着はすごい。しかも玩物喪志になりそうな気配がない。というより、世人はトルストイを人道主義の作家、宗教的な作家、ないしは道徳的な作家と見なしている。そのとおりではあるのだが、もっと先にある事実は、多くの物を強く愛している描写家ということである。つまりトルストイの特異性は、厳しい道徳家でありながら、物への欲望が非常に強く、道徳家特有のやせ細りを免れていることだ。

二人の最初の性交のあと「(ヴロンスキーは)殺人者が自分の手にかけた死体を見たときのような気持ちを感じた。彼の手にかけたこの死骸こそ彼等の恋であった」とする描写に至っては、トルストイはアンナの恋を最初から最後まで死のイメージで塗りこめたかったとしかいいようがない。

いかにも十九世紀的な愛と死の物語であり、その大時代的恋愛を古臭いと敬遠したくなる。二十一世紀の読者でさえ、トルストイのくどいけれども天才的な描写力によって破滅的情熱恋愛に引き込まれる。

アンナの夫カレーニンは、かさかさに乾いた心しかもたない男である。しかし、アンナがヴロンスキーの子を宿し、出産後に産褥熱から重篤になるとき、許しの感情を得て昇華する。カレーニンがほとんど聖人にまで高められるこの場面をドストエフスキーは絶賛したが、その後のカレーニンの「堕落」があるからこそ、「聖化」を絶賛したに違いない。トルストイというのは技巧家だが、技巧家をはるかに突き抜けたところに行っている。

人物描写にしても同じだ。「登場するどんな人間にも必ず美点が描かれている」という評価がある。世に「作者が登場人物を愛している」という言い方があり、くだらんねと思っていたが、カレーニン聖化の場面はまさに実例だ。しかも作者の愛し方がはんぱじゃない。

スタンダールは「カストロの尼」で「作者としてはここで筆をおきたかった」などと白々しく述べてヒロインの「堕落」を描き始める。ここでアンナが死ねば、あるいはヴロンスキーが自殺に成功すれば、この三角関係は高みにのぼったまままきれいに終わった、はずである。

そうはならずに、アンナとヴロンスキーはイタリアに旅立ち、またロシアに戻ってきて、離婚もならぬまま破局を迎える。二人がイタリアから帰り、破局に向かうまでの物語は重苦しい。国語教師がばかにするとおりの「男と女の話」になり、カレーニンが予想したとおりに進むからだ。しかし、エピグラフに掲げられたように「復讐するは我にあり」なのである。

この小説は、アンナの物語とレーヴィンの物語が対比的に描かれるが、現代の読者や批評家ならこんな対比的描き方は成功していないと斥けそうなところだ。力が分散しようとトルストイの内的必然性がこの対比的な構成を採らせたのだ。

読者がレーヴィンの物語に親近感を抱かざるを得ないように描かれるし、救いがあるのはこちらだからほっとするが、物語として弱い。どうもトルストイの政治戦略があるように思われる。「戦争と平和」のエピローグで、主人公一家のデカブリスト的な雰囲気の会話で未来を暗示するが、この小説でも同じ手が使われたのだろう。

映画では、アンナの死によって絶望したヴロンスキーがバルカン戦争に志願し、死地に赴くところで終わる。映画らしくファイナルな結末だ。しかし、原作ではレーヴィンとシチェルバーツキー老公爵が戦争へのロシアの介入を批判する。トルストイの平和主義は、高名な知識人の兄レーヴィンや、戦場での名誉ある死を求めるヴロンスキーを明確に否定する。

ここに来て十九世紀的な愛と死の物語は、二十世紀的な反権力反暴力の無政府主義的な思想によって葬られる。思想家トルストイが芸術家トルストイに対して勝利したのである。とってつけたような希望が、二十一世紀の今日でさえ有効なのである。皮肉なことにトルストイの戦争批判がそっくりそのまま現代に当てはまるとは。

2004年4月20日（火）54歳

41 「道徳の系譜学」フリードリヒ・ニーチェ　中山元訳（光文社古典新訳文庫）

ルサンチマンを克服したあとにくるのは虚無か

再読。若いころ山に行くのにニーチェの本をザックやズボンのポケットに入れていた。柿渋色にあせた岩波文庫には、雨による濡れのあとや汗のしみが残っている。ニーチェを読んで気分を高揚させていた、なんてばかみたいだが、やってたんだなあ、なにしろ若いから。でもニーチェを読みながら縦走路を歩く失業者ってかっこいいじゃないか。

ルサンチマンを克服する力を与えてくれ、自己超越に向かわせたのはニーチェだった、となると、永劫回帰を説く「ツァラトゥストラ」よりも、この本になる。

再読には中山訳を選び「距離のパトス」という表現に着目して読んだ。今日ニーチェを語る際のキーワードにまで格上げされたのが「距離のパトス」である。初読の木場深定訳では「距離の感じ」となっている。

「『良い』という判断は『良いこと』をしてもらった人々の側から生まれるものではないのだ！ この判断はむしろ『良い人々』の側が行ったものである。すなわち高貴な人々、力の強い人々、高位にある人々、高邁な人々の側が行ったのである。こうした人々は自らと自分の行動を、すべての低い者たち、心情の下劣な者たち、粗野な者たち、賤民たちとは違って、〈良い〉もの、第一級のものと感じて、評価したのである。彼らはこの距離のパトスから、さまざまな価値を作り出し、これらの価値に名前を与える権利を初めて獲得したのである。有用性などまったく無視したのだ！」（P36）

木場訳では「こうした距離の感じから、彼らは初めて、価値を創造し価値の名を刻印する権利を獲得した。彼らにとって功利が何であろう」で、意味がとれずもどかしい。

もう少しはっきりさせるために「善悪の彼岸」から中山訳で引用してみる。

「このパトスが生まれるのは、身分の違いが人々にとって身体に染みついたものとなっているためであり（中略）支配階級と隷属する人々のあいだでつねに服従と命令が実行され、抑圧と隔離が実行されるためである。そしてこの距離のパトスが存在しなければ、もっと秘密に満ちたあのパトスはうまれることはなかったであろう」

「これは要するに『人間』という類型を高めること、道徳的表現を超道徳的な意味で使えば、絶え間なき『人間の自己超克』を実現しようとする渇望である」（『善悪の彼岸』P405　光文社古典新訳文庫）

反平等であり反民主主義的であり反動的であり反時代的な内容だ。「おれは違うぞ」「おれは距離をとってる」という意識が、静態でなく生成のプロセスとしてとらえられている。距離のパトスは精神の運動としてあり、自分を超えたい望みと関係する。

若いぼくが「他人との比較なんてどうでもいい」「承認欲求なんかくだらん」と距離感を肯定的にとらえ返し、自己超越を「人類の自己超克」に同化させる高揚感に飛躍させていたのは、見当違いではなかった。

この本はニーチェにしては珍しい論文形式なので哲学的な代表作とみなされ、実際わかりやすい。それでも、えっと思うくらい飛躍した直観的表現がある。「虚無とは実は神のことだ。――神との神秘的合一を求めるのは、仏教においては虚無を、涅槃《ニルヴァーナ》を求めることだ――それ以上のことではない」（P47）とかである。

ニーチェは牧師の息子であり、敬虔な秀才だったから、根にキリスト教の、とりわけルター派の信仰がある。だから、ルサンチマンを鋭く批判するニーチェは、自分の中にルサンチマンを見て、自己を軽蔑し、なおかつルサンチマンを克服した者として自己表現する。ニーチェが仏教を「ルサンチマンの克服」としてとらえるのはすぐれた見解であり、ウェーバーのニーチェ批判は仏教理解の点だけでも軽薄だと思う。ただ、逆に信仰の薄い日本人は「ルサンチマンの克服」という観点が理解できないかもしれない。

ニーチェは「ルサンチマンこそ力への意志」と喝破しており、最後に勝つのはいつも弱者としている。さらには弱者がいるからこそ文化は陰影を有して輝くようになったとも……。内面化された道徳では、怨恨を抱くだけの者も社会規範に従うだけの者も下位に見える。

「民主主義にはある特異体質とでもいうものがあって、上から支配するすべてのもの、支配しようとするすべてのものを否定する。これは近代的な支配嫌悪主義《ミザルキスムス》であって、これが次第に精神的なものに、もっと精神的なものにまで変化し、精神的なものらしく仮装するようになっているのである」（P142）

支配者・権力者になりたくない、力を行使したがらない人々がいる。そういう人々が多数派を占めている日本のような、罪悪感や良心の疚しさが乏しい文化土壌もまた底が浅い。

「古代のギリシア人たちは、まさしくわが身から『疚しい良心』を遠ざけるために、そして魂の自由をいつまでも楽しむために、神々をずっと利用していたのである。キリスト教がその神を利用した方法とはまったく向きが逆だったのである」（P176）

歴史の中で、系譜学としてルサンチマンの変化を見なければならない。強者に対する弱者の怨恨がどう変化し、どう内面化したか？　陰性感情の対象が強者や富者や健康な者から自分自身に移行した思想的系譜をたどる。第三論文「禁欲の理想の意味するもの」で、ニーチェのルサンチマン論が単純否定でないことがわかる。

禁欲的司牧者はルサンチマンの方向を転換させ、もはや強い者に怨恨を抱くことでなく、自己へと向けかえること「あらゆる苦悩する者たちの悪しき本能を、自己の規律、自己の監視、自己の克服のために活用し尽くす」（P256）ようにした。

ここにこそ「道徳の系譜」の眼目がある。弱者にとって、異質の他者すなわち強者を敵とするのでなく自分自身を敵とするような大転換が、文明の基礎としての道徳にまで強固に鍛え上げることになったのである。それにはルソーのような人物が大きな役割を果たしたとニーチェは見る。ルソー批判は非常に鋭い。

「わが身の欠陥に種をまいて取り入れる。——ルソーのような人々は、自分の弱点・欠陥・悪徳を、いわば自分の才能の肥料として利用することを心得ている。ルソーが社会の腐敗や堕落を文化の厭うべき結果として嘆くとき、わが身の経験がその根底にある。経験の苦さが彼に全般的断罪の鋭さを与え、彼の射る矢に毒を塗る。彼はまず個人としての責任をまぬがれて、直接には社会に効くような、しかし間接には社会を介して自分にも効くような薬を探そうと試みているのである」（「人間的、あまりに人間的」I-P617　池尾健一訳、ちくま学芸文庫）

ただ、「禁欲の理想」批判のアプローチでは、まず美からするところがいかにもニーチェらしい……のだが、ハイデガーのニーチェ論のキモはそれなのだ。

「カントは『美とは個人的な関心なしで気に入るものである』と定義したのだ！　この定義を、本物の『観察者』であり、芸術家でもあった人物――すなわちスタンダールの定義と比較されたい。スタンダールはかつて美のことを『幸福の約束』と呼んだのだった。こちらの定義では、カントが美的な状態について提起した唯一の点、すなわち個人的な関心の排除が否定され、払拭されているのである」（P201）

一八八七年当時スタンダールは忘れられた作家だった。一方カント哲学は全ヨーロッパの講壇を制覇していたから、価値転倒がすごい。「ニーベルングの指輪」より「カルメン」の方が上だというニーチェ発言がうそっぽいのに対し、こちらは自然だ。

哲学は禁欲的理想に下に抑圧されてきたとニーチェはいう。「この世を否定し、生に敵対的であり、官能を信用せず、官能を否定した超然とした態度をとる」のが哲学的態度とまでみなされた。「禁欲的司牧者はごく最近にいたるまで、嫌らしく陰気な毛虫の姿をとってきたのだが、哲学はこの毛虫の中でしか生きることも、這いずり回ることもできなかったのである」（P228）

しかし、十九世紀と異なり二十一世紀の日本では禁欲的理想なんか見つけようにも見つからない。だからといって、単なる欲望の解放という文脈でニーチェをとらえるのもまただめ。

「禁欲的な生とは自己矛盾なのである。この生を支配しているのは比類ないルサンチマンである。これは生の一部として存在するものではなく、生そのものを支配しようとする力への意志と、飽くことなき本能が抱くルサンチマンなのである」（P232）

「禁欲的な理想は、生を保存しようとする術策なのである」（P238）

つまり禁欲的司牧者は、一見すると生に敵対し、否定する者にみえるが、実は「生の偉大な保存者であり、肯定を生み出す者、力なのである」「そうだとすると、あの〈病的なるもの〉はどうして生まれたのだろうか」。

この逆説とそれに続く自問が、ルサンチマンの転換に結びつく。「このような吐き気、疲労感、みずからへの嫌悪感そのものが、――そのすべてが人間において力強く現れるために、それが「人間を生に縛りつける」新たな鎖となるのである」「まさにこの破壊の巨匠が、自己破壊の巨匠がみずからを傷つけるときに、――この傷そのものが後になって、人間に生きることを強制するのである」(P238)

そう、ニーチェは登山の活力剤なんかではなく、ニヒリズムの巨匠である。「病者の光明」や「病者の健康」を見事に描いた哲学者が、病者こそが危険と断言する。

「わたしがもっと別の人間だったらよかったのに！　でももう望みはない。わたしはいまあるわたしでしかない。このわたしからどう逃れることができるだろうか？　ともかくわたしは自分にうんざりする！」

自己軽蔑の土壌に、雑草と毒草が繁茂する。「ここでは勝ち誇った気配を示すだけでも、憎まれるのである」(P243)。明るくてはつらつとして勉強のできる子どもこそが、出来の悪い子どもたちに陰湿にいじめられてしまう今どきの学校の話みたいではないか。

「あたかも健康であること、出来のよい人間であること、強い者であること、誇りの高い者であること、自分の力を感じる者であることが、それだけで品の悪いことであるかのように」主張する者たちに抗して、ニーチェは「より高き者は、より低き者のための〈道具〉になるほど、自らを貶めてはならない。〈距離のパトス〉によって、それぞれの者の任務は永遠に引き離されたままであるべきである」（P248）と主張する。

エピクロスが苦悩からの解放として提唱したのはアタラクシアだが、ニーチェによれば「そのためには稀有な力が必要とされる。勇気が、人々の意見を軽蔑する力が『知的なストア主義』が必要」（P269）である。ニーチェは知的ストア派でありたかったのかもしれないが、残念ながら近代人である。

「鬱状態と闘うためのもっと重宝な手段がある。それはすぐに服用することができ、常用することもできるささやかな喜びを処方してやることである。この療法と併用して、すでに述べた療法も利用されることが多い。もっとも頻繁に治療薬として処方されるのは、他者に喜びを与えるという喜びだろう（慈善、施し、慰安、援助、励まし、賞賛、顕彰などの方法による）。禁欲的な司牧者は『隣人愛』を処方することによって、根本的にもっとも強く、生をもっとも肯定する衝動――すなわち力への意志を処方するのである」（P270）

しかし、この論文のコーダにあたる部分では、ニヒリズムが強く出てくる。

「道徳はこれから滅びるのである――これには疑問の余地はない。ヨーロッパのために、次の二世紀の時間のために、この百幕からなる大いなる芝居が準備されているのだ。これはあらゆる芝居のうちでも、もっとも恐ろしく、もっとも大いなる疑問を掻き立て、おそらくもっとも大いなる希望に満ちた芝居である」（P325）

ニーチェの予言通り二十世紀中盤のヨーロッパでは「百幕からなる大芝居」が演じられ、恐怖と希望がまざり合って沸騰しながら推移してきた。それは歴史を見てきた通りなのだが「禁欲的理想がなかったら人間という動物にはいかなる意味もなかったろう」という断定には、欲望ボケの日本人を覚醒させる要素が含まれていよう。

「これまで人間を覆ってきた災いは、苦悩することそのものではなく、苦悩することに意味がないことだった」(P326)

「人間は何も意欲しないよりは、むしろ虚無を意欲することを望むものである」(P328)

ニーチェを読むと、俄然ドストエフスキーが読みたくなる。ぼくも進歩しちゃいないよね、学生時代から。

2012年8月20日(月) 63歳

42 「ユートピアだより」ウィリアム・モリス 松村達雄訳(岩波文庫)

美のユートピアは過去への旅

大学時代に友人がこの本を読んで「モアよりもモリスの方がずっとよかった」と感動を込めて語った。古典として名高い「ユートピア」より、この本を絶賛する彼に対して、「ほんとかよ?」と半信半疑だった。

友人は四十年たってもこの本をよく覚えており「後半にさ、テムズ川をさかのぼっていくだろう? あの描写が、なんとも言えずによかったんだよな」と目を細めていった。そのとおりであり、モリスの文学的意図を感じた。

ルサンチマンが強かったぼくは、ユートピア思想より黙示録的千年王国論に惹かれていた。力強く富み驕れる者たちが打ち倒され、弱く貧しく謙抑な者たちが支配する国を現世に打ち建てるという考えだ。「どこかにいる青い鳥なんておれの知ったことか」って気分だった。

てなわけでユートピア思想にはうとかったが、ディストピア小説は読んだ。というか、十九世紀以降はユートピア小説よりディストピア小説の方が盛んだ。ウェルズ、ハクスレー、オーウェル、ゴールディングなど多くのイギリス作家がディストピア小説を書いている。

それにユートピアは、描かれた当時は「ユートピア」でも、モアにおいて典型的であるように(奴隷がいる)、何世紀かたつとグロテスクなディストピアに見えてくる。モリスはその辺がよくわかっていた。「彼ら(知識人)は、いかにもその時代よりすぐれているんだといわんばかりの顔をしていました」(P133)と書いている。

ユートピア思想の創始者はだれか? おそらくプラトンであり、哲人統治の国だ。しかし、詩人が追放されるような、堅苦しい国にだれが住みたいか? プラトン苦心の構想によるユートピアも、二千年後のわれわれにとってはディストピアでしかない。プラトンのユートピアは真理のユートピアであり、モアのユートピアは平等のユートピアである。

モリスのユートピアはあきらかに美のユートピアだ。出てくるのは美男美女ばかり、詩や工芸は盛んだが、恋のもつれや三角関係は多く、殺人も起きたりする。

アドルノは「市民的ユートピアは、かならずやそこから排除されるもののイメージのことも考えざるをえなくなる」（「ベートーヴェン」大久保健治訳）と述べている。「世界に不幸が存在するためにユートピアの喜びも生まれてくる」からだそうだが、アドルノは、具体的には、ベートーヴェン第九の「歓喜の歌」のシラーの詩を思っているのだろう。愛を得られないオールドミスやモテない男は「涙とともに立ち去るがいい」という、あの歌詞である。

なるほどと思う。プラトンやモアのユートピアが、今ではなぜユートピアに見えないか、わかってくるし、なぜディストピア小説ばかりが書かれるのか、もわかってくる。市民法秩序の独占的排他的な法の支配、監視社会が「いまに幸福が失われるかもしれない不安」を読者に意識させるという意図を持つからだろう。

一八九〇年に書かれたこの小説で、排除されているのは、醜い物、汚い物、たとえば工業により大量生産された物であり、貨幣である。一口に言えば資本主義・商業主義が排除されている。それから警察・軍隊。「なにも個人をその大多数の同類たちの意志に無理やり服従させるために、陸軍や海軍や警察などを持つご念のいった政治組織などはだれも必要としないのです」（P142）。さらには科学。「十九世紀の科学は、もっぱら商業主義的体制の付属物に過ぎなかったのです。いや商業主義的体制の警察の付属物だったことも珍しくありません」（P238）「ねえお客様、今は発明の時代じゃないんですよ」（P307）

しかし、モリスは、「この世界には不幸が存在する」という伝統的なユートピア小説の狙いだけでなく「未来世界には失われてしまうような幸福がある」というディストピア小説の狙いも、すでにして織りこんでいる。モリスのユートピアでは、シラーのそれと異なり、モテない男も排除されていない。

ぼくの友人を魅了したテムズ川遡行では、六月のイギリスの美しい田園風景が展開する。モリスの経験した過去の美化、美化された中世に遡ってゆくから美しい。最後に現実のモリスが住んだ思い出のケルムスコット・マナーの廃屋にたどり着く。つまり過去への旅なのであり、不思議な明るさの中に悲哀を感じつつ、懐かしさに浸れるのだ。

人々が田舎暮らしを楽しんでいる、美化した中世を「どこともしれぬところ」として描いたモリスは単なるノスタルジー賛美者なのか？　ぼくはモリスの田園都市を、ル・コルビジェの計画都市と比べてみた。ル・コルビジェのモダニズム建築は美しいだけでなく機能的で、スロープがあるため障害者にもやさしい。しかし、単体の建築ではなく計画都市ではどうだろう？　自動車のアクセスを前提としており、道路は広くて歩くのに向いていない。ル・コルビジェのユートピアからは歩く喜びが排除されていそうであり、住んだら一週間で疲れてしまいそうだ。無機的なモダニズム都市に対置すると、モリスの田園都市は逆にいまも新しい。

ぼくにとってのモリスは、まず美術家モリスであり、すぐれたテキスタイル・デザインを展覧会で見て、アーツ・アンド・クラフツ運動の主導者として知っていたのである。次に「世界の彼方の森」のようなファンタジー作品を読み、それから社会主義者としてのモリスを知り、やっとこの本とモリスが結びついた。

モリスは富裕な商人の生まれであり、自身もすぐれた商売人だった。モリス・デザインの壁紙は百年以上たった今日でも売れるし、ケルムスコット・プレスの豪華本は当時から引く手あまただった。モリス商会を作って経営者になった彼は商業主義的成功者である。しかし、モリスはデザイナーとして得た利潤をアーツ・アンド・クラフツ運動につぎ込み、手工業的装丁造本によるケルムスコット・プレスでまたも利潤を得て……というように好循環を作り出したのだ。そこに思想的矛盾はない。金銭を美の創造に変えていたのだ。

今日、モリスは思想家として、散文作家として評価される。議論好きの騒々しい男で、労働者階級の美少女を妻として、自分好みの女に育てたピグマリオン・コンプレックスの持ち主だった。ところがその妻が、友人の画家ゲイブリエル・ロセッティに寝取られてしまう。

隣人として付き合いにくそうなおじさんだが、孤高の隠者タイプではなく、商才も文才も美的センスも併せ持っていた。そういう人の社会主義だからこそおもしろい。

この本の原題はNEWS FROM NOWHEREである。なぜモリスはUtopiaを用いずNowhereを用いたのか、というトリビアルな疑問を抱いた。From nowhereと言えば「どこからともなく」「つまらぬところから」という意味だし、Nowhereには「辺鄙なところ」「どこともしれぬところ」という負の語感があり、Utopiaのラテン語合成の理想郷的語感とは異なる。ビートルズの歌うNowhere Manと近いのかもしれない。

この小説には二十一世紀の女性が登場して語る。

「彼らの誤りは、彼らが送っていた奴隷生活からやはり生じたものではないでしょうか――人類以外のすべてのもの、生命あるものもないものもすべて（人びとがかつて自然と呼びならわしたもの）と、人類とを全然別なものといつも見なしていたような生活のせいじゃないでしょうか。こんなふうに考える人びとにとっては、自然を彼らの奴隷にしようとするのは当然のことだったのです。だって、自然は彼らの外にあるものと考えたんですから」（P324）

今日のテムズ川上流の一部は、モリスの描いたように復元され守られつつある。そこをボートで遡る元気な若い女性がこのことばを語っても違和感がないだろう。見事に予言が的中している。軽薄なことはいいたかないが、エコ元祖のモリスというわけだ。

２００８年3月7日（金）　59歳

43 「失われた時を求めて　スワン家のほうへ」プルースト　吉川一義訳（岩波文庫）

癒えたくもあり癒えたくもない「病気としての恋」

再読。読まずに死ねるか的な本とされながら読了した人は少ない。ぼくの周辺でも、読了したのはぼくだけなので、再読する人はさらに少ない。しかし、いわせてもらえば、再読でこそよく味わえる小説である。岩波文庫で十四冊、まだ七分の一だが、一度読んでいるから気持ちに余裕があり、かつて読んだ細部を意外に覚えていた。

巨匠ピアニストのリヒテルが、インタビューに答えたなかに、一日一ページでいいからプルーストを読みなさい、翻訳でいいから味読するといい、とあった。倍速視聴とかがはやっている世相に背を向け、反時代的な味読主義を実践したけりゃプルーストである。読むには文庫本がふさわしい。国際便の機内で読むのもいい。とはいえ「見開き二ページ改行なし」がざらにある。

のみならず、この小説は、感動を求めるむきには合わない。全然ぐっとこない。登場人物に感情移入したがる人にも向かない。語り手の「私」もシャルル・スワンもいやな奴である。美男美女の情熱と行動を描く「パルムの僧院」の対極にあるのがこの小説である。だから「好き」とはいいにくいが、豊饒な小説世界を味わわないと、人生損したくらいに思う。

架空の土地であるコンブレーの田園風景の描写は美しく、風景描写の作家プルーストと誤解させるほどだ。少年の「私」はサンザシの生垣ごしにブロンドの美少女を見つける。彼女がスワンとオデットの娘ジルベルトなのだが、お互いに見つめ合ったのちに娘は母親に呼ばれる。「少し離れたところに、キャンバス地の服を着たこれまた見知らぬ男の人が、顔から飛び出さんばかりの目を私のうえにじっと注いでいた」（1「スワン家のほうへ」I（コンブレー2）P310）

再読だと、この文の意味はすぐわかる。この男は男色家シャルリュス男爵で、嫉妬深いスワンが妻に近づくのを許すほとんど唯一の男性であり、だから彼は美少年？の「私」に目をつけたのである。

読者の記憶もプルーストのように喚起される愉楽を味わえる。有名な冒頭はこう訳される。

「長いこと私は早めに寝《やす》むことにしていた。ときにはロウソクを消すとすぐ目がふさがり、『眠るんだ』と思う間もないことがあった」

初読の井上究一郎訳はこうだ。

「長いあいだに、私は早くから寝るようになった。ときどき、ろうそくを消すとすぐ目がふさがって『これからぼくは眠るんだ』と自分にいうひまもないことがあった」

吉川訳が読みやすいし、日本語として練れていると思う。

プルーストといえば記憶、マドレーヌによって引き起こされる記憶喚起の描写が有名である。その箇所に至る前に、ケルトの伝説にある、死んだ人の魂が、動物とか植物とか無生物とか、なんらかの下等な存在の中に囚われの身となっており、われわれには事実上失われているという記述がある。それを受けて、

「われわれの過去も、それと同じである。われわれが過去を想いうかべようとしても無駄で、知性はいくら努力しても無力なのだ。過去は、知性の領域や、その力のおよぶ埒外にあり、われわれには想いも寄らない物質的対象（その物質的対象がわれわれにもたらす感覚）の中に隠れている」（同右（コンブレー1）P110）

哲学的に正確だ。過去を想いうかべようとしていくら努力してもむだであり、過去がなにかに触発されて不意に現前することをわれわれは経験的に知っている。しかし、日々のルーティンに追われ、過去の現前に「今ごろ出てきやがって」と舌打ちするのが功利的な俗人なのである。ぼくも老化によ

って記憶力が鈍り舌打ちしがちだが、過去の現前を純粋に喜ぶにはむしろ老化が適している。それでマドレーヌ、非常に有名な箇所なので引用する。

「やがて私は、その日が陰鬱で、明日も陰気だろうという想いに気を滅入らせつつ、なにげなく紅茶を一さじすくって唇に運んだが、そのなかに柔らかくなったひとかけらのマドレーヌがまじっていた。ところがお菓子のかけらがまじったひと口が口蓋にふれたとたん、私は身震いし、内部で尋常ならざることがおこっているのに気づいた。えもいわれぬ快感が私のなかに入りこみ、それだけぽつんと存在して原因はわからない。その快感のおかげで、たちまち私にも人生の有為転変などどうでもよくなり、人生の災禍も無害なものに感じられ、人生の短さも錯覚に思えたが、それは恋心の作用と同じで、私自身が貴重なエッセンスで充たされていたからである。というよりこのエッセンスは、私のうちにあるのではなく、私自身なのだ」（同右、P111）

一連の叙述は、音楽でいえば変奏曲のようだ。とはいえ主題ははっきりしない。最初はケルト神話にある人の魂についてであり「人の魂は失われている」と書かれ、次に哲学的に明晰な文章で「魂も過去も同様であり、過去が物質的対象の中に隠れている」と一般化されるのだが、さらに一転して文学的に表現される。主題は、過去であり、記憶なのだろうが、はっきり提示されないまま変奏され、身震いさせるほどの快感となってひろがる。

コンブレーで、思春期の「私」は「ゲルマントのほう」とか「メゼグリーズのほう」という方向性にひたる。ふたつの方向性はシンボリックな方向性なのである。

「メゼグリーズは地平線のように到達できないところ、どれだけ遠くまで出かけても、もはやコンブレーのそれとは似ても似つかない土地の起伏により、視界から隠れてしまうところであった。ゲルマントはその『方向』の行きつく現実の終着点ではなく、私にはむしろ理念上の終点で（中略）抽象的な地理用語としか思えなかった」

「つねづね父が、メゼグリーズのほうは、知る限りもっとも美しい平野の眺めであり、ゲルマントのほうは、典型的な川の景色だと話していたから、私は、それをふたつの実在として想いえがき、それに精神的所産にしか当てはまらない統合性、均一性を付与していた」（同右（コンブレー2）P297）

プルーストらしい世界の記述法だが、だれにもおなじみである。「八丁堀の」といえば江戸幕府の下級警察官僚を指し「霞ヶ関の」といえば現代の高級官僚を指す。ただ、それを大長編の構築として基本戦略にしてしまうプルーストが独特なのである。第一篇の終わりに「土地の名——名」で、時刻表を見ながら駅名（土地の名）に想像をめぐらせ、ときに文字の形を頭の中で想いうかべて遊ぶ（山型の記号アクサン・シルコンフレックスから破風を連想するとか）。

ぼくは山好きなので山名からいろいろ想像するのが好きだった。たとえば雨飾山、父不見山、黒法師岳、ホロカメットク山……とかで、自分で想像してひそかに楽しんでいた。プルーストと似たようなことをしていたわけだ。

富裕なユダヤ人の息子で、社交界の寵児、芸術愛好家（フェルメール研究家）であるスワンが高級娼婦オデットに恋をする。しかし、この恋は一筋縄ではいかない。初めは、当然オデットがスワンを金づるとしてすりよってくる。スワンの方も、美貌ではあるが、知性も品性も欠けている女に対して冷静であり、若いお針子を囲って性の快楽を楽しんでいた。

「昔は愛する女の心をわがものにするだけで、その女を愛することができる。恋愛とはこのように主観的快楽を追い求めるものだから、女の美貌への好みが恋愛のもっとも重要なファクターとなるはずの年齢においても、たとえ恋愛の基礎にあらかじめ欲望が存在していなくとも、恋愛が――もっぱら肉体だけの恋愛が――生まれることがある」

「むしろわれわれのほうで恋愛に手を貸してやり、記憶や暗示の力で勝手に恋愛をつくり上げるのだ」

（2「スワン家のほうへ」Ⅱ（スワンの恋）P41）

オデットが、ボッティチェリの絵の女と似ているのを発見して、スワンはのめり込み、周囲の男に激しい嫉妬を抱く。その恋をヴァントィユのソナタの音型が後押しする。芸術愛好家スワンらしい主観的な意識作用である。これは一見してスタンダールの情熱恋愛とは別物のように思われるが、スタンダールのいう結晶作用の発展形、退廃的な変奏ともいえる。はっきりいえば病いとしての恋愛である。スワンは病いを自覚して、こういう。

「この病いが癒えたらオデットの行為にも無関心になるだろうと考えた。ところが病的な状態にあったスワンは、じつをいえばそのような治癒を死と同じほどに恐れていた。治癒するのは、実際のところ現在の自分をすべて抹殺するに等しいからであった」（同右、P257）

一般的にも病人は、病気が癒えることを望む心の片隅で病気のままでいることを望みがちである。スワンの恋はまさにビョーキである。喘息もちで病気がちの語り手の「私」は、スワンのように「病いとしての恋をしたっていいんだ」と思うようになる、いわばロールモデルである。私はスワンに憧れ、スワンのように禿げたいとさえ思っている。

この先の「私」は「囚われの女」で、嫉妬をこれでもかと描くのだが、それはつまり「スワンの恋」の拡大深化である（と思う）。「スワンの恋」では「私」が見ることができない、知りえないことまで書いており、実際にほぼ三人称小説である。その点で「囚われの女」とは別物である。ただ、どう別物なのか？　興味をもって再読したい。

「人は自分の幸福がわからない。決して自分で思うほどには不幸でないのだ」と考えていたかと思うと「人は自分の不幸がわからない。けっして自分が思いこんでいるほど幸福ではないのだ」（同右、P368）。そのようにスワンは考える。

勝手にしろといいたくなるが、スタンダール（非モテ系で片思いにも幸福を感じた）とも似ているとも感じる。「他人を所有するという不可能な欲求にとり憑かれていた」（同右、P386）という、愚かなスワンなのである。

この小説の特徴の一つは、男女間の恋愛と同性愛が等価で語られることだ。モノソーシャルな日本社会では、同性愛が異性愛に取って代わられることが多い（中条百合子が湯浅芳子から宮本顕治に相手を変えた）が、第六篇「消え去ったアルベルチーヌ」のように異性愛が同性愛に負ける。むしろこうしたケースの方がリアルなのではないかという気がする。

無名のまま死んだ大作曲家ヴァントィユの娘は同性愛者であり、二人の体がからみ合おうとするのを少年の「私」は窓の外から見る。情景の奥にある心理が、再読でよくわかった。ヴァントィユは、娘の恋愛に反対しており、父の死後に恋人同士は性戯の刺激を高めるため父の肖像写真を冒瀆した。友だちをたしなめた娘のことばは、語り手によれば、

「善良な心根の証だった。父親のことを悪しざまにいわれ憤慨してそういったのではなく（そのような憤慨は、娘がいかなる詭弁を弄してそうしたかは不明だが、ことにおよぶときは圧殺する習わしだった）、エゴイストに見られないよう、友だちが与えようとする快楽に自分でブレーキをかけることばだったのである。それに冒瀆の言辞にかくもにこやかに節度をもって答え、偽善的ではあるがかくもやさしく咎めるのは、率直で善良な心根の持主には、自分が同化しようとする極悪のわけてもおぞましい猫をかぶった一形態に思えたのかもしれない。しかし娘は、無抵抗の死者すら容赦しない相手に優しくしてもらえるのだと想い、味わえるはずの快楽の誘惑にはうち勝てなかった」（1「スワン家のほうへⅠ」（コンブレー2）P350）

このあとで娘は、サディストのレズ相手に、自分を深く愛してくれた父親の肖像写真につばを吐かせる。プルーストは表面的には同性愛を「おぞましい」と批判しながら、SMプレイのような心理的サディズムを享受する姿を、共感をもって描写している。思春期前半の少年が、レズの恋人の心理を深く洞察することなどありえないが。

語り手の「私」にとって「欲望こそ、歓びの大きな源泉」（2「スワン家のほうへ」Ⅱ（土地の名――名）P508）である。とはいえ、プルーストにとっては、苦痛も歓びも大きな差はないのかもしれない。

2023年10月17日（火）　74歳

44 「存在と時間」 ハイデガー

熊野純彦訳（岩波文庫）

存在論というけれど実は最後の形而上学者

昔の学生は「読むべき」と思った本だが、今ではマルクス同様過去の遺物の匂いが漂う。かつての桑木務訳では八十ページで挫折した。当時この本は、マウンティングに用いられており、読んだと自慢し、中には「二度読んだ」という友人もいた。それならと質問してみた。「『存在と時間』に出てくる存在 Sein と存在者 das Seinde はどう違うんだ?」。すると相手はうつむいてしまった。

再挑戦にあたり、両者の違いから考えた。平易な講義録「ニーチェ」では、ハイデガーの狙いは、ギリシャ以来の形而上学を、ニーチェがしたように系譜学として再構築することだった。ぼくとしてはニーチェという鍵でハイデガーの扉を開けようとしたわけだが、一つの鍵ですべての扉があけられないのはもちろんわかっている。

「260『存在』はじっさい存在者としては接近不可能なものであり、存在はそれ故に、当該の存在者が有している、存在者として規定されたありかたによって、つまりさまざまな属性によって表現されることになる」(1-P442)

ここでは「存在」がまるで神のようであり、本来的な存在様式である。存在と存在者の関係は、伝統的に「神と被造物」だ。唯一の存在は神、神の被造物は人間を含む自然。しかし被造物にすぎない人間は、自分が死ぬことを知っているので「被造物トップ」の地位にある。

であればパスカルと同じであり「人間」でいいはず。しかし「一本の葦のようにはかないが、死ぬことを知り、それを考える人間の偉大さ」というパスカルの文脈では「人間」ということばに過重な意味が付与され、被造物の上下関係の方向にずれてしまう。

ハイデガーも伝統を踏まえ「258　神ではないすべての存在者は被造物 ens creatum である」と述べる。「にもかかわらず、私たちは被造物と同じように創造者も存在者とみなしているのである」(1-P436)。創造者も存在者か？と疑える。ens creatum を直訳すれば「創造された存在《エンス》」だから、同語反復ではないか。

唯一絶対神がいない東アジアや南アジアでは、神々のうちの最高神が天地をつくった。神を代名詞で呼ぶとすれば「かれ」か「それ」であり、やはり存在者なのである。死ぬことを知っている被造物は、いまはあるがいつかなくなると知っている存在者だ。裏を返せば、いまここにある自分が、存在することはなにかということを了解しているのである。トマス・アクィナス「神学大全」が引用される。「6　存在の了解は、そのつどすでにひとが存在者についてとらえるすべてのもののうちに、ともにふくまれている」(1-P75)

キモは「そのつど」という時間意識だ。机がある、犬がいる、という具体的な語りは、そのつど、英語でいえば be 動詞の時制で表せる。部屋に机がある、と語る人は、存在がわかっている。あるいは、知覚するとき被造物の存在について了解している。なにかがある、といわれれば、推理小説ではその主語「なにか」を探す。しかし、ハイデガーの着眼点は「ある」というbe動詞、つまり述語である。

　存在が存在者を創造したという形而上の高みから、日常の低いレベルに落とし「現存在が存在する（ある）」「存在者が存在する（いる）」と述語的にとらえる。存在は英語でいえばbeingであり、直訳すれば「あること」だ。そこに認識の明晰判明さはなく、了解しているという無意識に近い領域を、ハイデガーは存在論Ontologieのために位置取りしたといえる。

「14『存在』がなにを意味しているか、わたしたちは知ってはいない。だが、『存在』とはなんであるか、と問う場合『ある』についてすでにわたしたちはなんらか了解している。とはいえ『ある』がなにを指示しているのか、概念的に確定しえているわけではないだろう。そこから意味をとらえ、確定すべき地平すら、私たちは見わけていない。平均的でばくぜんとしたこの存在了解は一個の事実なのである」（1-P86）

　be動詞「なんであるか」を意識せよ！　部屋に机がある、犬がいる、という知覚では、塗装の色や犬の毛の長さをさらに明晰にとらえようと努めればできるので、ばくぜんとはしていない。存在とは何であるか？という問いは、知覚の分析ではなく、存在論的に見直すべきだというのである。

「問う者である私たちがそのつど自身それである、その存在者なのである、その存在者の存在様態なのだ。存在の問いを仕上げるとは、それゆえ、或る存在者――まさに問う存在者――をその存在において見とおしがよいようにすることにほかならない」

　またもや「そのつど」である。問うこともまたそのつどである。

「19　この存在者は、私たち自身がそのつどそれであるものであり、またとりわけて問うという存在

可能性を有するものである。その存在者を、術語的に現存在Daseinと名づけよう」(1-P94)

ただし「582　存在の意味への問いが総じて可能となるのは、ただ存在了解といったものが存在している場合だけである」(2-420)。眠っている人間は「問うという可能性を有しない」ので現存在ではない。だから現存在＝人間、にはならない(等値ではない)。

「40　現存在は、こうして他のいっさいの存在者に対して、いくえもの優位を有している。第一の優位は、存在的なものである。つまりこの存在者はじぶんの存在において実存によって規定されているということである。第二の優位は、存在論的なものである。すなわち現存在は実存として規定されたそのあり方にもとづいて、じぶん自身にそくして『存在論的』なのである」(1-P120)

ぼくには「存在的」と「存在論的」のちがいは不分明だが「実存」が人間に固有の存在様式であるとはわかる。「940　人間の実体は実存である」(3-P406)とくり返される。

神もまた存在者であり、ただし完全無欠の存在者だが、ハイデガーは完全無欠に関心がない。パスカルに対して、ハイデガーは存在了解をもってくるが、現存在は、そのつどそれである。「存在は時間から把握されるべき」(1-P139)だからである。

「969　被投性を引きうけることが可能となるのはしかしひとり、将来的な現存在がじぶんのもっとも固有な『みずからがそのつどすでに存在していたままで』すなわち自分の『既在』として存在しうることによってだけである」(3-P455)

ハイデガーはヘーゲルと同じく「いまここにある」より「すでにここにあった」に力点をおき、やがて回帰するとしている。「いまそこにある」「いま目の前に見えるもの」を認識論的にとらえない。

現存在とともに重要な用語は、世界内存在In-der-Weld-seinである。これは「現存在についての、一箇の基礎的構造」(1-P221)とされる。存在への問いを進めるなかで、本質よりも現実や日常性に焦点があてられ「現存在の『本質』は、その実存のうちにある」(1-P225)と主張される。そこからさらに「Essentia(本質)に対するexistenti(実存)の優位」(1-P229)という有名なテーゼが出てくる。

「169 世界内存在は、そのうちで現存在が総じて活動しているばかりでなく、現存在がそこで主として日常性という様態で活動している、現存在の根本体制である」(1-P294)

ハイデガーは「この体制を解釈すること」が正しい着手点だとしており、現象学より存在論にぐっと寄せてくる。同語反復の多いハイデガーの存在論は形而上学の代替物のように見える。だから実存主義となって一世を風靡したが、後年ゆっくりしぼんだのではないか、と思う。

「176『世界』を現象学的に記述するとは、だとすれば、世界の内部で目のまえに存在者の存在を提示し、概念的‐カテゴリー的に確定することになるだろう。世界の内部の存在者とは事物であり、つまりは自然的事物と『価値を帯びた』事物である」(1-P310)

ハイデガーは「世界」と「自然」を使い分けている。では、彼のいう「世界」と「自然」はどうちがうのか? 日本語には「俊樹のいる世界」のような語例があり、世界は世間に近づいており、自然より空間的に小さい。しかし、ハイデガーでは世界の中に「自然的事物」が含まれる。

自然は、日本人にとって「自ずから然る」つまり「おのずからそうなっているさま」であり、天地の間の万物であり、人工、文化、歴史に対する何かだ。つまり、集合A(人工、文化、歴史)に対する非Aである。ハイデガーでも非価値である。一方、キリスト教徒にとっては、自然は神につくられた被造物である。そういうなら世界も被造物じゃないか？

広辞苑を引くと「世界」には時空という語義があり、仏教由来の語のようで「世」は時間、「界」は空間である。ハイデガーの「世界」はこの語義「時空」である。一方「自然」は、非A集合のような、なんでもかんでもぶちこんだゴミ箱的集合だ。

「177　自然はそれ自身一つの存在者であって、その存在者は世界の内部で出会われ、さまざまなみちゆきと段階で覆いをとって発見されるのである」(1-P311)

世界内存在もまた時空の中に存在している存在者であり、自然は世界に内包されており、ゴミ箱（非A集合）の覆いをとって発見される。いまそこにあるもの、をとらえようとしているかのように見えて、すでにそこにあったものをとらえようとしている。

ハイデガーは「どのようにして世界は『ある』のか」について論を進めながら「覆いをとって発見される存在者」とか「配慮的な気づかい」とかの方向に行く。訳語が練れていない（中山訳も同じ）。桑木訳では「関心」と訳されるsorge、とくにbesorgenが「配慮的な気づかい」と訳されるのは疑問だ。「配慮」と「気づかい」は重語である。「配慮的な気づかい」がわからないまま最後まで至った。こうした重語の多い用語法からハイデガーは最後の形而上学者という気がしてくる。

「329　現存在は、その本質からして、それ自身において共同存在」「現存在の世界内存在は本質からして共同存在によって構成されている」(2-P88)

共同存在と共同現存在という考えは、他我問題のすりかえに見える。他者（他我）は、哲学の主要テーマだが、ハイデガーの表現、たとえば「他者とは自己の複製」(2-P108)って安易だろう。寅さんなら「俺が芋食って、お前の尻からプッと屁が出るか?」といいそうだが「自己の複製」としてしか他者を理解できない、という意味と解釈しよう。

「312　この存在のしかたのうちに日常的な自己存在という様態がもとづいているのであって、その自己存在を解明することで、日常性における『主体』と名づけられてよいものが見てとられるようになる。〈ひと〉das Man こそがそれにほかならない」(2-P62)

非人称の Man に中性の定冠詞 das を付して名詞化したもので「だれでもよいだれか、だれでもないだれか」という意味を帯びる。

「543　不安は、現存在を可能存在として開示する」(2-P370)

不安の中身は人それぞれだが、あえて各人の不安の共通項を求めれば、死に収れんする。しかし〈ひと〉das Man は現存在をその死から押しのける。〈ひと〉は「758　死を前にした不安に立ち向かう勇気が起こらないようにさせる」(3-P150)

人はのべつ死を気にしてはいられない。「だれでもよいだれか、だれでもないだれか」になって逃げたくなる。

「804　良心の呼び声は、現存在がもっとも固有な自己で在りうることへと現存在に呼びかけるという性質を有しており、しかもそれは、もっとも固有な負い目のある存在へと呼びさますという様式においてなのである」(3-P217)

良心、負い目、ともにニーチェがよく使うことばだ。ニーチェは負い目の帰結としてルサンチマンを、ひいてはキリスト教を断罪した。しかし、ハイデガーは「良心の呼び声」「負い目のある存在」

を肯定する。「829『それが私を呼ぶ』というのは、現存在のきわだった語りのひとつである」(3-P251)。これではニーチェに対する裏切りじゃないかと感じる。

「864 現存在はただ『負い目のある』もの――そうしたものとして現存在は存在している――で本来的にはあるべきなのだ」(3-P298)

ハイデガーにはルサンチマンのルの字も出てこない。ニーチェを「最後の形而上学者」とか「美と永遠回帰の思索者」として称揚するのは、サンマを脱脂したうえ骨抜きにする「目黒のサンマ」のお屋敷流の調理法のようなものだ。後年のハイデガーは言い訳もしている

「ニーチェの思索をなおも形而上学の完成と呼ぶことができるであろうか。それはむしろ、形而上学の否認であり、否、それの克服でさえあるのではないか。《存在》から去って――《生成》へ、というのがニーチェの道ではあるまいか。(中略)ニーチェの直前にヘーゲルにおいて《存在の形而上学》ではなく《生成の形而上学》があった」(細谷貞雄監訳、平凡社ライブラリー版「ニーチェ」下巻、P228)

ハイデガーは、ニーチェの「負い目」からヘーゲルの「生成」へと遡行する。しかし、ニーチェは「弱者や凡庸者が勝利を占めていることのうちに、生の、類のより大きな保証があるのではなかろうか」(原佑訳「権力への意志」401)と書いて単純に断罪していない。「英雄は弱者や凡庸者によって倒されて死ぬ」と書くニーチェの心理学を、ハイデガーは覆い隠している。

現存在が決意性を失って頽落する〈ひと〉das Man に、ルサンチマン特有の「力への意志」を与えず、冴えない役割を与えたハイデガー教授は、日常性に埋没することがお嫌いだ。〈ひと〉das Man が、無関心なくり返しに生きるのは、本来的なあり方ではないと主張する。

「912　現存在は、目の前にあるもの、実在的なもののいっさいと、存在論的には原則的にことなっている。現存在の『なりたち』は、なんらかの実体が実体であることにもとづくものではない。実存する自己が『不断に自己であること』にもとづく」（3-P364）

わかりにくいが、つまり現存在は「不断に自己であること」ができず、決意性は長続きせず〈ひと〉das Man へと頽落してしまうということだろう。

「917　良心をもとうと意志することは、この負い目のある存在へと向かって自ら決意することなのだ。決意性の固有の意味のうちに存しているのは、こうした負い目のある存在へと投企することである」（3-P371）

こうなると、ニーチェと違ってハイデガーは負い目のプラスの役割を強調している。

「1015　いっさいをあるがままに『存在させて』投げやりに生きることは、忘却することで被投性へとじぶんを引きわたすことにもとづく。投げやりに生きることは、非本来的な既在的なあり方という脱自的意味を有しているのである。無関心は周章狼狽する忙しさと両立しうる」（4-P106）

本来の自分を探そう、みたいな通俗実存哲学の起源はここかと思う。「グズの大忙し」を上から冷たく見るハイデガー教授は、通俗的でないご自分のあり方を強調しすぎだと思う。

ニーチェは「この能動的な忘れっぽさなしでは、いかなる幸福も、明朗さも、希望も、誇りも持てないし、いかなる現在もあり得ない」（中山元訳「道徳の系譜学」P98）と「忘れっぽさ」を肯定するので「忘却が被投性へとじぶんを引きわたす」に同意しないはずだ。「存在と時間」の題名にもかかわらず時間論があいまいだ。時間性という表現でなにを意味しているのかわかりにくい。

1065 「現在は、時間性の時間化の統一にあたって、将来と既在的なありかたから発現する」(4-P184)

忘れっぽさがなければ現在もないというニーチェとちがい、現在を分析するハイデガーの論理は空中楼閣のようだ。フッサールの内的時間意識の方が、ハイデガーの「時間内部性としての時間にぞくする時間的現象」よりずっとわかりやすい。ハイデガーは、形而上学を存在論として再構築したのだろうが、その表現は詩的であっても弱みである。

ハイデガーの時間が人間的なものなので、では動物の時間意識は人間とはちがうのか？と反問したくなる。ハイデガーは「動物としての人間」というとらえ方をしないで人間を特別視する。生物の時間意識を無視しているし、相対性理論のような宇宙空間における時間も無視したうえで、自問自答の中から時間論を立ち上げる。悪循環に陥ってしまったようだ。時間論で中断してしまったのもわかる。

2023年8月13日（日） 74歳

45

「ガーンディー自叙伝――真理へと向かうさまざまな実験」

モーハンダス・カラムチャンド・ガーンディー　田中敏雄訳　（平凡社東洋文庫）

肩書のない人。自立し自制によってカリスマになった

長年勤めた会社を辞める日に読了した。連日送別会が続く中でがんばって読み進み、最終出勤日にあいさつ回りで疲れた体を横たえたベッドの上で読み終えたのである。

ガーンディーという人は国家元首でも総理大臣でも宗教指導者でもない。インド独立運動の指導者といわれているが、肩書のない人だ。サラリーマン時代のぼくの肩書は吹けば飛ぶようなものだが、リタイア後に肩書がなくなるのを意識して読んだところはある。非常に風変わりな自伝である。インド独立運動の転回点になった「塩の行進」も、第二次大戦中の独立運動内の対立も出てこない。政治的な自伝というより、内面の記録である。

ぼくのガーンディーへの興味は、岩波少年文庫版「ガンジー伝」（J・イートン著、高杉一郎訳）を読んだ小学生にさかのぼる。今日のぼくは、必要な暴力もあると思い、必ずしも暴力を否定しない。ただ、自伝を読んで、抵抗と自立についてのガーンディーの思想が、自分の中に底流として流れていたことを発見して驚いた。

ガーンディーはマハートマー（聖者）と呼ばれることを嫌っており「私につけられた商標」と書いている。実際、学業は優秀でなく、内気なためにイギリス留学して得た法廷弁護士の資格も、故郷で生かせなかった。法廷では緊張してあがってしまい、裏取引ができないガーンディーは、南アフリカに渡ることになった。ほとんど落ちこぼれである。

しかし、そこで転機を迎えた。彼は激しい人種差別を受け、次第に抵抗者に変貌してゆく。内気で生真面目だが、自尊心が強い人物だったのである。自尊、自立、自制こそはガーンディーの出発点で

ある。ガーンディーは弁護士活動の傍ら、南アフリカにおけるインド人の権利擁護・向上の活動を始めるが、彼はそれを公的活動とみなして、厳しく自制した。

一つ、公的活動で収入を得てはならない、一つ、公的活動では借財をしてはならない。一つ、公的活動の帳簿は明瞭かつ公正でなければならない。一つ、公的活動では信託財産に依存してはならない。

ぼくは退職後、障害者の就労支援の仕事をする。日当七千八百円、年収は九分の一に減る。県の商工労働部の課長がすまなそうに説明し、引き受け手が少ないと洩らすのに、この本を読んでいたぼくは二つ返事で引き受けた。ガーンディーの公的活動原則が導きの光のように見えたのだ。これまでずっとカネのために働いてきたのだから、人のために数年働いてもバチは当たらない、と考えた。子どもがなく、妻は稼いでおり、だれも文句はいわない。

障害者の就労は困難だが、自立はできる。障害者の自分はガーンディーと同じく、自尊心から自立し、自立する中から自制心が育ってきたし、自制によってさらに自尊心が鍛えられた。ぼくは失業中に親元から離れて自活したのであって、定収を得たうえで自立したのではない。だから、親離れしない子と子離れしない親との相互依存を軽蔑しがちである。障害者が生産し、社会にサービスを提供し、カネを稼ぐことは可能だろうし、在宅のまま仕事をして納税することも可能だろう。自分にはそれを支援できる能力があると考えた。

糸車を回すガーンディーの写真は、国産品愛用と自立のシンボル的映像だった。事実、今日のインドでもガーンディー主義はなお生きているだろうが、糸車を回してはいないだろう。この本では、ガーンディー自身の口からラスキン思想への共感が語られ、手織布《カーディー》の生産のため非常な苦労をしたことも述べられている。

南アフリカのガーンディーは、その抵抗運動をサッティヤーグラハ（真理をつかむこと）と自称した。ガーンディーの禁欲は、真理把持のための手段であり、公的活動と直ちに結びつくものだった。ここがぼくとガーンディーを大きく隔てるものであり、ガーンディーのカリスマ性のよってきたるところなのだ。

カリスマとは、禁欲によって得られる超人間的な力（ウェーバー）である。二十世紀の社会運動家で、レーニン、毛沢東と並んでもっともカリスマ性の高い人物がガーンディーだが、二十一世紀になってレーニン、毛沢東のカリスマ性が減殺されても、ガーンディーは不動である。

カリスマとは人を動かす力と思われがちだが、人を動かす力は、だれでも多かれ少なかれ持っている。ぼくにしても家庭教師をしているときその力を意識し、成果もあげた。しかし、その力に頼りすぎてもだめである。オーケストラの指揮者が、演奏者に向けて放射する力に頼りすぎれば、いい演奏にはならない。楽譜の真実を求める姿勢が大事なのだ。

南アフリカで人種差別への反対闘争を始めたころ、タイピストとして雇用したイギリス人の若い女性が、特に支給したボーナスをガーンディーから受け取ろうとせず「私はあなたの理想が好きなんです。理想に進んで行くあなたが好きなんです」というあたりに、サッティヤーグラハの面目がある。禁欲のうしろに真理が立っているのだ。

ガーンディー主義の、または彼の自制の出発点は菜食主義である。保守的なヒンドゥー教徒の多いグジャラナート州では菜食主義は普通だったので、イギリス留学にあたり、母親に菜食を貫く誓いを立てる。この誓いを苦労して守る中で、菜食主義の団体を知り、神智学の人々とも知り合うことでヒンドゥー教をさらに知る必要があると感じるようになる。しかし、トルストイに影響されるガーンディーは、基本的に西洋派だといえる。

そうではあるけれど、歯を磨く十五分の間に「バガヴァッド・ギーター」のシュローカ（頌歌）を暗記し、ヒンドゥー教理解を深めようとする姿は独特である。その禁欲は、ヨーロッパ人の理解と共感を得やすい面があったし、彼自身もイギリスへの忠誠を隠さない。イスラム教徒にもイギリス人にも菜食を説くのである。

自制の徹底は性欲の否定にもつながる。インド特有の幼児婚によって十三歳で結婚したガーンディーは性欲にとらわれ、瀕死の父親の看病を不眠不休でしていたにもかかわらず、疲れるからと人が代わりを申し出ると、幼い妻カストゥルバーイーを抱きに行き、そのとき父が死んでしまったことがトラウマになる。三十六歳にして、ブラフマチャリヤを宣言し、妻と交わらなくなる。ガーンディーという人は、つくづく生真面目で風変わりな人である。

自治《スワラジー》も手織布《カーディー》も非暴力《アビンサー》も節欲《ブラフマチャリヤ》もすべて「真理へと近づくためのさまざまな実験」だったのである。ガーンディーはソローの影響を受けていたという。自分をまるで素材のようにみなして実験するという態度に、ぼくはソローと同質のものを見た。

２００４年６月30日（水）　55歳

46 「幸福論」バートランド・ラッセル　安藤貞雄訳（岩波文庫）

幸福は与えられるものではなく獲得されるべきもの

晩年のラッセルは、ベトナム戦争を裁くラッセル法廷で知られていた。三島由紀夫から「あのじいさんは一生あんな風に知識人商売やってきた」とばかにされ、その影響でぼくもばかにしていた。しかし、中公「世界の名著」に収められている「外部世界はいかにして知られうるか」を読んで感心した。他人の評価を鵜呑みにしちゃいかんぜよ、である。

リーバーマン「人体六百万年史」に引用された「農業の導入とともに、人類は卑しさと不幸と狂気の長い時代に入った。人類はいまはじめて機械のありがたい働きによって、そういうものから解放されつつある」（P167）というラッセルの反農業論の斬新さに惹かれた。

ぼくは「引退したら田舎で農業」式の考えをばかにしている。「仲間とつきあい、他人と協力することが、普通の人間の幸福における不可欠の要素である。そして、この二つは、農業よりも工業において、ずっと充実したかたちで得られるのである」（P167）

刊行が一九三〇年なので、いまでは「工業」を「第三次産業」と読み替えるべきだ。企業組織ではチームワークが不可欠である。昔も今も農村からの人口流出がやまない理由の一つは、企業組織には協働があるからだ。農業より工業や第三次産業の方が仕事としておもしろく、仕事をしていて楽しいから、少なくとも楽しく見えるからである。居酒屋ではリタイア老人が、かつての協働を思い出して楽しそうに酒を飲んでいる。たとえ成功しなくても、である。

「アメリカの少年たちは、ごく幼いころから経済的な成功のみが重要だと感じているので、金銭的価値のない教育にわずらわされることを望まない。教育は以前、多分に楽しむ能力を訓練することだと考えられていた。（中略）十八世紀には、文学や絵画や音楽に見識ある喜びを見いだせるのが『紳士』のしるしの一つだった。今日、私達は、こんな趣味に共感しないかもしれないが、少なくともそれは本物であった」（P57）

「金持ちになるにつれて金儲けはますます楽になってくる。あげくのはてに、一日五分も働けば、どう使ったらいいかわからないほどの金がころがりこんでくるようになる。こうして、かわいそうに、この男は、成功した結果、途方に暮れてしまうことになる。成功そのものが人生の目的だと考えられるかぎり、どうしてもこういう事態にならざるを得ない」

現代日本人の多くは「経済的な成功のみが重要」とは考えていないから、納得できるだろう。賃労働で得る収入より、資産家が資産運用して得る収入が多いことも知っている。

「スピノザはそのむかし、人間の束縛と人間の自由について書いた。（中略）私が伝えたいと思っていることの真髄は、彼が言ったこととほとんど違わない」（P250）

スピノザ好きのぼくがラッセルに共感するのは当然という気がした。

老人は人生を回顧して、おれは幸福か?と自問する。家族・友人・知人についても考える。リタイアする同年輩の友人が多くなり「まだ働けていいな」などという声を聞くと「なんだって?」と思う。収入のことなら、もうカネを稼がなくていいだろうと思う。ラッセルは仕事を幸福の原因に数えるべきか、不幸の原因に数えるべきかと問いかけている。

「仕事は、何をなすべきかを決定する必要なしに一日のかなり多くの時間を満たしてくれる。たいていの人は自分の時間を勝手に好きなようにつぶしてもよいといわれると、やりがいのある楽しいことを思いつくのに困ってしまう」

「余暇を知的につぶすことができることは、文明の最後の産物であって、現在、このレベルに達している人はほとんどいない」（P230）とシニカルに述べる。

だからリタイアして幸福そうに見える人が少ないわけだが、さりとて、そういう人が現役時代に幸福そうに仕事をしていたようにも見えない。不満だらけの伴侶が死んだあとに、後悔するようなものである。他者依存のわが身に気づいていないだけ。

「自尊心がなければ、真の幸福はまず不可能である。そして、自分の仕事を恥じているような人間は、自尊心を持つことは到底できない」（P240）

多くの高学歴日本人は、仕事というより会社、さらにいえば社名にプライドを持っているから「建設的な仕事から得られる満足」から遠い。ぼくは「余暇を知的につぶせる」から内心大いに自慢している。年金生活でテレビにかじりつきとか、病気自慢・孫自慢とゴルフと株の話題しかない人に対して、上から目線である。自分が退屈しない人間だからだ。

人と比較するなといわれる。ぼくは人とかなり違うし、我も強く、強情だ。しかし、他者の評価は幸福にとって一つの条件なので、仮にぼくが多くの人から不幸と思われるなら、幸福とはいえない。しかし、打ち込める仕事や趣味を持っていれば、他者の評価（承認欲求）など気にしないで済む。すると残る問題は同調圧力だ。知的・芸術的卓越に対してほとんどの地域社会や社会集団は無理解であり、同調を求めてくる。したがって、「すぐれた才能のある青年男女にとって、思春期はきわめて不幸な時期である」（P142）は、若いころのぼくに当てはまる。「才能あると思ってる」だけだったかもしれないが。

五歳のとき「七十歳まで生きるとすれば、まだ全生涯の十四分の一を耐え忍んだにすぎない」と思ったラッセルは「思春期には生をいとい、いつも自殺の淵に立たされていた」（P15）。ぼくも同じで「早く年老いて楽隠居」したかったし、自殺願望が強かった。「今では反対に、生をエンジョイしている」「年を取るにつれてますます」だというのもラッセルと同じだ。机の引き出しから昔の忘れ物がひょっこり出てきたりするが、先日トリカブトの干からびた根が出てきて苦笑した。二十代のころの自殺用備品である。

周囲を見渡すと「耐えてきた思春期」と無縁だった人は、年老いて幸福とも無縁だという印象がある。もっとも本人たちは「幸福ですよ」というかもしれない。日本人は「幸福に見られたい」願望が強く、少なくとも「幸福でないと思われたくない見栄」が強く、うっかり同情視線で見るとやけどする。ぼくなんか障害者だし、子どももいないために、「おかわいそう目線」で見られ続けて六十年、当然ながら耐性がある。加えて、ひがみっぽいと見られることも多く、そういってくる相手に「別にあんたを羨んじゃいないけどね」と苦笑していた。

　若いころは思っていた、できあいの幸福を求める奴なんて俗物だ……。小津安二郎の映画「麦秋」の淡島千景のせりふ「幸福なんかなにさ！　競馬に行く前の晩みたいなものよ。楽しい期待にすぎないじゃない？」。ぼくも陶酔感のあるロマンティックな不幸を称賛していた。

　ラッセルはこれを「バイロン風の不幸」と名づけている。「世界史を通じて多くの時代にあった考え方」であり「彼らは自分の不幸を誇りとし」「不幸こそが教養ある人のとるべき態度と考えている」(P25)。バイロンには海峡を泳いで渡って恋人に会いにゆく体力があった。気力と才知によって情事をかさね、革命に死んだ。ぼくはもちろんバイロンに憧れており、革命家でも特攻隊員でもクライマーでもいいからかっこいい死に憧れた。

　ラッセルはバイロン以上の快楽追求者として旧約聖書の「伝道の書」の著者をあげている。「すでに死んだ人を幸いだと言おう。さらに生きていかなければならない人より幸いだ。いや、その両者より幸福なのは、生まれてこなかった者だ」「知恵が深まれば悩みも深まり、知識が増せば痛みも増す」。つまり金持ちや才人や美男美女でさえ、欲望を達成したあとに幸福が得られてはいないと結論する人たちがいるということだ。

　しかし、ラッセルは「ほしいものをいくつか持っていないことこそ、幸福の不可欠の要素である」(P30)という。ご明察である。ぼくは、障害をもったことを幸福とは思わないが、障害者差別を受けたことを幸福に結びつけてとらえることはある。障害とは欲望実現の障害だとわかっていたからだ(だから「障碍者」とか「障がい者」とは表記しない)。

原題はThe Conquest of Happinessである。訳者は「幸福の獲得」という訳をあてている。「幸福は神の贈り物であるよりも、むしろ達成されるべきもの」がラッセルの考えだ。

だれもが内的外的な不幸の原因に取り巻かれており、幸福は努力しないと得られない。獲得されない幸福など弱いし、退屈だ。「退屈は健康の証拠」は、みうらじゅんの名言だが、病気ばかりしていたひよわな少年だったぼくが、山に登り始め、水泳をするようになって、つまり健康を獲得すると、退屈も悪いものではなくなった。ぼくはこの四十年間あまり退屈したことがないが、幸福には退屈と孤独が、ともに少しばかり必要なのである。

ラッセルは「人類の罪の少なくとも半分は、退屈を恐れることに起因している」（P67）と考え「退屈は全面的に悪いものとみなすべきではない」としている。興奮と刺激が慣れっこになれば、たえずより強い刺激が必要になる。常識人ラッセルは「退屈に耐える力をある程度持っていることは、幸福な生活にとって不可欠」と見る。

この本は二部構成になっており、第一部は不幸の原因を列挙して解説し、第二部は「幸福をもたらすもの」である。第一部の方がぼくには思い当たるところが多く、共感できた。「競争」「退屈と興奮」「疲れ」「被害妄想」「世評に対するおびえ」とならんで「ねたみ」が「普通の人間性の特徴の中で、ねたみが最も不幸なものである」として論じられている。

ねたみはほとんど常に仮面をかぶって表現される。この点では、ラッセルはニーチェに比べ分析が浅い気はする。しかし、ラッセルらしさは別にある。

「ねたみは悪いもので、もたらす結果はおぞましいものだとしても、完全に悪魔のものだとは言えない。ある意味では英雄的な苦しみの表れである。あるいはよりよい休息の場所に、あるいはただ死と破滅へと、暗い夜道をやみくもに歩いていく人間の苦しみである。この絶望から抜け出るための正しい道を見つけるためには、文明人は、おのれの知能を拡大してきたように、いまや、心情を拡大しなければならない。自己を超越することを学び、そして自己を超越することで、宇宙の自由を獲得することを学ばなければならない」（P104）

ニーチェ風にいえば、ルサンチマンこそ権力への意志だが、ラッセルは自己超越によってルサンチマンを克服できるという。常識的な意味で、権力を肯定している。「自然な欲望が委縮していない人びとはすべて、ある種の権力を手にすることを正常かつ正当な目標としている」（P258）といい「東洋がまさに捨てようとしているときに『東洋の知恵』なるものに色目を使うものが少なくない」と皮肉り、次のようにいう。

「権力に対してまるで無関心な人は、仲間の人間に対してもまるで無関心な人にほかならない。だから、ある形の権力欲は、よい共同体の成員となるべき人びとの心的装備の一部として受け入れられなくてはならない」

ポリス的人間アリストテレスをほうふつとさせる発言であり、日本人やキリスト教の倫理観とは異なるのだが、本質をズバリとついている。「しかし、あきらめにも、また、幸福の獲得において果たすべき役割がある」。まったくもって賛成だ。

少年のぼくは家族から「あきっぽい」といわれていたが、なんと今は「努力家」と褒められる。反論ではないが「いやいや、あきらめが肝心と思っていますよ。障害者にもよくそういいます」と答える。

できないこと、不得意分野、愛してくれない異性にはあまり執着せず、できること、得意分野、愛してくれそうな異性に注力しなさい、という意味である。努力とあきらめのバランス感覚が大事なのである。

ラッセルはいくぶん反キリスト教的だ。キリスト教道徳に特有な罪悪感や自己没頭を批判している。関心を内に向けるのではなく、外界に向けて好奇心を持つことを勧める。

「原始人は、上手な狩人であることを誇りにしていたかもしれないが、同時に、狩猟という活動を楽しんでいたのだ。虚栄心は、ある限度を越えると、あらゆる活動を純粋に楽しむ気持ちを殺してしまい、こうして必然的に無気力と退屈を生み出す。しばしば自信のなさがその原因となる。これを治すには自尊心を育てることだ。ただし、自尊心を身につけるには、客観的な興味に刺激された活動を立派にやり遂げるよりほかに道はない」(P20)

「幸福の秘訣は、こういうことだ。あなたの興味をできる限り幅広くせよ。そしてあなたの興味を惹く人や物に対する反応を敵意あるものではなく、できる限り有効的なものにせよ」(P172)

ラッセルは八十歳で四度目の結婚をした。妻イーディスによって初めて「陶酔と安らぎ」を得られたそうだ。まさに彼自身が幸福の Conquerant だったのだ。

友人たちが六十歳を超えて「もし妻が死んだら再婚するか？　おれはしないね。めんどうくさい」といった。ぼくは同意せず「そのときの健康と金銭事情によるけれど、めんどうだから再婚しないってことはない」と答えた。「めんどうくさい」は臆病者の常套句である。その友人たちは、見合い結婚で、住まいも親から与えられてやってきたのである。まるで親鳥が与えてくれる餌を大口開けて待つ雛鳥のように、幸福は与えられるものと思っているようだ。いやはやなんとも、である。

２０１７年２月21日（火）　67歳

47 「自由と社会的抑圧」シモーヌ・ヴェイユ　冨原眞弓訳（岩波文庫）

思考と行為の関係で自由を考えよ

親の介護が終わり。アパートを相続した友人について、もう一人の友人が「いいよなあ。食いたいとき食い、寝たいときに寝て、自由でうらやましいよな」といった。もちろん彼は彼で、定年延長して働いている自分をよしとしていたのだが、ぼくは「ええっ！　そんなのが自由かぁ？　全然うらやましくねえぞ」と、食ってかからんばかりだった。スーパーの台に置かれた、肉や野菜を入れる薄いポリ袋みたいな「お持ち帰り自由」の安っぽさだ。

これをヴェイユは哲学的に表現している。

「真の自由を規定するのは、願望と充足の関係ではなく、思考と行為の関係である。はたす行為のいっさいが、めざす目的と目的達成にみあう手段の連鎖とにかかわる先行判断から生ずるとき、その行為者は完全に自由だろう。行為自体の難易のほどは重要ではない。成功で飾られるか否かさえ重要でない。苦痛と失敗は行為者を不幸にすることはできても、行為の機能をみずから掌握している行為者をはずかしめることはできない」（P84）

食欲・性欲・睡眠欲が随時に満たされることなんか、真の自由ではないのである。鋭い洞察だ。「バガヴァッド・ギーター」を愛読したヴェイユにはその残響が感じられる。

ぼくは、若い人もいる酒席で「青臭いこと言うようだけど、五十歳のおれだって、自由に生きたいと思ってるんだ」といって、妙に感心されたことがある。子どものころから自由について思考と行為の関係でとらえていた。「足が不自由で気の毒ね」といわれてきたぼくは、痛切に自由を求めてきたのである。

ヴェイユが引用するローザ・ルクセンブルクも足が悪かったたし、グラムシもそうだったことを思い合わせると、身体的不自由と政治的自由には相関関係があるかもしれない。障害者とは、治癒しないから障害者であり、障害者手帳を交付され、法的に保護される。その結果「おれは一生障害者」と覚悟を決めなければならない。しかし、思春期ではつらい覚悟でも、年を取ってみれば重くはない。ある程度克服すれば、障害の先に自由の地平がひろがる。

「規律なしに自己の制御はない。そして人間にとって、外的な障碍が求める努力のほかに規律の源泉はない。（中略）自己に打克つ機会を与えてくれるのは、ぶつかって乗りこえねばならぬ障碍である。学問や芸術やスポーツのようにこのうえなく自由とみえる活動でさえ、労働に固有の正確さ、厳密さ、細心さを模倣し、ときには凌駕しさえするのでなければ、なんの価値もない」（P82）

よくぞ言ってくれました、である。考えること（思考）は、ときに働くこと（行為）を通して自由の果実を得る。「バガヴァッド・ギーター」の表現を借りれば「自分を制御すれば、自分にとって自分は友であり、自分を制御できなければ、自分にとって自分は敵である」。

この論文は一九三四年ヴェイユ二十五歳の若書きであり、生硬である。この時代は、大恐慌によって資本主義が崩れ、知識人はマルキシズムかファシズムのどちらかに雪崩を打って参入した。ソヴェート連邦やナチス第三帝国の強大な力を目の当たりにして、ヴェイユは事態を黙示録的に見ていたのかもしれない。抑圧的な政治体制がいかに強大に見えても、必ず崩壊すると確信していたはずだ。だから、特に反ファシズムによるマルキシズム批判は、先駆的だ。

「今後の労働生産性の進歩の可能性については疑いの余地がないとはいえず、また、どうみても生産性は高まるよりも低くなると考えた方が、現状ではよほど理にかなっている」「労働がいつの日にか不要になるという愚かしい概念を生じさせたのは、もっぱら技術的進歩の迅速さが招いた陶酔である」（P35）

ヴェイユの考えでは「知識労働者」は現れないのだが、実際には出現している。第二次大戦でファシズムが消え、その後社会主義体制が消えた。勝ち残った資本主義国では自由主義が謳われたのだが、欧米と日本で中核を占めるのは「知識労働者」である。

マルクス批判として「技術的進歩が生産にかかわる努力を漸進的かつ持続的に減少させていき、人間にのしかかる自然と社会の二重の重圧を、ついにはほぼ消滅しうるという期待には根拠がない」（P37）と述べるが、その批判自体がマルクスの技術革新への過小評価を受け継いでいるように見受けられる。

「技術の進歩と大量生産は、労働者をいよいよ受動的な役割へと追い込み、加速度的に増大する比率と規模において、労働者は最終的な成果との関係性を構想せずとも必要な仕草を行える労働形態に到達しつつある」(P121)

ステロタイプな分析だ。サービス残業しながらカイゼンにいそしんでいた高度成長期日本の労働者が、常に「仕上がりイメージ」を抱きつつ、経営者のつもりでいた状況を予見してはいない。しかし、いくら経営的視点を持とうと、労働の現場もまた抑圧的だったし、今では非正規雇用の世界的拡大によって抑圧は強まり、労働には自己疎外がある。

ヴェイユの議論は、本題である抑圧と自由の分析になると精彩を帯びる。

「権力を有するとは、個人が単独で行使しうるきわめて制限された力を超える行動手段を有することに尽きる。しかし、どれほど権力を追求しても、対象を把握しえないという本質的な無力さゆえに、権力の追求は目的についてのあらゆる考察を斥ける。やがて避けがたい転倒が生じて、ついには追求がいっさいの目的にとって替る。歴史上にあふれかえる無思慮と流血を説明するのは、手段と目的の逆転、すなわち根源的なこの狂気なのである」(P58)

ヴェイユはスピノザの影響を受けている。「あらゆる抑圧的な社会は権力というこの宗教で強化されている。この宗教は権力者に自己の強制力の範囲をこえて命令させ、社会的関係をことごとく歪めてしまう」(P64)のくだりにも「神学・政治論」の残響がある。「宗教の仮面をかぶった権力」による抑圧は、現代でもなまなましい。

自由についてのヴェイユの議論は透徹している。「そもそも隷従が自由な人間を作るなどとマルクスはなぜ信じえたのか、と問わざるをえない。隷従を擁する体制が奴隷の反乱によって覆されたことは史上かつてない。真実はこうだ。有名な警句によれば、隷従は当人にこれを愛させるまでに人間の品性を損なう。さらに現実に自由を享受する人間でなければ、自由を貴重なものとは思わない」(P132)

論文は、いささか謎めいたことばで結ばれる。「現に生きている世代は、人類史上に連綿と続くすべての世代のなかで、おそらく想像の上では最大の責任を、現実的には最小の責任を担うことになろう。この状況は、ひとたび十全に理解されたならば、驚嘆すべき精神の自由を与えてくれる」(P139)

結語のなかの結語は次の通り。

「集団に個人が従属することへの抵抗は、まずはみずからの運命を歴史の本流にしたがわせることへの拒否を意味する。こうした批判的分析の努力をひきうける決意をするためには、ただつぎのことを理解すればよい。すなわち、この努力をおこなう人間は、われとわが身を狂気と集団的眩暈の汚染から救いだし、社会のさしだす偶像をみおろしつつ、自分のために精神と宇宙との原初的協定をむすびなおすことができるだろうことを」(P145)

この考えは遺稿集の「重力と恩寵」まで続いている。

「集団的思考は思考としては実存できぬので、(記号、機械といった)事象のなかに入り込むしかない。かくて逆説が生じる。思考するのは事象の方で、人間は事象の状態へと貶められるという逆説が。集団に対する個人の依存、諸現象にたいする人間の依存、『唯一にして無二なもの』」(岩波文庫版、冨永真弓訳「重力と恩寵」P264)

ヴェイユは、全体主義の時代について語っていたはずなのに、現代に当てはまってしまうのが悲しい。またも黙示録的状況が表れているのかもしれない。

２００９年1月29日（木）　59歳

48　「ヨーロッパ世界の誕生――マホメットとシャルルマーニュ」

アンリ・ピレンヌ　中村宏・佐々木克己訳（創文社）

地中海世界を描くスケールの大きな歴史

再読。二十代の失業中に教職課程の聴講生になったとき世界史の授業がおもしろくて、そこで言及されたこの本を読んだ。教師になって歴史を教えたかった。就職しても企業社会で生きるのがいやで、友人とウェーバーの読書会をしていた。いわば西洋中世史の読書に逃避していたのである。

未練といえるが、読書にはそうやって過去を長く引きずる要素はある。いさぎよく企業組織に適応して、読む本はミステリーだけ、という人もいるだろうが、未練読書は悪くない。いさぎよい人にはない「愛」がそこにある。山に登れなくなった老人が、山岳書を読んでも非難されないのは、そこに山への愛、登山行為への愛があるから……に似ている。

初読時は友人に推薦しまくった。読んだ人はきわめて高く評価した。いまは講談社学術文庫で読めるが、クロス装の重い本で再読するのも悪くない。訳者が「あとがき」で記しているように、研究書でありながら歴史叙述が見事である。

たとえばイスラムの侵攻を阻止したバーベル人（チュニジア南部に住むベルベル人）のことである。「その名をカヒナという神秘的な女王を中心に結束し、テベッサ近傍にアラビア軍を撃破、これをトリポリに斥けた」。しかし、ハッサンによるカルタゴ攻略（六九八年）のあと新しい都チュニスを興し、艦隊を組織すると、アラビア軍はビザンツの海軍を潰走させ、西地中海の制海権を握った。

「女王カヒナの指揮のもとに続けられていたバーベル人の抵抗も、こうなってしまっては手も足も出なかった。カヒナはアウレス山中に追い詰められて殺害され、その首級はカリフの許に送られた」（P214）。イスラムに改宗したバーベル人がイスパニアを征服する。

検証として記される多くの事例に、読者の想像力を刺激する物語がふんだんに含まれている。いわばミクロの叙述がおもしろいのだが、スケールの大きさがこの本の最大の魅力で、語りの魅力は鬼に金棒みたいなものだ。

歴史の把握には時代区分が欠かせず、古代、中世、近代という時代区分がおなじみである。市民革命があるから、中世と近代の間には線が引きやすい。しかし、古代から中世の移行に、はっきりした線は引きにくい。

高校世界史のレベルでいえば、四七六年の西ローマ帝国滅亡から中世が始まったという見解が主流だった。ゲルマン民族の群雄割拠のなかで、メロヴィング朝のフランク王国がガリアを支配した時代を中世と見るのである。

ある友人が「塩野七生の『多くの人が、ローマがなぜ滅んだか?という問題意識ばかりにかかわり、ローマがなぜ成ったか?について考えたがらない』ということばに同感する」といった。ぼくはピレンヌテーゼを出して皮肉っぽく反論したものである。

ギリシャもローマも時代区分でいえば古典古代だが、帝政ローマとカール大帝のフランク王国とでは、古代と中世という大きな違いがある。「輝かしい古代文明がなぜ暗黒の中世に転落したのか」という問題意識にとらわれるのは当然だ、と考えるのである。

ギリシャの政治と初期ローマの政治は変わらない。共和制や奴隷制や海上貿易という点でも同じだ。違いは、アテナイの海上権力に対して、ローマの重装歩兵中心の陸軍力というくらいだ。しかし、ポエニ戦争でカルタゴを滅ぼしてから、ローマは地中海の制海権を握り、エジプトのプトレマイオス朝が滅んだのち地中海はローマ帝国の湖になった。

西ローマ帝国が滅んだ五世紀以降も、相変わらず地中海貿易は盛んであり、大規模商業も貨幣経済も奴隷制も存続しており、ローマの徴税制、法制度、上下水道などの文明は維持されていた。ラテン語も公用語として使われ、ローマ文化も依然として続いていた。

ゲルマン諸王はローマ帝国に取って代わろうとは思わず、むしろ同化して官位を得たがっていた。しかし、イスラムは違った。イスラム勢力の西地中海制覇(アフリカからイスパニア)によってフランク王国その他のゲルマン王国は内陸封鎖経済に転落してしまった。

イスラムインパクトによる地中海貿易の終焉がヨーロッパに中世をもたらしたというのがピレンヌテーゼである。つまりヨーロッパ誕生のグローバルヒストリーであり、西欧中心史観に反省をもたらした。ピレンヌの大きな魅力だ。このピレンヌ説が、現代の学説の主流かどうかは知らない。しかし、この本で、ピレンヌが周到に自説の根拠を積み上げているのを読むと、反論は困難のようだ。

ウェーバーは「古代没落論」で地中海貿易が奢侈品貿易（香辛料、象牙、絹）であり、それに対して中世末期の都市商業は狭い範囲にせよ日用品の交易であるとして、古代貿易の脆弱性と中世末期の都市商業の強さを対比させて主張していた。奢侈品貿易は胡椒一袋が金一袋に匹敵するといったような暴利貿易の裏面もあったというわけだ。

しかし、ピレンヌは古文書を多数引用して、地中海貿易が小麦、ワイン、パピルスなどの日用品を扱っていたことを明らかにしている。決済には金貨が用いられ、奴隷も運ばれていた。中世に奴隷がなくなった理由を、ウェーバーは「人間の価値が上昇したから」としているが、大航海時代に奴隷貿易が復活したことを思い合わせれば論拠として弱い。

「（イスラム侵入以前の西ヨーロッパには）古典古代の社会的均衡が存続していたのである。言いかえれば、古典古代世界の根本を形作っていた地中海的統一が、あらゆる面にわたって明確に維持されていた」（P200）

ウェーバーには、ヨーロッパ中世の価値を「暗黒」から引き上げようと努めた痕跡がある。同じくモンテスキューも「法の精神」のなかで、著者みずから「死ぬほど退屈」と評した中世法の意義をローマ法と対置させ、高い評価を与えている。両者とも、ヨーロッパ中世の価値をかさあげしている。

さらにホイジンガは「中世の秋」でヨーロッパにおける中世と近代の連続性をこれでもかと強調している。その点ピレンヌは知的でさめている。

ピレンヌは「ある程度まで西方世界はビザンツ化しつつあった」という。「この事実こそユスティニアヌスの再征服の衝動を説明するものであり、この再征服によってもう一度、地中海はほぼローマの湖になった」

しかしその後、地中海南岸とイベリア半島のローマ人はアラビア化した。ゲルマン人がローマ世界に入るとすぐローマ化したこととは異なる。「異教徒の信仰は攻撃されたのではなく無視された」。こうしてアラビア人の征服地域では過去との断絶が起こった。今日でも二つの文明は同化していない。

イスラムの軍事力についてピレンヌは述べていないので、なぜ急速な征服が可能だったかはわからない。素人考えでは、アラブが良質な馬の産地であり、中央アジアからあぶみがもたらされたため、騎射にたけた騎兵が重装歩兵（実質は傭兵）を破ったのだが、海上でもイスラム勢力は強かった。ビザンツは強力な艦隊を持ち、ギリシャ硝煙で武装していたから東地中海での覇権を維持できたとある。しかし、八世紀には地中海的統一は破れていた。

ピレンヌは、皇帝レオ三世によるアラビア艦隊の撃破（七一八年）を、宮宰カール・マルテルによるポアティエの会戦勝利（七三二年にイスラム軍の北上を阻んだ）よりも「遥かに重要な歴史的事件」（P310）としている。なぜなら、これがアラビア人最後の攻撃となったからである。一方南仏海岸は長いあいだイスラム教徒に荒らされ、荒廃して、フランク王国は内陸に封鎖されてしまった。南仏に旅行したとき「鷲の巣」と呼ばれる山の上の村を訪れたことがある。海からの攻撃を守るための立地だった。

カロリング家はクーデタによってメロヴィング朝を倒したが、すでに宮宰として絶大な権力を握っており、ピレンヌは「日本の将軍のような存在」と表現している。そうであるならば、まさに中世的な存在である。カール大帝が軍事的勝利を続けている間は、戦利品により宮廷は富裕だった。しかし、その後は貧しく農業中心の国になった。

「完全に農業的になり軍事的になってしまった当時の俗人社会では、もはやラテン語は使われなかった」（P401）

だからカール大帝（シャルルマーニュ）は文字も書けず、質素に暮らし（金銀絹に囲まれた贅沢な暮らしができなかった）、ラテン文化の伝統は教会の中に細々と息づくしかなかった。

「それ故、マホメットなくしてはカール大帝の出現は考えられない、と言って全く正しいのである」（P335）

ピレンヌの結論（P408）。

- ゲルマン民族の侵入は、古代世界の、地中海的統一にも、はたまた、西方世界にはもはや皇帝というものが存在していなかった五世紀にもなお存続していたローマ文化の本質的特徴と言いうるものにも、終止符をうつものではなかった。
- 古代の伝統の断絶をもたらしたものは、思いがけないイスラムの急激な進出であった。

2022年2月22日（火）　72歳

49 「哲学探究」ルートヴィヒ・ヴィトゲンシュタイン　丘沢静也訳（岩波書店）

哲学はだれもが認めることを確認するだけ

ヘーゲル哲学に対しては、フンと鼻で笑えるが、ヴィトゲンシュタインに対しては笑えない。明晰で文意が通る表現なのに難解であり、思考の現場に立ち会わされているような臨場感があるからだ。自分で考えるよう促してくるのである。

ぶっきらぼうなことをいう人だ。「哲学では結論が引き出されることはない。『やっぱりこうに違いない』というのは、哲学の文章ではない。哲学は、だれもが認めることを確認するだけである」（599 P304）

一九〇八年の「論理哲学論考」では「哲学のするべきことは、考えることのできるものの境界を決めると同時に、考えることのできないものの境界を決めることである。哲学のするべきことは、考えることのできるものによって内側から、考えることのできないものを、境界の外に締め出すことである」と表現されていた。

では「論理哲学論考」がわかるか？と聞かれれば、わからないと答えよう。「わかる」とは「分かる」であり「判る」や「解る」のような漢字を当てるよりは、知と非知が「分かる」という漢字を当てるのがふさわしい。既知と未知の境界は固定的ではなく、ことばは「言の刃」のように、対象を切り分ける。そうした文節化が言語による認識だ。

知と非知の境界が見えるわけではないが、知の可視領域から迫ってゆくことはできる。そこにこの哲学者の神秘性への関心を見る。しかし、ヘーゲルの上昇志向とはまったく異なる。高みから君たちの場所に下りてきてやったよ、みたいな上から目線がない。

「哲学の成果はふたつある。ひとつは他愛ない無意味を発見すること。もうひとつは、悟性が言語の限界に突進してつくったこぶ。そのおかげで、そのこぶのおかげで、私たちは、他愛のない無意識を発見することに価値があると気づくわけだ」（119　P94）

ヴィトゲンシュタインは哲学上の問題を「論理哲学論考」によって、解決してしまったと考えたようだが、誤りだったと気がついたらしい。しかし、修正ではなく、新しい探求として言語哲学を選んだ。まず登場するのはアウグスティヌスだ。「大人が、あるモノを名前で呼んで、そちらの方に向いたとき、私に分かったのは、そのモノが呼びかけられた音によってあらわされたということだ。大人がそのモノを指示しようと思っていたのだから」（「告白」第1巻第8章）

ことばの本質を名詞としてとらえる考えは、なにか疑わしく感じられる。たしかに、外国に行って名詞だけでコミュニケーションをとったりする。ぼくも toilet とか truck4 とか単語で、聞きたいことを指示する。

「棟梁Aと見習いBのコミュニケーションに役立つような言語である。棟梁が石材で建物を建てる。石材は、ブロック、ピラー、プレート、ビームだ。Bが石材を手渡すことになっている。それも、A

が必要とする順番で渡さなければならない。この目的のために、二人はブロック、ピラー、プレート、ビームという単語でできた言語を使う。Aがある単語を叫べば——それを聞いたBは、その単語に対応する石材をもってくるように学習している。——これを、完全なプリミティブ言語だと考えてもらいたい」（2 P9）

ここで叫ばれる「プレート！」は、文なのか単語なのか？「プレートを持ってきて！」という文の短縮版にすぎないのか？ あるいは「プレートを持ってきて！」を「プレート！」という文の延長版であると呼んではいけないのか？

こうしたプロセス全体は、子どもが母語を習得するときやっているゲームの、ひとつなのだ。「そのようなゲームを私は『言語ゲーム』と呼ぶことにする。ときにはプリミティブ言語のことも言語ゲームとみなすつもりだ」「言語だけでなく、言語にまつわる行動もひっくるめて、その全体を、私は『言語ゲーム』と呼ぶことにする」（7 P12）

言語ゲーム Sprachspiel は「言語劇」とも訳せるそうだ。ゲームにも劇にも、プレーヤーがいて身体を操作する。言語ゲームはこの本のキーワードであり、後期ヴィトゲンシュタインの主要概念である。言語ゲームによって、ヴィトゲンシュタインは、アウグスティヌス的な言語観（意味の指示対象説）を批判してゆく。

「哲学の問題はもちろん経験的な問題ではない。哲学の問題は、私たちの言語のはたらきを理解することによって解決される。そのはたらきを誤解したいという衝動に逆らって、その働きが識別されることによって解決されるのだ。新しい経験を持ち込むことによってではなく、ずっと前から知られていたことを編成することによって、問題が解決されるのだ。哲学とは私たちの悟性が魔法にかけられていることにたいして、私たちの言語を使って戦うことである」（109　P91）

読み進んでも一向に高みにのぼらないのは、天才ならではの執拗な探求だからだろう。生前からすでに伝説の人だった。英国に移った一九二九年以来死ぬまで「だれもが認めることを確認するだけ」の探求を続けたのである。

「言語は、いろいろな道からできている迷路である。ある方面から来ると勝手がわかるが、おなじ場所でも別の方面から来ると、もう勝手がわからない」（203　P156）

ところでゲームにはルールがつきものである。ゲーマーはルールにしたがわなければならない。しかし、実際には「ルールにしたがった行動はどれも解釈だ」といいたくなる。野球の審判をめぐる争いを見ているとそういいたくなる。「私がルールブックだ」という審判を、権力主義的な解釈と思ったりする。しかし、ことばや体を操作する側では様相が違う。

「だから『ルールにしたがう』ということは、実際にそうすること［実践］なのである。そしてルールにしたがっていると思うことは、ルールにしたがっていることではない。だからルールには、『私的に』したがうことはできない。私的にしたがうことが可能なら、ルールにしたがっていると思えば、ルールにしたがっていることになるのだから」（202　P156）

ヴィトゲンシュタインはいう「哲学者は問いをあつかう。病気を治療するように」（255　P175）。この哲学者は奇妙な問いを出すが、すぐれた問いは、凡庸な答えより価値がある。

「自分の痛みをあらわすことをしない（うめかない、顔をしかめない、など）人たちがいるとしたら、どうだろう? 子どもには『歯痛』という単語の使い方を教えることができないだろう。――さて、その子どもが天才で、自分でその感覚の名前をつくりだすとしよう。――だが、もちろんその単語ではコミュニケーションができないだろう。――ということは、その子どもは名前を理解しているのだが、その意味を誰にも説明できないことになる?――ところで『自分の痛み』に名前をつけたということは、どういうことなんだろう⁉」(257 P176)

よくいわれる「他人の痛みを感じられるか」うんぬんの他者問題のテーマの変奏だ。このテーマは、外部世界がいかにして知られるのか?という世界認識や、独我論と関係している。すなわち「論理哲学論考」をやりなおしているようだ。ここでは論理学的なアプローチがとられる。痛みに苦しむ人から、言語と身ぶりをとってしまったらどうなのか。

「『しかし君が言ってることは《たとえば、痛そうなふりをしてなかったら、痛みは存在しない》ということになりませんか?』――だとすると『感覚がある』とか『見ている』とか『目が見えない』とか『聞いている』とか『耳が聞こえない』とか『意識がある』とか『意識がない』と言えるのは、生きている人間か、生きている人間に似ている(似たようなふるまいをする)ものに限定されることになってしまう」(281 P185)

AI搭載ロボットを想定しているかのような問いだ。ロボットとの会話でだまされる?

「一度も痛みを感じたことがない人が、『痛み』という単語を理解することができるのだろうか?――それが痛みなのかどうか、経験が教えてくれるのだろうか?――では『これまで痛みを感じたことがなければ、痛みを想像することができない』と言うとしたら?――どこから私たちはそういうこ

とを知るのだろう? それが正しいかどうか、どうやって決められるのだろう」(315 P200)

難解なことばは一切ない。しかし、この発想、この想像力はヴィトゲンシュタインらしい反哲学あるいは脱哲学というべき表現だ。

「ところで、あるときはひとつの単語で、みんなが知っている色を意味していると思いたくなり――またあるときは、私がいま受けている『視覚的印象』を意味していると思いたくなるのだが、そういうことはどのようにして可能なのか? この場合、片方だけとしても、そういう誘惑はどのようにして起きるのだろうか?――二つのケースで私が色に向ける注意はおなじではない」(277 P184)

ぼくが「そこは赤に塗るべきだよ」というときは相手が知っているであろう色を意味し、ある程度の幅を許容している。しかし、いま闇の中に見ているかすかな光が「たぶん赤」というケースでは、幅を狭めようとしている。だから「色に向ける注意はおなじではない」。前者では概念を指示しているが、後者では感覚を概念に当てはめようとしているということではないのか?

「こんなことを想像できないだろうか。私のまわりの人間たちがロボットで、行動の仕方はこれまでと変化がないとしても、意識をもっていない、と。――たったひとり部屋のなかで――そういう想像にふけっていると、私には、その人間たちが(トランス状態にあるような)硬直した視線をしたまま仕事をしているのが見える。――こんなことを考えるのは、ちょっと不気味かもしれない。さて、こんどは、たとえば路上の、普通の往来でおなじことを想像してみよう。たとえば『そこの子どもたちはロボットにすぎない。生きてるみたいだけどオートマチックなんだ』と思ってみよう。この言葉は君にたいして、まるでなにも言っていないことになるだろう。でなければ、不気味な感覚のようなものをもたらすだろう。

生きている人間をロボットとみなすことは、なにかの図形を、境界例または別の図形のヴァリエーションとみなすことに似ている。たとえば、窓枠の十字を、鉤十字とみなすようなものだ」（420 P243）

デカルトの悪意の神を発展・深化させている。ナチのシンボル鉤十字が窓枠に出現するなんて、収容所にいたユダヤ人のトラウマか強迫神経症ギリギリだから「境界例」なのかもしれない。ヴィトゲンシュタインは独我論をあっさり否定する。否定の仕方が、錯視の分析になっているのが、独特だ。

現象学（たとえばメルロ＝ポンティ「知覚の現象学」）のようなくだりもある。

「『ステッキでこれにさわると、さわっている感触を私はステッキの先に感じる。ステッキをもっている手じゃなくて』。誰かが『この手じゃなくて、手首に痛みを感じる』と言えば、その結果、医者は手首を診ることになる。さて私が『これが硬いのをステッキの先で感じる』というのと『これが硬いのを手で感じる』というのとでは、どうちがうのだろうか？　私の言っていることは『まるで神経の末端がステッキの先にあるみたい』ということなのだろうか？　どういう意味でそうなのだろうか？——さて、いずれにしても私は『私が硬さなどを感じるのはステッキの先だ』と言いたくなる。これと連動していることがある。さわって調べるとき、私が見ているのは手ではなくステッキの先だ。そして自分の感じを述べるときには『そこには硬くて丸いものを感じる』と言い——『親指、中指、人差し指の指先が押されている感じで……』とは言わない。『探知棒をもっている指にはなにを感じてる』とたずねられたら『わかんないな——そこに感じるのは硬くてゴツゴツしているものだが』と

答えるのではないだろうか」（626　P314）

日常的に杖を使っているぼくにとっては慣れ親しんだ感覚で、人に伝えて理解されない。身体感覚が身体の境界外に出ていると考えられる。ではこうした「身体のバリア」は長い棒をもてば半径五メートルまで拡大するのか？

車内で不審者を意識した若い女が、背中に男の手を（触れられていないのに）触覚するようなものかもしれない。あるいは、街路で胸のふくらみを見られていると意識したとき、粘りつくような触覚的感覚を抱くとか……。

メルロ＝ポンティでは、ゲシュタルト心理学をいくつも援用し、身体図式という概念で説明していた。心理学が身体論に移行する。メルロ＝ポンティは、受肉という神学用語まで使うが、ヴィトゲンシュタインはあくまでドライだ。

心理学的な断章が続いて考察は終わる。そのあと第二部が続くが、最近のテキスト研究では「探求」に含めないので、付録としてつけたと訳者はいっている。「心理学の哲学――フラグメント」というタイトルで別扱いされているわけだが、心理学つながりで内容的には「探求」終盤からすんなり移行できる。

（＊91　P369）

「自分の感覚を信用しないことは可能だが、自分が思っていることを信用しないことは不可能である」

たしかにそのとおりだ。

「私たちはまた、ある人間について『あれは、わかりやすい人間だ』と言う。けれども今やっている考察にとって重要なのは、人間がほかの人間にとって完全な謎になることがあるということだ。それを経験するのは、まったく見知らぬ習慣を持った見知らぬ土地に行ったときである。しかも、その土地の言葉をマスターしていても、私たちはそういう経験をする。その土地の人たちのことが理解できないのだ（その人たちどうしでしゃべっていることが、わからないからではない）。私たちがその人たちに順応できないからだ」（＊325　P440）

読み終わってもカタルシスはないし、哲学の慰めもない。しかし、うーんとうなりつつおもしろがってしまう。

2021年3月22日（月）　71歳

50　「野生の思考」　レヴィ＝ストロース　大橋保雄訳（みすず書房）

呪術はいつもわれわれの心の底にある

この本は、レヴィ＝ストロースの著作の中で難解をもって知られている。しかし、そうでもないなあ、かなりおもしろいじゃないか、と思いつつ読んでいたら次第にむずかしくなり、やがてお手上げ状態になった。科学的方法論についていけなかったのである。「悲しき熱帯」のつもりで読むと沈没する。

原題はLa Pencée Sauvageである。英語でサベージといえば野蛮人を想起するが、フランス語でソヴァージュといえば、ソヴァージュ・ヘアを連想するのが、ぼく。というか日本人一般としても一九七〇年代以降「ソヴァージュ」からくるイメージは、ナチュラルにちりちりの豊かな髪に、濃緑の豪華な服を着た、魔女っぽい魅力のある女性というものだ。

ソヴァージュの語感には、自然、魔性さらには「呪法と変容」の要素がついてくる。十九世紀にミシュレ「魔女」に出てくるロマンティックなイメージだ。それ以降「野蛮」から「野生」へのゆっくりとした転換があったと思う（そこが日本とは違う）。

題名には二重の意味がある。Pencée Sauvageは「野生のスミレ」でもあり、表紙カバーには野生のスミレのボタニカルアート、巻末の注には野生スミレの伝説（ドイツやポーランドのヨーロッパ諸国の）が紹介されている。

最後まで読むと、二重の意味がわかる。「野生の思考と近代文明は同じ精神構造を有している」という主張が野生スミレに具現しており「ヨーロッパ人もオーストラリア先住民も同種の神話の構造を持っている」という認識に重なる。

「呪術と科学を対立させるのではなく、この両者を認識の二様式として並置する方がよいだろう」（「具体の科学」P18）

科学技術も呪術も、ともに目的達成の手段と考えているぼくには、納得できる。現代人にもPencée Sauvageがある。決して「未開社会の思惟」として現代文明社会に対立するものではない。「野蛮人の思惟」「未開社会の思惟」というくくり方にレヴィ＝ストロースは強く反対する。西洋中心主義をまず疑え！なのだ。

「原始的科学というより『第一科学』と名づけたいこの種の知識が思考の面でどのようなものであったのかを、工作の面でかなりよく理解させてくれる活動形態が、現在のわれわれにも残っている。それはフランス語でふつう『ブリコラージュ』bricolage（器用仕事）と呼ばれる仕事である」（同上、P22）

日本でいえば民芸に重なるところがある。それにしても芸術家《アーティスト》でも職人《アルティザン》でもなく、ブリコルール（器用人）でいいよ、といわれると、自分の立ち位置を見つけた思いがした。ぼくのこの本もブリコラージュだろう。

続けて「知的面での神話的思索が思いもかけぬすばらしいできばえを示す」例として、アール・ブリュット、アール・ナイフなどを列挙している。口絵写真にある北米トリンギット族の打魚棒に施された魚の彫刻はすばらしい出来ばえだ。

「外婚制と食物禁忌は一つの『実践《プラクシス》』を具体的に表現する二つの面、ないし二つの様式なのである」

「どの社会もすべて性的関係と食物摂取を結びつけて考える。しかし、場合により、また思考のレベルに従って、食べるものと食べられるものに男と女をどう割りふるかはまちまちである」（『トーテムとカースト」P153）

文中の「どの社会も」とは、フランスでも日本でもニューギニア高地人でもという意味であり、文明社会を上位に置かない。メンタルではフランス人もアボリジニも同じだ。

「個人が集団の中での目印であるように、空間は名を与えられた場所の社会である。場所も個人もひとしく固有名詞によって名づけられ、しかも地名と人名はお互いに置きかえうるのが多くの社会に共通して頻繁にみられる状況である」（「普遍化と特殊化」P201）

清水の次郎長は、しばしば「清水の」と呼ばれる。「日常には地名が人名の代わりに用いられる」カリフォルニアのユーロック族と同じである。日本における、姓が先で名があとという命名法は、リンネ分類の命名法と同じだ。Necydalis solida Bates という学名では Necydalis が属名で「島津」に、solida が種名で「俊樹」に該当する（Bates は命名者）。和名オオホソコバネカミキリは地域的通称で「清水の次郎長」みたいなものだ。

名前を呪術と関連づけることは、万葉の歌垣に出てくる「名のらさね」からもうかがえる。自分の名は安易に告げてはならないし、人の名も安易に発してはならないという禁忌が前提にある。野生の思考では命名法はさまざまなプロセスを採っている。遠山の金さんにせよ鬼平にせよ、通称は家門の名誉が問われる場合は無視される。西洋でも同じだ。

現代人の心性を掘り下げていけば、かつて「未開社会の心性」と呼んでいたものにあたる……とさしあたりまとめることはできよう。われわれは決して呪術から脱却できない、といったら悲観的に聞こえるかもしれないが、村上春樹の小説の魅力のかなりの部分が「われわれが呪術から脱却できない」という闇に根ざしている。

呪術と科学という対立構図だけでなく、呪術と宗教という対立構図もある。世界宗教はおしなべて救済倫理を強く打ち出し、合理性を高めてきた。欲望実現をはかる呪術とは合理的倫理性が違うと強調したがる。

ウェーバーは、儒教も道教も仏教も呪術に弱いと指摘している。とりわけ実質的合理性を重んじる儒教が、呪術に対して無防御だという。そのウェーバーは、呪術からの解放を旗印にして、プロテスタンティズムや官僚制を特徴づけたが、ドイツ国家はナチズムという「呪術」に屈した。レヴィ＝ストロースは、宗教と呪術の対立構図を否定する。

「第二に呪術と宗教との関係という激しい議論を呼んだ問題がはっきりする。もしある意味において、宗教とは自然法則の人間化であり、呪術とは人間行動の自然化——ある種の人間行動と自然界の因果性の一部分をなすものであるかのごとくに取り扱う——であるということができるなら、呪術と宗教は二者択一の両項でもなければ、一つの発展過程の二段階でもないことになる。自然の擬人化（宗教の成立基礎）と人間の擬自然化（私はこれで呪術を定義する）とは、つねに与えられている二つの分力であって、その配分だけが変化する」（「再び見出された時」P265）

たしかに宗教と呪術を分離しない方が（時間的にも空間的にも）すっきりする。ウェーバーだって「宗教社会学」の冒頭では、キリスト教の風土に生きる呪術的心性を紹介していた。「自然の擬人化」というのは日本人にもおなじみのアニミズムだが、では日本人にはなじみがないトーテミズムとは何か？という疑問が出てくる。レヴィ＝ストロースはトーテミズムを定義せず、トーテミズムの概念に批判的である（「今日のトーテミズム」を読んでみないとはっきりしないが）。

「トーテミズムでは、機能が構造に勝つことは不可避的である。トーテミズムの理論家にとって常に問題になることは、構造と出来事の関係である。そして、構造そのものは出来事に屈して消滅しても、構造の形式は生き残ることがあるというのが、トーテミズムの与える大きな教訓である」（同右、

P279）

構造主義の「構造」が出てくる。歴史を持たない「未開人」への優位性を主張する文明社会に対して「じゃ歴史って何なのよ？」と迫るのがレヴィ＝ストロースだ。時系列の歴史記述と史実選択の操作に含まれるジレンマを分析する。

「実際には歴史は、人間にも、いかなる特定の対象にも結びつかない。歴史の本質はその方法にある。そして、人間的構造であれ、非人間的構造であれ、なんらかの構造の要素の完全な目録を作るときにこの方法が不可欠であることは、経験によって明らかである。可解的探究のゴールが歴史であるとするのはとんでもない話で、歴史こそあらゆる可解的探究の出発点である。ある種の職能について言われる表現を借りるなら、歴史学を身につければどこへでも行ける。ただしそれから出ることが条件である」（「歴史と弁証法」P317）

ぼくは現代フランス思想、構造主義やポストモダン思想にうといけれども。「構造」概念は「歴史」概念に対置されると思っていたが、著者が書いている通り「可解的探究のゴールが歴史であるとするのは誤りで、歴史こそあらゆる可解的探究の出発点」というものである。

２０１７年５月26日（金）　67歳

あとがき

この本は、紀元前の口承文芸「オデュッセイア」から始まり二十世紀後半の「野生の思考」で終わっています。呪術からの解放というテーマが一貫しています。自分で意図したのではありませんし、レヴィ＝ストロースにいわせると、人は呪術から解放されないようです。二つの本の間に、地球上の人口は数千万から数十億に増え、交通手段も情報通信も地球を狭くしました。だから人はとっくに呪術から解放されたのではないか？と思いがちではありますが。

呪術からの解放は、人に「自分で考える」「自分の意見をもとうとする」ような内面の変化をもたらします。ぼく自身、ものごころついてから、自分で考えよう、自分の意見をもとうとしてきました。そういう姿勢が、五十冊の感想に共通していると思います。

読書は一冊の本との対話ですが、生物の系統図のように本の著者相互の間に線を引いて関連を示したくなってきます。「バガヴァッド・ギーター」－ソロー－ガーンディー－ヴェイユという線はぼくらしい引き方です。アリストテレス‐スピノザ‐ヘーゲル‐ニーチェ‐ハイデガーという線も引けるでしょう。「法華経」‐紫式部‐西鶴など自分で考えて線を引きました。

しかし、自分で考えようとすると、あるいは自分の意見をもとうとすると、社会のなかではろくな目にあわない、というのも実感です。自分を信じる人間ほど他人から信じてもらえないわけです。しかし、自由や幸福の尺度でとらえれば、話は別です。

ペリクレスのことば「幸福は自由により、自由は勇気による」にならえば、五十歳をすぎれば、損得勘定だけでなく、自由を考えてはどうかと思うのです。社会人としての精神的自由の意味です。

本を読めばこんなにいいことがある、と読書の効用を説きたい気はありません。しかし、自分の人生でうまくいった部分は、読書のおかげではありません。自分の身上書の趣味欄に読書と書いたこともありません。山登り、絵を描くことなどを書いていました。障害者の就労支援をしていたときには障害者に「趣味欄に読書と書かない方がいい」といっていたくらいで、読書は趣味じゃないという気がずっとしていました。じゃあ、なんだ？と問われると答えに窮するのです。

日本の企業社会は終身雇用制です。しかし同じ会社に四十年というのはどこか変だという気がします。ずっと一つの企業にいた人はどこかに歪みがあると感じたりします。もちろん全部が全部というわけではないのですが、ある企業風土にどっぷりつかるとパースペクティブが限られてしまい、パースペクティブに拘束されてしまうからだと思います。視点拘束を避けるために、読書は有効だと思います。読書が趣味ではないとしたら、自由になるための読書と、とりあえず考えています。ヒマがあるときゃカネがなく、カネがあるときゃヒマがないのが世の常。ヒマにもカネにも関係なく、たくさん本を読んで楽しかったのはたしかですから。

なお、文章と構成について助言と提案をしていただいた作品社編集部の福田隆雄氏に感謝申し上げます。

二〇二五年一月二十日

島津俊樹

年月日／書名／著者名／年齢

1999.08.26	社会契約論	ルソー	50
2001.06.27	ウォールデン	ソロー	52
2003.03.25	バガヴァッド・ギーター		53
2004.04.20	アンナ・カレーニナ	トルストイ	54
2004.06.30	ガーンディー自叙伝	ガーンデ	55
2004.12.03	啓蒙について	カント	55
2004.12.25	陶淵明　中國詩人全集４	陶淵明	55
2005.05.22	ブッダの真理のことば　感興のことば		55
2005.08.30	歴史	ヘロドトス	56
2006.12.13	国家	プラトン	57
2007.05.30	オデュッセイア		57
2007.09.27	法華経		58
2007.10.31	リア王	シェイクスピア	58
2008.03.07	ユートピアだより	モリス	59
2009.01.29	自由と社会的抑圧	ヴェイユ	59
2009.08.18	国富論	アダム・スミス	60
2010.10.15	法の精神	モンテスキュー	61
2010.12.07	論語徴	荻生徂徠	61
2011.07.11	歴史	トゥキュディデス	62
2012.08.20	道徳の系譜学	ニーチェ	63
2012.10.17	悪霊	ドストエフスキー	63
2012.11.09	パンセ	パスカル	63
2012.12.24	諸子百家		63
2013.12.05	好色一代女	井原西鶴	64
2014.11.13	資本論	マルクス	65
2016.07.11	ニコマコス倫理学	アリストテレス	67
2017.02.21	幸福論	ラッセル	67
2017.05.26	野生の思考	レヴィ＝ストロース	67
2018.03.16	内乱記	カエサル	68
2018.11.13	パルムの僧院	スタンダール	69
2019.01.18	源氏物語	紫式部	69
2019.02.27	自省録	マルクス・アウレーリウス	69
2019.04.19	オイデュプス王	ソポクレス	69
2019.05.27	ファウスト	ゲーテ	69
2019.06.17	アナバシス	クセノポン	69
2019.06.22	歎異抄	唯圓	70
2019.09.19	新約聖書		70
2019.12.30	省察	デカルト	70
2020.02.18	史記	司馬遷	70
2020.02.28	君主論	マキアヴェリ	70
2020.05.11	平家物語		70
2020.08.12	精神現象学	ヘーゲル	72
2020.09.07	ボヴァリー夫人	フローベール	71
2020.10.09	古今和歌集		71
2021.03.22	哲学探究	ヴィトゲンシュタイン	71
2021.06.21	エセー	モンテーニュ	72
2021.10.24	エチカ	スピノザ	72
2022.02.22	ヨーロッパ世界の誕生	ピレンヌ	72
2023.08.13	存在と時間	ハイデガー	74
2023.10.17	失われた時を求めて スワン家のほうへ	プルースト	74

人名索引

[著者略歴]
島津俊樹（しまづ・としき）
1949年東京生まれ。1983年中央大学法学部法律学科卒業。外食産業、金融機関に勤務したあと、2009年まで千葉県障害者職業訓練コーディネーター。
著書に『松葉杖で歩く世界の山』（白山書房、2012年）。

50歳からの50名著

2025年3月15日初版第1刷印刷
2025年3月25日初版第1刷発行

著者———島津俊樹

発行者———青木誠也
発行所———株式会社作品社
〒102-0072 東京都千代田区飯田橋 2-7-4
Tel 03-3262-9753　Fax 03-3262-9757
https://www.sakuhinsha.com
振替口座 00160-3-27183

本文組版——有限会社吉夏社
装丁———小川惟久
印刷・製本—シナノ印刷（株）

ISBN978-4-86793-075-5 C0095